隠すことの叡智

Partita

［パルティータ III］

今福龍太

隠すことの叡智

水声社

目次

I　ゆれる事実、こだます物語

I　ゆれる事実、こだまする物語

社会科学をブラジル化する

ロジェ・バスティードあるいは科学のブラジル的生成

num soturno bate-bate de atabaque de batuque…
——Raul Bopp

一九五八年パリ。憑霊宗教に関する特異な民族誌《エスノグラフィー》が偶然にも三冊刊行される。アルフレッド・メトローの『ハイチのヴードゥー教』、ミシェル・レリスの『ゴンダルのエチオピア人における憑依と演劇的諸相』、そしてロジェ・バスティードの『バイーアのカンドンブレ』である。カリブ海、アフリカ、ブラジルとそれぞれ地理的な違いはあれ、この三つの仕事が続けざまに刊行された一九五八年は、当時の民族学・人類学が民俗宗教の神秘と不条理の世界を再発見することで実証的な社会科学の枠組みから一気に抜け出て行くスリリングな動きを示した年として、永遠に記憶されねばならない。

しかもこの動きはパリに局地的に起こったものではなかった。上の書物のリストに、さらにリディア・カブレーラ『アバクア秘密結社』（一九五九、ハバナ）、およびジェーン・ベロ『バリのトランス』

（一九六〇、ニューヨーク）を加えてみれば、憑依する身体をなかだちとする民族誌の魅惑的な逸脱の動きは、世界的な同時平行現象として起こっていたことが明らかになる。

こうした、民族学のあまり問題とされてこなかったいわば影の潮流の中でロジェ・バスティードの仕事をあらたに展望したとき、その膨大な著作群はいまだ十分に発掘されていない鉱脈をそこここに露出させ、まばゆい光に包まれて私たちの前に現われてくる。バスティードが一九三八年、創立直後のまだ若かったサンパウロ大学に赴任するために初めてブラジルの地を踏んだとき、彼はちょうど四〇歳になろうとしていた。その三年前の一九三五年、二七歳のクロード・レヴィ＝ストロースが、やはりサンパウロ大学の社会学教授として一足先にブラジルにやってきており、さらにこの時期に相前後して、ジョルジュ・ギュルヴィッチ、フェルナン・ブローデル、メルヴィル・ハースコヴィッツといった外国人たちがサンパウロ大学で教えていた。こうしてバスティードが到着したころのブラジルは、きわめて熱い知的環境におかれていたのである。

この時までに、バスティードはすでにフランスで宗教社会学に関する二著作――『神秘的生活の諸問題』（一九三一）および『宗教社会学提要』（一九三六）――を刊行して彼の学問の方向をすでに定めており、ブラジルでも都市の貧しい黒人層のあいだの夢や精神病理についての社会学的、宗教人類学的調査を行うという意欲に燃えていた。しかし結局一六年間も滞在してしまうことになったブラジルでバスティードが発見するのは、彼のそれまでに打ち立てた学問理論の対象物として上手に料理できるような種類の現実をはるかに超えたいくつかの決定的な存在だった。バスティードのサンパウロ大学における高弟でのちのブラジル社会学のリーダーの一人となるM・I・ペレイラ・ジ・ケイロスは、バスティードが教師としてブラジル社会学に本当の革命をもたらした、と師の功績について述べているが、実際は〈ブラジル〉という経験の多様体のほうがバスティードのヨーロッパ的社会学に根底的な変革を要求したのだった。

　では、バスティードが無意識的に依拠していたデカルト的形而上学に危機的状況《クリーズ・ドゥ・コンシャンス》をもたらし、彼をアフロ・ブラジル文化の胎内に導いていったものは何だったのだろうか？　それは、アフロ・ブラジル詩とカンドンブレの体験だった、と私は考えている。

　ブラジル到着後まもなく、バスティードはブラジル詩にすいよせられるように接近していった。もちろん、当時のサンパウロを中心に多彩な活動を展開していた知識人のグループ――その中にはモデルニズモを代表する詩人・作家・民族音楽学者マリオ・ジ・アンドラージや、文芸批評家セルジオ・ミリエ、画家タルシーラ・ド・アマラウ、あるいは詩人のオズワルジ・ジ・アンドラージらすばらしくブリリアントな人々がいた――にバスティードも加わって、そこからブラジル文学や芸術の成果をあくなき好奇心をもって汲み上げていたことは確かだ。しかしそれ以上に、バスティードの持っていた美学的資質が、ブラジル詩との出逢いを運命づけられていたのだともいえる。一九四三年にサンパウロで刊行された彼の『アフロ・ブラジルの詩』は、アフリカ起源の詩精神がブラジル詩となって結晶してゆくプロセスをダイナミックな文化結合の問題としてみる人類学的視点に裏打ちされているが、同時に、西欧的美学とブラジル的美学の生成の違いをほとんど直観的に感じ取り、後者に神秘的なノスタルジー（ブラジル風に〈郷愁《サウダージ》〉といってもいい）をもってのめり込んでいくバスティードの情熱が強く伝わってくる異色のブラジル詩論になっている。たとえば、黒人奴隷の息子として生まれ、二〇世紀の到来を待たずして一八九八年、三六歳の若さで結核に倒れた象徴主義の詩人ジョアン・ダ・クルズ・エ・ソウザの詩に見られる生の存在論的障壁の克服と結晶化の美学を、マラルメの詩的道程と比較しつつバスティードはつぎのように書いている。

マラルメが常に瞑想的姿勢をくずさないとすれば、クルズ・エ・ソウザを支配するのは彼の起源への意識とそこからの上昇の運動であり、無謀なほどのダイナミズムである。なぜそうかと言えば、それは彼がブラジル人、つまりサウダージの国の住人だからであり、また、本質的にセンチメンタルな民族であるアフリカ人の子孫だからでもある。（……）フランス派詩人の総帥が過激な浄化の技法を通じて不在の言葉にたどりつくあいだに、クルズ・エ・ソウザはおなじプロセスを結晶化の技法によって達成する。この結晶化とは、透明な状態での純化と固化のことであり、それはまた彼の詩の無垢な幾何学の中に、永遠のかたちの純粋さやものごとの本質を保存することを可能にする秘密の技法なのである。(1)

アフリカの詩がブラジルの詩へと昇華してゆくのと同じ過程を、バスティードはやがてアフリカのヨルバの宗教とブラジルのカンドンブレとの関係の中にも見いだすことになる。カンドンブレ——ブラジル北東部バイーア地方を中心に見られる、カトリックの聖人と混淆したヨルバの神々（オリシャ）を崇拝する魔術的な憑霊宗教——は、バスティードのその後の民族学的・宗教社会学的仕事におけるほとんどすべてのインスピレーションを生み出す源泉となったものである。カンドンブレ体験においてバスティードが打たれたのは、彼がそこに二つの異なった「世界」に同時に生き生きと所属する人々を見いだしたからだった。アフリカ黒人文化のありとあらゆる要素を封じ込めて息づくカンドンブレは、ブラジルの黒人たちを取り巻くよりルゾ・ブラジル（ポルトガル由来のブラジル）的な「国家」ないし社会的「共同体」という世界に何ら隷属することのない、同等の、もう一つの「世界」として、彼らにとっていつでも、何度でも訪ねることのできるものであった。シンクレティズムの名のもとに、アフロ・ブラジル文化とルゾ・ブラジル文化の融合とせめぎ合いとしてカンドンブレを見るのではなく、バスティードはそれを複数の「世界」に所属することを余儀なくされた人々が、それらの世界のあいだを自由に移動する（旅する）ためにあみ出した精巧な精神的＝身体的技法として捉えることを思い立った。ここには、「旅」や「変身」というモティーフに憑かれたようになって、時間的・空間的発見のなかに輝きだす「詩」をめざす冒険行に挑んだブラジル・モデルニズモ文学思想——私たちはすぐにマリオ・ジ・アンドラージのファンタスティックな寓話『マクナイーマ』やラウル・ボッピのアマゾニアン・ラプソディー『コブラ・ノラート』などを思い浮かべることができる——のバスティードへのこだまを読み取ってもいいかもしれない。そしてもしこの推理が当たっているのなら、カンドンブレはバスティードの社会科学者としての意識がどこかにその存在を感知していたある未知の「思想的全体」を一気に開示するものとして、バスティードのブラジルへの得体の知れない〈郷愁《サウダージ》〉を科学的に支えるものだったことがわかる。

彼が生命を終える年に、あたかも一つの美しい遺言のようなスタイルで書かれたエッセイ「ラテンアメリカにおけるアフロ・アメリカ研究の現状」（『ダイダロス』一九七四年春号）のなかで、バスティードはブラジル時代を回想しながら、彼のカンドンブレへの加入儀式において、結社のメンバーたちが、このフランスからの異邦人が何か全く新しい「文化的栄養分」をひたすら欲していることを深く理解してくれていたことに、感謝の気持ちを捧げてすらいるのである。それほどまでに、バスティードにとってカンドンブレ体験は革命的だった。そしてついに彼は、カンドンブレがそれまでいわれてきたようなさまざまに起源を異にする民族的痕跡の融合体などではなく、プラトンやスピノザの哲学にも比肩しうる、しかしそれらとは全く知の組成の異なったもう一つの豊かで繊細な形而上学であることを発見してゆく。彼はそれを「アフロ・ブラジリアン・サイエンス」と呼んだ。このときから、カンドンブレはもはや宗教学者や民族学者たちの文化変容をめぐる理論を導き出す格好の素材として手垢にまみれ、カラカラに乾いて台紙の上に標本化された押し花のような存在であることをやめ、ブラジルの大地に即興的に根を張りめぐらし、アフリカへと続く海の方角に花弁を大きく押し広げて成長を続ける力強い高貴な雑草のようなイメージを持った一つの「生成する科学」として蘇ったのだ。だから、バスティードが一見なにげなく「文化混淆《シンクレティズム》」という言葉を使用するときも、その裏には少なくとも「生成の科学」としてのカンドンブレの体験をもとにした彼の知的確信が込められていることを見のがしてはならない。そうでなければ、もう一人のアフロ・アメリカ宗教研究の権威、メルヴィル・ハースコヴィッツの機能主義的方法が拠って立つ普遍性の幻想を批判するバスティードの真意を理解することは難しいといえるだろう。

新しい「世界」を見いだしたというみずみずしい感動に充ちた『バイーアのカンドンブレ』、あるいは深遠な文明史的洞察を随所にちりばめた『黒いアメリカ』(一九六七、パリ)、そしてブラジル体験の集大成ともいうべき『アフロ・ブラジルの宗教』(一九六〇、パリ)といったバスティードの著作が、こうして私たちを地理的・文化的境界にもはや従属することのない、一つの「思想」としての〈ブラジル〉を構想する地点へといざなってくれる。そしてこれらの著作を読み進めるときに感じる、言葉にならないブラジル的サウダージへの憧憬の出所を突きとめることによって、私たちにも〈ブラジル〉への入り口が開かれていることが確認されるだろう。

バスティードは社会科学を「ブラジル化する」必要性に誰よりも強く気づき、その可能性にかける思想と行動を生涯をかけて実践し続けた。アフリカの宗教がブラジルの宗教となり、アフリカの詩がブラジルの詩となる、そのなり方の特殊ブラジル的な生成のダイナミズムの中に、彼は科学の革新の未知の可能性を夢見ていたのである。「ブラジル」という国が未来の大国であるかどうかが問題なのではない。ただ、科学をブラジル化することを怠ってしまえば、私たちの思想が来るべき未来に届くことはないだろう。

科学の〈セルタン〉へ——不毛の荒野をかかえこむ

O sertão vai virar mar, o mar vai virar sertão.
—— Antônio Conselheiro

シュテファン・ツヴァイクは『ブラジル、未来の大地』のなかで、エウクリーデス・ダ・クーニャの『オス・セルタンィス』（一九〇二）が持つ緻密な描写と輝くような洞察を、アラビアの砂漠を不思議な情熱に憑かれてさまよったあのT・E・ロレンスの自伝的傑作『知恵の七つの柱』になぞらえている。この両者の筆致のなかに、大地と人々とを結ぶ得体の知れない魔力のようなものへの共通した霊感を読み取ったことにおいてツヴァイクはもちろん正しかったが、同時に、アラビアの砂漠と、それとは一見質を異にするようにみえるブラジル奥地の灌木帯《カアチンガ》に覆われた〈セルタン〉sertão とを並置させることによって後者の本質的な砂漠性を示唆したことにおいても、ツヴァイクは全く正しかった。〈セルタン〉とは、ふつうブラジル北東部《ノルデスチ》の内陸に広がる荒涼たる乾燥した荒野を指す言葉として、地理学的に定義しうる範囲を持った概念である。それはまた歴史的に形成されてきた概念でもあり、そもそもは一六世紀から一七世紀にかけて砂糖産業によって活況を呈していた北東部の海岸地帯の経済構造のなかから排除された白人たちが、おもに牧畜を目的に新しい土地を求めて入り込み、結局は旱魃などの厳しい自然条件によって潰されていった土地だった。さらに、インディオの集落が点在する、文明から隔絶された奥地であったセルタンは、やがて黒人奴隷たちが逃げ込む格好の避難所ともなっていった。一年中ギラギラと強い太陽が照りつける地であるにもかかわらず、そこには常に、奥地、闇のイメージがつきまとっていた。

このように、〈セルタン〉は第一義的には、ブラジルという国のなかの特定の地理的・歴史的条件を持ったある地域を指す固有名詞として考えられてきた。しかしツヴァイクが直観的に理解していたように、それは隔絶性、不毛性、辺境性といった属性を通じて、普遍的な概念としての「砂漠性《デザーティッドネス》」と通底するものを持っていた。砂漠《デザート》。見捨てられた《デザーティッド》土地。そしてそうした土地から生まれる原初的叛乱者、狂信的メシア、暴力的復讐者や匪賊《カンガセイロ》、無法の盗賊《ジャグンソ》たち。エウクリーデス・ダ・クーニャが渾身の力を込めて描き出したように、ヨーロッパの近代主義的政治思想をコンテクストを無視して取り込もうとしていた世紀末ブラジルのジャコバン主義者たちにとっては、見捨てられた土地の見捨てられた人々によるこうした不穏な動きは、国家の安全を脅かす妖怪のような存在として、なによりも早く一掃せねばならないものだった。ダ・クーニャが『オス・セルタンィス』のなかで克明に記録した、国家がセルタンの妖怪を相手に西欧型の近代社会を確立するための戦いを挑んでゆく構図は、したがって、もともとヨーロッパがかつて一度も内部化しえなかった反抗する文化の「砂漠性」を、ここでもただひたすら排除し、駆逐することによって、ブラジル国旗に誇り高く染め上げられた（幻想のなかの）「秩序と発展」を自分のものにしようとするぎこちない戦いの構図でしかなかったのである。だとすれば、「近代ブラジル」というある意味で「中古品の文明」（ダ・クーニャ）がセルタンをひたすら敵視し、セルタンの住民である〈セルタネージョ〉を国家的制外者として位置づけてゆく過程を記録したダ・クーニャは、すでに〈セルタン〉という概念が持っていた地理的・文化的限界をすりぬけ、逸脱してゆく方向性に、見事に反応していたことがわかる。

グ・クーニャが示した、近代国家に対して屹立するもう一つの「文化的類型」としての〈セルタン〉という考えは、私たちがめざす「思想」としての〈セルタン〉というテーゼまで、あと一歩のところまでせまっていた。ダ・クーニャ以後、〈セルタン〉というトポスが送り出す批判的呼びかけがブラジルにたいして持つ重要性に気づいた者は決して多くはなかったが、北東部《ノルデスチ》の社会構造にひそむ本質的な近代のディレンマを探り出し、〈セルタン〉の思想的トポロジーを明らかにしようとする試みは文学の領域で静かに続けられた。そうした試みのなかでも特筆すべきものとして、ジルベルト・フレイレの『大邸宅と奴隷小屋』（一九三三）、グラシリアーノ・ラモスの『乾いた生活』（一九三八）、そしてなによりもジョアン・ギマランィス・ローザの『大いなる奥地《グランジ・セルタン》』（一九五六）と、ジョアン・カブラル・ジ・メーロ・ネートの長編詩『セヴェリーノの死と生』（一九五六）をあげておこう。

しかし、セルタンの持つ潜在的な思想的エネルギーに最も敏感に反応し、それをアーティスティックなスタイルのなかで造形することに成功したのは小説家や詩人たちではなく、六〇年代以降のシネマ・ノーヴォの映像作家たちだった。〈セルタン〉のそれぞれに象徴的な描写からはじまる三本の映画——すなわちグラウベル・ローシャの《黒い神と白い悪魔》（一九六四）、ネルソン・ペレイラ・ドス・サントスの《乾いた生活》（一九六三）、そしてカルロス・ディエギスの《バイ・バイ・ブラジル》（一九八〇）——が提示し、変奏する世界のなかに、私たちは思想としての〈セルタン〉というテーマが見事に浮き彫りにされているのを見ることができる。

ローシャの映画《黒い神と白い悪魔》（原題《太陽の国の神と悪魔》）は、ブラジルの芸術的な表現における〈セルタン〉のほとんど神話的な原イメージを創りだした傑作だった。冒頭、いきなり広大で乾ききった荒野が映しだされる。空撮によって広大無辺さと不毛性を強調された圧倒的なセルタンの映像をタイトルバックに、流れ出す音楽はエイトール・ヴィラ＝ロボスの「セルタンの歌」。彼の『ブラジル風バッハ』第二番のアリアのムーヴメントからとられた旋律だ。そしてこのセルタンを鳥瞰する映像を唐突にカットするようにさしはさまれる二つの短いショット。そこでは荒野に倒れた雄牛の風化した頭部が、土地の容赦ない旱魃の力を誇示するかのようにとらえられている。こうしたエイゼンシュタイン的表現技法の採用によって、ローシャの〈セルタン〉は表現のモードとしての素朴なリアリズムから身を引き離すことで、逆にその本質的なリアリティーをほとんど叙事的な崇高性とともに浮かび上がらせることになった。

ローシャほど、セルタンが生みだす妖怪にたいして敏感な者はいなかった。《黒い神と白い悪魔》の中心人物の一人、貧しい信徒たちを率いて放浪する神父である〈黒い神〉セバスチャンは、まさにセルタンがこれまで生んできた狂信的で予言者的なメシアである〈ベアト〉像を統合したものであった。その人物像の背後には、ダ・クーニャの物語の主人公でもあったカヌードスの乱の主導者アントニオ・コンセリェイロ、あるいはセアラ州のベアト、ロウレンソ・ド・カルデイラン、さらにペルナンブーコ州のベアト、セバスチャンといったブラジル北東部の歴史上のメシア的人物たちの姿がこだましていた。さらにそこには、一六世紀の末、アフリカの砂漠のなかに消えてしまったポルトガル王セバスチャンにまつわる千年王国的な神話の残響を聴くこともできる。いずれにせよ、ローシャの描き出す黒い神セバスチャンはたんなる聖人ではなかった。近代世界の側から見たとき、あらゆる過剰なもの、あらゆる奇形なもの、あらゆる狂気を産みだす温床と考えられたセルタンに生を受けたセバスチャンは、したがって神であると同時に悪魔でもあるという矛盾を自ら抱え込んでいたのだ。映画において、セバスチャンの視線が放つ悪魔的な光を私たちはただちに感知する。聖人にはあるまじき略奪や襲撃を繰り返しつつ、セバスチャンは信徒に向かってユートピア的なヴィジョンを指し示す。彼が人々に約束する楽園は、緑に充ち溢れ、花々の上で牛たちが草を食み、子供たちは川から無尽蔵のミルクを与えられ、岩がパンとなり、砂埃は小麦粉となる、そのような場所だというのだ。そしてセバスチャンは、アントニオ・コンセリェイロの有名な予言を繰り返す。「セルタンは海になり、海はセルタンになるだろう……」と。

こうして、善と悪との境界が決壊し、聖と魔が互いに他を汚染し合いながら途方もない全体的なエネルギーが噴出するのを予感する私たちは、ついに映画の最後に、セバスチャンの黙示録的予言があたかも実現されたかのようにして、海のシーンを目撃することになる。セルタンを、地理的・歴史的・文化的な後背地であることから解放し、〈セルタン〉という力の集合体が現代ブラジルにたいして持つある決定的な重要性を明らかにするためには、ローシャが果敢に試みたようにセルタンの荒野を海へむかってまっすぐ押し出してゆく想像力が必要だった。セルタンの乾いた不毛性と、海の豊饒性とが鮮烈に重ね合わされた瞬間、私たちはアントニオ・コンセリェイロのあの謎めいた予言が一気に現代の問題へと接続されてくるのに気づくことになる。セルタンは海になり、海はセルタンになる——対立するものの反転と転生をめぐる未知のヴィジョンである。

セルタンの悪夢のような鳥瞰の風景にはじまり、幻想的な海のシーンで終わるローシャの《黒い神と白い悪魔》の黙示録的性格と比べたとき、ネルソン・ペレイラ・ドス・サントスの映画《乾いた生活》の冒頭に登場するセルタンはいかにもネオ・レアリズモの影響を強く受けたこの監督のセンスをよくあらわしているように見える。主人公たちの一団が、ギラギラと容赦なく照りつける太陽の下、絶望的に乾燥したカアチンガの荒野を横切ってゆく七分を越す静止したショット。ここには、セルタンの苛酷な自然からなんとかして逃れ出てゆこうとする衝動が、凝縮されたイメージとして示されている。しかし、じつはセルタンのエネルギーとしての求心的な強度は、まさにそこから逃げ出そうとする遠心的な力によってある種のつり合いを保たれているような力であった。したがって、セルタン的状況の固定化を拒み、より自由で開放的な生に向かうためには、セルタンから逃避することによってこの潜在的な力の集合体から永遠に離れてしまうのではなく、むしろ〈セルタン〉を内に抱え込むことによってこの神秘の求心力と遠心力とを縦横に活用してゆく方法を探るべきなのだ。セルタンの住人である〈セルタネージョ〉が、彼らの住みかである荒野を捨て去ってしまうことは、セルタンを地理的・歴史的に限界づけられた風土たらしめていたあの制度的な力の支配のなかに再び組み入れられてゆくことでしかない。セルタンに生まれた「新しい人」であるセルタネージョは、〈セルタン〉を内に抱え持った新しい「人種」として守られねばならないのである。

セルタンを捨てて近代都市に向かおうとする心的傾向は、ドス・サントスの《乾いた生活》のなかで克明に描写された北東部《ノルデスチ》の民俗的祭り〈ブンバ・メウ・ボイ〉の世界を捨てて、都市の祝祭であるカーニヴァルに向かおうとする傾向と同質のものであると考えることができる。雄牛（ボイ）の死と復活、さらにその象徴的分配を演劇的な民俗ダンスのスタイルで演じる祭り〈ブンバ・メウ・ボイ〉は、北東部の民衆の想像力における雄牛信仰を表現したものだった。北東部のフォークロアの情熱的な探究者でもあった作家マリオ・ジ・アンドラージによれば、雄牛信仰とは、基本的には大地の生命力と豊饒性をめぐる神話的儀礼の名残りであるが、同時にそれは土地の宗教的伝統と経済活動に由来する民衆の価値体系の表現でもあった。その意味で、〈ブンバ・メウ・ボイ〉の祭りは北東部の民衆が置かれた社会的文脈を追認するものだった。すなわち、踊り手たちは象徴的に雄牛を土地の制度的支配者に捧げることによって、自分自身をもそうした権威的な力の前に差し出しているのである。ドス・サントスは見事な透視力によって、主人公の一人ファビアーノが雄牛とほとんどトーテム的ともいうべき内在的なつながりを保持していることを映像のなかで明らかにしてゆく。雄牛とつながることでようやく生活するセルタネージョにとって、〈ブンバ・メウ・ボイ〉の祭りは、それがヴァナキュラーなものであればあるほどセルタンの抑圧的な社会環境を反映したものとしてうつる。〈ブンバ・メウ・ボイ〉の世界につなぎ止められることは、すなわちセルタンから逃れえない自分を認めることに等しいのである。

しかしだからといって〈ブンバ・メウ・ボイ〉を捨てて都会のカーニヴァルの放縦に祝祭的理想を求めることには留保が必要だ。なぜなら、〈ブンバ・メウ・ボイ〉を様式化された地域の社会関係をたんに追認する儀礼とみなし、これを都市の新しい民衆的共同体が創りだした価値転倒と友愛の儀礼としてのカーニヴァルと対立させる図式は、またもやセルタンと文明地帯を、あるいはローシャ的にいえばセルタンと海とを安易に対立させ、互いに他を排除してゆく因習的な思考法に陥ってしまうからだ。〈ブンバ・メウ・ボイ〉のなかに隠された民衆的な自発性と社会的な拘束性との共存を、私たちはなによりも重く受け止めねばならない。そして、それがまさに〈セルタン〉そのものの両義性のメタファーとなっていることに気づきさえすれば、〈ブンバ・メウ・ボイ〉の祭りを捨ててカルナヴァルに赴くことは後ろ向きの逃避でしかないことに納得できるはずだ。〈ブンバ・メウ・ボイ〉の祭りは、それが時にどれだけ素朴で貧しいものに見えようと、それを支える〈セルタネージョ〉たちの存在とともに守られねばならない。そしてさらにつけ加えれば、本来のカーニヴァルは、都市に流れてきた人々の心のなかの〈ブンバ・メウ・ボイ〉を、裏面においてくっきりと映しだしていたのだ。その意味で、現在のカーニヴァルのエネルギーは、内にセルタンの祭りを隠し持つことで力を与えられ続けている。ドス・サントスの映画《乾いた生活》は、セルタンが海になりうるのと同じように、セルタンの慎ましやかな民俗儀礼がカーニヴァルの大ページェントへとひとおもいに変容しうるものでもあることを私たちに教えてくれたのである。

ローシャやドス・サントスがセルタンに赴いてキャメラを回してからのちも、〈セルタン〉というテーマに思想的な情熱を燃やしてその映像化に立ち向かった者はいた。たとえば、シネマ・ノーヴォの異端児ルイ・ゲーラ。一九七三年、ゲーラはペルーの作家マリオ・バルガス゠リョサの脚本によってカヌードスの叛乱をテーマにしたセルタンの叙事詩を撮影しようとした。脚本は完成し、それは『地獄の職務』と題されたが、映画の方は永遠に撮影されることがなかった。しかしバルガス＝リョサが、のちにエウクリーデス・ダ・クーニャの『オス・セルトンィス』に正面から立ち向かうかたちで、彼自身のセルタンを小説『世界終末戦争』（一九八一）として書きあげたことは周知の事実だ。ゲーラのセルタンへの熱はこうしてペルーに飛び火し、そこで燃え盛ることによってセルタンそのものの精神的領土を押し広げていった。

しかしセルタンはいつまでも乾いた不毛の荒野であり続けはしなかった。セルタンに雪を降らせてしまう革命児が登場したのだ。その人はカルロス・ディエギス。シネマ・ノーヴォの第一世代のなかでは最も若い、北東部アラゴアス州出身の映像作家である。ディエギス監督の映画《バイ・バイ・ブラジル》の冒頭も、セルタンの干からびた荒野とその中を流れる泥のようなサン・フランシスコ川を映しだす。しかし因習的なセルタンの描写はこのシーンで終わり、すぐに映像はこの作品のテーマである、ブラジルの大地を巡回するキャラヴァンというロード・ムーヴィー的モティーフの方に引き込まれてゆく。セルタンのとある小さな町に市がたち、土地の音楽師たちが演奏している。そこへ軽快で近代的な音楽をふりまきながらやってくる派手に飾りたてられた一台のトラック。奇術師シガノに率いられた巡回見世物団「カラヴァナ・ロリデイ」（ホリデイ・キャラヴァン）の登場である。その夜、町外れに立てられたテント小屋のなかで、シガノはもったいぶった呪文とともに、フランク・シナトラの歌う「ホワイト・クリスマス」がバックに流れるなか、目を丸くして眺める村人の前でなんと紙吹雪を降らせてみせるのである。シガノの口上。「皆さん、パリ、ロンドンと同じように、このセルタンにも雪は降るのです！　何という文明！　何という洗練！……」その祝祭的でカーニヴァレスクな雰囲気に、町のしがないアコーディオン弾きだった青年シコは一瞬のうちに魅せられてしまう。シコは父親の制止を振り切り、身重の若い妻とともにセルタンのあばら家を去り、キャラヴァンに参加する決心をする。そのときの彼の叫び。「もう二度とセルタンには住むもんか。ぼくは海のある場所にゆくんだ！」見世物団に楽師として加わることを許されたシコは、やがて念願の海辺の町へ皆とともにやってくる。こうした映画の展開には、明らかに過去のセルタンの映像化の歴史が踏まえられている。とりわけドス・サントスの「セルタンからの逃避」というテーマと、ローシャの「セルタンと海」というテーマが。しかしここでシコが見いだす海は、もはやローシャによって暗示されたユートピックな世界ではなく、産業排水と人口過密によって汚れきった海であった……。

このようにして、ディエギスの《バイ・バイ・ブラジル》は、セルタンの素朴な住人がイメージしていた近代ブラジルの文明的ユートピアへの幻想がひとつひとつ粉砕されてゆく過程を、ブラジル全土を巡る幻滅と再発見の旅として描いてゆく。そして、セルタンの田舎町の住人にひとときの「近代」の夢を見させるという見世物団の意図も、次第にセルタンの現実そのものによって修正を余儀なくされてゆく。たとえば、立ち寄ったセルタンの旱魃に悩むとある小さな町で、客の入りが悪いのに不審を感じたシガノらは、村の広場に建つ公会堂に据え付けられたたった一台のテレビが流すメロドラマが、村のほとんどすべての客を彼らから奪ってしまっているという事実を発見する。セルタンがもはや奥地でも辺境でもなく、ブラジルのメディア化された均質の表層文化に冒されはじめた地域であることを感じ取ったシガノらは、彼らの夢のなかのセルタンを求めて、内陸のジャングル地帯へ、さらに未来を約束された新開拓地ロンドニアへとトラックを走らせてゆく……。

これ以上、物語の筋を追うのはやめよう。いずれにせよ、ここには〈セルタネージョ〉であるシコの持つ文明世界への夢と、シガノら都会人の〈セルタン〉への幻想とが同時に崩壊してゆく旅の軌跡が見事に描れている。しかしそれらの夢の粉砕は、同時にもう一つの豊饒な〈ブラジル〉の新しい発見の旅でもあった。そしてこの事実は、私たちに、ついに〈セルタン〉がブラジル北東部のあの限られた地理的境界を突き破り、永遠の力強い波浪の旅に踏み出したことをはっきりと告げてもいる。ブラジル北東部に下ろしていた強固な根を自ら引きちぎったセルタンは、そのことによって奥地でも、辺境でも、荒野でも、砂漠でもないなにものか、まさにより純化された概念としての〈セルタン〉そのものへと冒険的な脱皮をはかったのだ。

こうして私たちは、ローシャ、ドス・サントス、ディエギスらの試みの果てで、ついに思想としての〈セルタン〉に手が届く地点にまでたどりついた。思想としての〈セルタン〉は、私たちに科学的思考の全く新しいパラダイムを提示する。なぜなら、セルタン的なものは、これまでの科学が、(ちょうどヨーロッパ近代の模造品としてのブラジル都市文明がやってきたように)それを排除し、辺境へ追いやることによって、なんとか自らの幻想的な統合を保ってきたものだからだ。逆にいえば、科学が安心してそうした辺境的な概念を取り扱うためには、セルタンのエネルギーは歴史的・地理的・文化的な奥地へと幽閉されねばならなかったのである。

しかしもはや科学の辺境はめざされた。科学の奥地も探究し尽くされた。科学の荒野に赴くというファッショナブルな行為も終わった。そしていま私たちがやらねばならないのは、ある意味でもっと地道で真摯な行為、すなわち科学にとっての〈セルタン〉を発見することだ。奥地でも、辺境でも、荒野でもない〈セルタン〉。そこには〈セルタネージョ〉たち、弱者、原初的な叛乱者たち、いいかえれば思想のアヴァンギャルドたちが息を潜めて待っている。そして、科学の〈セルタン〉に分け入ることは、同時に私たちの思想そのものが〈セルタン〉を内に抱え込んでいることをはっきりと意識することでもある。〈セルタネージョ〉になるというある意味で安易な道を選ぶのではなく、科学の〈セルタニスタ〉になること。そう、この〈セルタニスタ〉という軽快な響きを持つ言葉は、初めてセルタンに分け入った植民者たちを指す言葉であったと同時に、セルタンをくまなく知り尽くした「知者」に与えられる名前でもあった。そして新たなる〈セルタニスタ〉はもちろん、〈セルタン〉を心の内に抱え込むだけの勇気を所持しているにちがいない。〈セルタン〉にいま〈セルタニスタ〉として分け入ることは、また創造のフィールドの〈セルタネージョ〉たち、すなわちアーティスト・作家・詩人たちと科学が初めてコミュニケートすることをも含んでいる。さらにそれは、こうした創造の世界の〈セルタネージョ〉たちとの異種交配によって、新しい思想的ハイブリッドとしての科学の〈マメルーコ〉、すなわち科学の〈混血児〉を産み落してゆくことをも含んでいる。だからこの行為は、やり直しや方向転換のきかない、未知の新しい思想の歴史を押し拓く第一歩なのだ。

こうして、科学が〈セルタン〉を内部に抱え込むことに成功したとき、それこそが思想としての〈ブラジル〉の誕生の瞬間だ。

バイーアン・クロスロード

Você já foi à Bahia, nega?
Não?
Então vá!
—— Dorival Caymmi

バスティードがカンドンブレを見いだしたバイーア地方の主都、サルヴァドール・ダ・バイーア。内陸部にひろがる無辺際の〈セルタン〉の憂愁を背後にかかえた海岸都市、サルヴァドール・ダ・バイーア。ついにこの街に私はやってきた。〈ブラジル〉への入り口は、もう私にとってバスティードの思索からでも、マリオ・ジ・アンドラージの寓話のなかからでも、あるいはグラウベル・ローシャの閃くワン・ショットからでも、エイトール・ヴィラ＝ロボスの音の渦巻きのなかからでも、さほど迷うことなく捜し出せるはずだったし、そのためにわざわざ地球を半周してくるには及ばなかったはずなのに、結局私は来てしまった。なにかの力に引き寄せられるようにして……。

バイーア・ジ・トドス・オス・サントス。「すべての聖人《サント》」という名の光り溢れるたおやかな入江《バイーア》に面した一五〇万都市、サルヴァドール。私をここへ誘い出した人の名前を打ち明けよう。それはジョルジ・アマード。作家。もちろんバイーア生まれ。彼自身、自分のことを「たんにロマンティックで好色なバイアーノに過ぎない」と書いている、そんな人だ。

私の旅行鞄の中には、カルロス・バストスによる素朴な挿絵がたくさん入った、アマードの手になるサルヴァドールの街のガイドブック『バイーア・ジ・トドス・オス・サントス』(2)が忍ばせてある。本の副題「街路と神秘についての案内」が示すように、このガイドブックにはサルヴァドールの町角ひとつひとつにまつわる物語や伝説、風刺の効いた挿話、教会の秘蹟やヨルバの神々《オリシャ》の神秘、そしてたくさんのバイアーノたちの生活や言葉が詰まっている。その冒頭に、「街の道々を守護する者」という文章があって、アマードはこんなことを書いている。サルヴァドールの町の街路を守っているのは、カンドンブレの儀礼の中でも最も重要なオリシャの一人、エシュだ。エシュは運動のオリシャで、西欧のカトリック信仰と混ざり合った考え方のなかで、しばしば悪魔と混同されている。なぜなら、エシュは邪悪でいつも不機嫌な表情をし、じっとしていることができず、混乱や残酷な行為に目がないからだ。しかしエシュはやはり悪魔とは違う。たとえばエシュは大酒呑みだ。ビールでもウイスキーでもウォッカでもなんでもござれだが、やはりなんといってもブラジルの火酒、カシャーサに目がない。それも、バイーア州の砂糖生産の中心地、サント・アマーロ産の香り高いサトウキビの汁を、陶製の蒸留器でゆっくり蒸留した極上の火酒《アグアルデンチ》でなければだめだ。エシュは美味いもの、良質なものの好みにはちょっとうるさいのだ。こうして恐ろしげで、同時に愛敬ある道化でもあるエシュは、サルヴァドールの街のすべての十字路に立って、非道な通行人から町を守っている。夜明けや黄昏の微光のなかにも、朝のかすむ柔らかい光のなかにも、午後の快活な日陰のなかにも、そして夜のなまあたたかい闇のなかにも、エシュはきっと隠れていてあなたを厳しくも優しいまなざしで見つめている。だから旅行者のみなさん、エシュに道を閉ざされたくなかったら、あなたが居酒屋に入って注文する最初のカシャーサの一杯を、そっと心のなかでエシュに捧げるのが秘訣ですよ。

もちろん私も、すぐにアマードの忠告にしたがった。

サルヴァドールの街路をひとつひとつ丹念に歩き、石畳の坂道を昇ったり降りたりしながら、すべてが錆色にわずかに変色したかのような原色の建物や町角のあちこちにエシュの影を感じて、私は静かに興奮していた。そしてこの興奮が私の内部に沸き上がってくる経路を遡行するようにたどりながら、これまで〈ブラジル〉について考えるとき、いつもその背後にエシュの軽快さと目の覚めるような運動性への思いがあったことに私は気がついた。街の中心広場、プラッサ・ダ・セに面したアフロ・ブラジリアン・ミュージアムを見終わってそとに出、アフロ・ブラジル人たちの想像力に刻印されたエシュの図像的な豊かさに心打たれて白昼の強烈な太陽を浴びながら呆然と突っ立っていると、かたわらの黒人から「アシェ！」と声をかけられた。はっとして声の主を見ると、さっき私が一枚の版画――それは熱病を支配するヨルバの強大な神、オバルアィエーの力強い全身像だった――を買った版画師エジムンド・オリヴェイラ・サントス、自称〝エジヴォン〟が懐かしさをたたえた控えめな笑顔をこちらに向けていた。私も快活に「アシェ！」と挨拶を返し、二人で広場のベンチにすわって、しぼりたてのマラクジャのジュースを飲みながら、エシュが持っている秘密の力、〈アシェ〉について話しあった。

版画師であるだけでなく、アフロ・ブラジル人のフォークロアにも通じているエジヴォンは、エシュが〈アシェ〉の力を授けられることになったいきさつを物語るヨルバの神話を教えてくれた。ヨルバのオリシャの歴史のある交差点で、どの神が一番優れているかを競い合った神々は、至高神へのそれぞれに選りすぐった捧げ物を彼らの頭上にかかげて天に昇った。しかしエシュだけは、てまわしよくすでに至高神に贈り物を捧げていたので、今度は頭の上に一枚の深紅色に輝くオウムの羽毛をつけて天に昇った。エシュの頭上のオウムの羽根の燃えるような輝きにうたれた至高神は、エシュだけに、あらゆるものごとを生じさせ、それらを増殖させることのできる神秘の力を授けた。これが〈アシエ〉である。至高神への、ほかのオリシャの過剰な物質的な捧げ物による形式的な従順の表明は、エシュの謙虚でかつ内なる力を神に示す叡智ある行為に比べるべくもなかったのだ。こうして強大な支配力を獲得したエシュは、しかしその〈アシェ〉の力を尊大な態度によって人々に服従を強要するために利用することをせず、むしろ「クールに」この力を活用した。エシュは彼の新しく得た魔術的な力を記念する祝宴をひらき（もちろんたくさんのカシャーサを呑んだことだろう）、〈アシェ〉の力がいかに光輝性に満ち、オールマイティーであるかを人々に教えたのである……。

　私がいくつかの書物ですでに知っていた神話と、細部においていくらか異なってはいるものの、エジヴォンが話してくれた物語はエシュがトリックスターであるとともに知者でもあることをよく伝えていた。とくに私は、エシュが〈アシェ〉の力を「クールに」活用した、という表現を彼がつかったことに惹かれていた。彼はそこのところをヨルバ語で強調するように「エトゥトゥ」と言い直したのだ。私はすぐに思い出した。ある本で読んだことだが、「エトゥトゥ」とは深紅のオウムの羽根の輝きが象徴する、すべてのものごとを鎮静し、緩和する精神技法のことであり、それこそがまさに〈アシェ〉の本質なのであった。熱く煮えたぎる混乱をクールに鎮め、内的活力の過剰な燃焼と消費を抑える秘密のテクニック。エシュは私たちに、〈アシェ〉の力を示すことによって、粗暴で攻撃的な力ではなく、洗練されたクールな力こそ、ほんとうにパワフルなものであることを教えてくれているのだ。

〈アシェ〉の力を獲得したエシュは、そのままヨルバの歴史の交差点にとどまり、十字路の神として方向を失った人々に道を示し、適切な扉を開け閉めする仕事を始めた。サルヴァドールの街路に点在する無数の交差点、無数の路地の角に、私がエシュの影を認めたのもそうしたエシュへの親近感のためだ。そしてついに、思いもかけない場所で、私はエシュに出逢うことになった。それは、サルヴァドールの町外れ、入江をへだてた対岸に横たわる夢のように美しい島イタパリーカへの船が発着するサン・ジョアキンの港の傍らに立つ野外市場、メルカード・ジ・サン・ジョアキンにおいてだった。

この徹底的に混乱し、売りに出された果物や動物が発散するあらゆる熱帯的な臭いで空気がほとんど発酵しかけた、震えがくるほどすばらしい市場のとある片隅で、薬草売りの老人が「エシュ」を今まさに創りだしている瞬間に私は居合わせることになったのである。それは、薬草売りの老人がお得意のブリコラージュによっていとも簡単に産み出した二体のエシュだった。錆びた鉄パイプをペンチで潰し、ところどころに孔を開け、火にかざして鋭角的に鋏で切り取り、梃子で曲げ、焼きゴテを当てながら、彼はあっというまに雌雄一体ずつのエシュ像を私の目の前で創りあげてしまった。それらは、もはやヨルバのエシュのように頭の上にオウムの羽根を着けた高貴な姿ではなく、西欧のサタンのように角と槍を持ち、長い尻尾を引きずってはいたが、それがエシュであることは疑いもなかった。アフロ・ブラジリアン・ミュージアムで、いわば美術工芸品としてのエシュの絵や彫刻（それ自体は大変すばらしいものではあるけれど）を見た直後だったために、私はこの錆びた鉄製のエシュが持つ素朴でなんのかげりもない〈アシェ〉の裸の力にただ圧倒されてしまった。「具体の科学」はここにも生きていた。現代のブラジル人たちは、クズ鉄をどこかから拾ってきて、彼らの心のなかにある力のかたちを取り出して造形し、そうして出来上がったクズ鉄のオブジェにいとも簡単にエシュの魂を吹き込んでしまうのだ。私はその二体のエシュ——エシュの性は不明だ。薬草売りの老人は、性別の垣根を自由に乗り越えてしまうエシュの軽やかな運動性を、雌雄二体のエシュを同時に造形することで表現したのだ——にすっかり魅せられ、老人に無理を言って売ってもらうことにした。日本までもって帰るのなら包んでやろう、と彼は言って、動く尻尾が外れないように上手にエシュをたたんで二体を重ね合わせ、古い新聞紙にていねいに包み、紐までかけてくれた。エシュを包むときの老人の手は、ほとんど最愛の存在を愛撫する手の動きのように見え、その優美さに私はもう一度打ちのめされた。

　こうしてエシュの包みが入った私の旅行鞄は急に温かくなった。サルヴァドールを去る日、私はもう一度下町《セントロ》に出、ロザリオ聖母教会のすぐ下、ジョルジ・アマードがかつて小説を書いていた家にほど近いアルフレード・ジ・ブリート街の大好きな交差点に立った。ここは私のなかのあらゆる交差点でもあった。あらゆる分岐点がそこに集中していた。すべての私とすべての他人が、そこで出逢い、そこで別れていた。仕事、愛、家族、信仰、といった道々がそこから分岐し、そのなかには科学という道も、アートという道も彼方へとのびていた。やがて私はそうした道のどれかを選び、いくたびか交差点で右往左往しながらも、なんとか歩いてゆくに違いない。それが迷い多き道だとしても。そのたびに、エシュは十字路にいつも立って私の選択を見守り、時に扉を聞け、時に扉を閉ざしながら、私にささやき続けるだろう。「アシェ！　アシェ！」と。

　やがてそのささやき声が私にも聴き取れるようになれば、私にも〈アシェ〉の一部がなにかの拍子に乗り移る可能性だってあるかもしれない。こうして私は、軽快で、自由で、クールなこの運動性を手に入れるために、自分の〈ブラジル〉を探し続けるだろう。そして、これから発見される〈ブラジル〉が、科学の組成を根底からくつがえし、思想の辺境を生き生きと復権させるかもしれないと考えるのも、接近してきた〈アシェ〉にたいする不思議な手答えを私がうすうす感じているからにほかならないのだ。

一九八八年三月〜五月、東京—サルヴァドール—ホノルル—名古屋

荒野のロマネスク

ポール・ゴーギャンをタヒチに引きよせ、アルチュール・ランボーをアビシニアに送りだしたポスト・サンボリスト的な新しい「流浪」の詩学は、二〇世紀にはいるとヨーロッパとりわけフランスの旧来の「旅の哲学」と「エキゾティスム」をあらたに塗りかえる一つの大きな感性の系譜をつくりだした。それまでの異国趣味的な好奇心にみちた「外部世界」の探訪に代わって、心の内面をのぞき込むような情熱をひきがねとした、引き裂かれた自己意識の風景を非ヨーロッパ世界との出逢いのなかに見いだそうとする新しい感性が誕生するのだ。そうした流れのなかに、たとえばブレーズ・サンドラールのシベリア横断やブラジル放浪、ミシェル・レリスのアフリカ幻想行、あるいはアントナン・アルトーのメキシコ・タラウマラ族との出逢いを位置づけることができる。彼らはみな、揺れ乱れる自己と他者の関係を彼らの移動する「現象学的な」身体のなかからつかみ出そうと試みることによって、ヨーロッパ人の眼が異国の風物を安定した距離感をもって観察することができたような旅のスタイルが破産したことをそれぞれのやり方で示したのだった。

ゴーギャンの声の谺を聴きながらタヒチをさまよい、さらに中国に足をのばしたフランスの詩人・

作家・考古学者ヴィクトル・セガレンもそうしたアヴァンギャルド的旅人の一人だった。目まぐるしく移動する不安定な風景のなかで、かえって彼は事物のイメージを適確に捉え、それを落ち着いた発想の萌芽へとつなげてゆくことができるような、不思議に鋭い感覚を身につけていた。その著『エキゾティスム論』のなかで、セガレンは書いている。

新しい旅人はたんに彼の見たものを書きとめるだけではない。彼は瞬間的かつ持続的な移動を通じて、自己の存在の反響《エコー》をも書きしるそうとするのである。(1)

民族誌家が、彼をつつみこむ風景や彼をまきこんで生起する出来事について記述しようと試みるとき、このセガレンの言葉はたんに幻想的な旅人の箴言以上の重要な意味をもって彼に迫ってくる。なぜなら現代の民族誌家が見ている光景はもはや決して安定した一つの像を定立することがないからだ。切り取ることのできる静止した全体像など、そこにはみあたらない。異文化の生の総体を縮図のように示すはずの統合的なリアリズムは、状況の複雑さについてゆくことができずに、袋小路に突きあたっている。しかもこうした状況の複雑化は、なにも民族誌家が対象としている異文化の存在のスタイルが現代世界の急速な社会的・経済的展開のなかで変容をきたしたことにもっぱら因るものではない。むしろ、それは彼らが生産する「民族誌《エスノグラフィー》」と呼ばれるテクストが抱え込んだ現代の言語的ディレンマの方により深く根ざしている。異文化が示す安定したヴィジョンを彼らがリアリズムの手法によって書きとめることを躊躇するような状況は、じつはこの、民族誌が一つの完結し独立したテクストとしてもはや存在しえない、という民族誌が示す複数のテクストに依存したインターテクスチュアルなありかたが気づかれることによってひき起こされた事態なのだ。

人類学者スティーヴン・タイラーは、その刺激的な論文「民族誌、インターテクスチュアリティー、記述の終焉」(『語りえぬもの』所収)[2]の冒頭で、特定の文化についての事実にもとづく記述としての民族誌よりも非インターテクスチュアルなものがありうるだろうか、という当然の疑問を提示する。インターテクスチュアルというときに措定されている先行テクストや他のテクストの蜃気楼のような反映や干渉を、民族誌というばいわば主体と客体の、事物と言葉の、精神と自然の直接的な出逢いが含みうるはずはないと考えられるからだ。しかしまさに、この主体と客体のあいだに明快な指示的意味関係を確立しようとする「客観的」「科学的」記述の要請のために、その見かけ上の非インターテクスチュアルな性格にもかかわらず、民族誌は最もインターテクスチュアルな相貌をたたえだすことになる。

民族誌の持っていた客観主義、科学主義への信仰は、当然の結果として主観的で非科学的な手法にもとづく記述のジャンルを排除することになった。物語、主観的経験、告白、個人的な挿話、議論の本筋にかかわりのない内輪話、といったものを、それは記述の形式として信用せず、そうしたものが民族誌家の意識にのぼることに水をさしてきた。しかしこのナイーヴな「客観主義」への志向のために、民族誌家のフィールドにおける経験的な世界はいちはやく記述の彼方へと幽閉されてしまい、その残余のテクストは読者の側の主体性に直接切り込むことが決してなかった。「事実」とそれに対する科学的・普遍的言説としてのテクストとのあいだに介在する民族誌家は、誰でもかまわないたんなる記録する「眼」になることで、逆に無名を装った権威的な作者として読者の前に立ちはだかることになったのである。こうした専制的な科学的テクストの提示は、とうぜん読者の主体的な解釈の経験を拒んだ。そしてこの作者と読者のすれちがいは、テクストの浮遊を生じさせることになった。発信地と受信地をともに失ったテクストは、結果としてその意味の行き場を別のテクストへと持ち越さざるを得ないからだ。こうしてここに、民族誌に隠されていた無数の修辞学的空間の存在が気づかれはじめることになる。

そうしたレトリック空間を支配するトーンは、「フィクション」と「ヘゲモニー」という二つの言葉で要約することができるだろう。民族学的精神に潜む「エキゾティック」なものへの意識の変遷史について刺激的な仕事を続けるジェイムズ・クリフォードは、イマジナティヴな物語的記述をかたくなに拒むその性格とは裏腹に、民族誌が一種の「フィクション」としてしか成立しえないパラドクスを説得的に説いている。(3) たしかに一九世紀までの民族誌の浪漫主義が得意としていた「未開社会」「高貴な野蛮人」「エデンの園」といったエキゾティスムの喚起は、二〇世紀民族誌のリアリズムによって表面的には隠蔽されることになった。しかし今日の民族誌の底流には、いまだに「土着性」「伝統」「民族集団」といった多分に擬制的な概念の形式的な採用が見られ、結局現在でも民族誌は現実逃避的なフィクションを高邁な文化批判というカムフラージュのもとに語ることになる危険性をつねに抱えている、とクリフォードは指摘する。一方、エスノグラフィックな認識の示すより政治的なインターテクスチュアリティーのありかについてはエドワード・サイードがあきらかにしたとおりだ。『オリエンタリズム』に検証されているように、民族誌は科学のイデオロギーによって可能となっただけでなく、西欧の政治的・経済的覇権《ヘゲモニー》によってもたらされたのでもあり、そこで世界の諸文化は(とりわけ「オリエント」は)一種の政治的・経済的交換の対象として記号的に変換されたうえで、科学的吟味の対象物に格下げされたのであった。政治学や経済学、さらに戦略的なジオポリティクスの上に立った「普遍科学」の虚構性は、西欧が異文化を見るときの「眼」のなかに最も鋭く暴きたてられたのである。

ともあれ、こうした民族誌のインターテクスチュアルな現実を認識したとき、これをなおも素朴な実証主義的科学性を盾にして正当化しようとする試みが無効であることは明白だ。そして、このナイーヴな科学主義から抜け出すためにまずやるべきことは、これまで対象物にだけ注がれてきたエスノグラファーの眼に新しいタイプの視力を与えてゆくことでなければならない。しかしそれは矯正レンズの導入によって視力を強化することではなく、その反対に弱い裸眼がとらえるくぐもった像の動きに全身体的な注意を向けることによって新しい知覚を獲得してゆくことを意味している。目の前に現われる光景が一つの安定した像を結ぶことに限りなく抵抗し、自分と異文化とを分けへだてている（と彼に感じられている）境界線をできるだけ幅のあるあいまいな「場」のままにとどめておくことで、自己の身体に介入してくる「他者」の作用を認識の力として受容できるような感性が、いまあらゆるジャンルのエスノグラファーに求められている。ここでふたたび、さきほどのセガレンの言葉が思い出されてくる。彼はこう書いていた。

「新しい旅人はたんに彼の見たものを書きとめるだけではない。彼は瞬間的かつ持続的な移動を通じて、自己の存在の反響《エコー》をも書きしるそうとするのである」。

瞬間的かつ持続的な「移動」は、だからヴィジョンの確定を避けるために意図的に導入された秘密の戦略なのだ。目まぐるしく動き回り、視線が投射される定点をスピードを持った動的な線に拡張すること。いや、それだけではない。ヴィジョンの確定を避けるこうした試みは、むしろ民族誌家のもつ視覚に優位を置いた知覚と理解のシステムそのものから脱出するという目的において最も重要な意味を持っている。これまで特定の社会や文化の記述においては、対象を「視覚化」する能力が、それらを「理解」する能力とほとんど同義のように考えられてきた。そこでは、視覚に最も重要かつ崇高な感覚としての価値が与えられ、グラフィックで空間解析的な概念化こそが、最も「厳密」で「正確」な科学的コミュニケーションを成立させうる手法であると信じられてきたのである。いうまでもなくこうした考えが西欧の社会科学的認識論の中心に定着するためには、デカルト的な合理主義やホッブス的な経験論が大きな役割を果たした。しかしより古い起源を求めれば、もともと事物や情報の組成を「原子」や「粒子」の集合体としてみなすような科学的発想がその底流にあったことも見のがせない。幾何学的精神はこれを基礎として展開したのであり、また類型学《タイポロジー》やグラフ、スケール、地図といった手段の適用によって知の対象を視覚化するやり方もここに発想の起源を持っていた。さらにさかのぼれば、ギリシャの雄弁術におけるレトリックにまで行き着く。そこでは、公の場に登場した話者は、聴衆との対面的な相互性や互酬性にもとづく即興的なパフォーマンスによってではなく、すでに頭脳のなかに準備された記憶のたすけを借りながらディスクールを組織していった。すなわち自分自身を聴衆から分離し、記憶された事項の世界のほうに自らを置くことによって、話者はひとつのトピックから別のトピックへと話題を展開しながら弁論をいくらでも引き延ばすことができたのである。トピックとはまさにギリシャ語の〈トポイ〉(場所)だったのであり、ここには視覚的に弁別された「場所」を往還することが弁論の理想的な形式と考えられていたことが見事に示されている。視覚を中心に形成された記憶の技法によって「知られるもの」と「知る人」とが分離され、さらに話者と聴衆とが分離されるというメカニズムは、このあたりに発祥の地を見いだすことができる。

こうした視覚を優位に置いた認識の成立をめぐる科学精神の考古学的探求は、フランセス・イェイツの『記憶術』やウォルター・オングによるラムス主義研究、さらにもちろんジャック・デリダの『グラマトロジーについて』といったいくつもの重要な著作を吟味しながら精緻に行われなければならず、ここでこれ以上深く立ち入るわけにはいかない。しかしここで少なくとも確認しておきたいことは、視覚を媒介とした「対象のディタッチメント（分離）」の手法を現代の民族誌学も当然のものとして引き継いできているという事実についてだ。フィールドにおける民族誌家の活動は、たえずその土地の人々とのインターアクションにさらされている。民族誌家は観察者であると同時に被観察者でもあり、さらに住民との共同作業は彼らの仕事の展開にとってほとんど不可欠の要請である。こうした相互的な状況のなかで、しかし民族誌家はアクティヴなパートナーとしての住民を巧妙にひとつの枠づけられた「対象物」として疎外することによってエスノグラフィーを書きあげてゆく。視覚的に類型化されたシステムとして対象を記述することが、最も正確な知覚の再現であるというあやまった信念が、こうした因習的なエスノグラフィーのディスクールの裏に込められていたことは疑いない。

こうした対象のディタッチメント（いや、分離されてはじめて土着民の世界は「対象」となるわけだから、より正確には「知られるもの」の「知る人」からのディタッチメント、というべきだろう）が、空間的（すなわち視覚的）な疎外のレトリックの上に成立していたことはもう繰りかえすまでもない。この、近代科学における記述のレトリックの根幹にある空間的疎外と視覚的固定化の傾向は、ヴィジュアリズムの偏向と呼ぶことができるだろう(4)。そして、民族誌家がセガレンのいうように移動のなかでヴィジョンの確定を避けつづけることは、必然的に彼がヴィジュアリズムによって統率されていた従来の「科学」の記述のモードから逸脱してゆくことを意味していることになる。

ヴィジョンの瞬間的な転移《トランスファー》に身をまかせながら「自己の存在の反響《エコー》」を書きしるそうとする民族誌家は、無意識的なヴィジュアリズムの支配を自覚し、それをきっぱりと捨てることによって、音、匂い、味、手触りといった視覚以外の感覚の復権をくわだて、それらの感覚に支えられた知覚を認識の領域へとつなげてゆかねばならない。聴覚や嗅覚、さらに味覚や触覚にもとづく経験は、これまで民族誌の記述から巧妙に除外されてきた。しかも、科学的要請にもとづくこうした感覚の優劣のアレンジメントは、記述のレヴェルだけでなく、民族誌家の主体的な経験のレヴェルにおいても彼の身体的感覚にはたらきかけ、彼の五感から知らないあいだに視覚以外の感覚を奪うことにむすびついていった。すなわち、記述の要請を先取りするようにして、民族誌家は経験のレヴェルにおいていちはやく聴覚や嗅覚、味覚や触覚をほとんど二次的な（すなわち普遍的理解とは縁のないきわめて個人的な）感覚のカテゴリーに追いやったのである。彼らの眼だけが異常な発達をとげ、耳と鼻と舌と触覚は退化した。寝静まった村で聞こえる即興的なドラムの音。開け放たれたバーで深夜まで響く人々の喧騒とラジオの音楽。未知の料理の味や舌触り。村はずれの暗がりに潜むジャコウのような匂い。熱帯雨林のなまあたたかいスコールに濡れた皮膚の感触。こうした感覚的な要素は、すべてこれまで「経験主義的なノイズ」としてフィルターにかけられ、客観的な知の領域に加わることをゆるされなかった。しかし考えてみれば、報告された「光景」を、同じように報告された「音」や「匂い」や「味」よりも、より客観的であると保証するなんらかの本質的な理由があるとは思えない。すなわち、視覚の優位とは、たんに西欧的な認識論における「文化的な選択」の問題以外ではありえないのである。

こうしたヴィジュアリズムの陥穽はよりメタフィジカルな領域にももちろん及んでいる。「可視的」に存在するものの方が「可聴的」に存在するものよりも存在論的にみてより本質性を持っているとするような考え方がそれだ。そして、そのなかで、「見ること」がすなわち「考えること」「理解すること」であるかのような認識論的前提がつくられてゆく。これらの、より形而上学的なヴィジュアリズムの傾向は、結果として「構造」を「プロセス」から峻別し、後者を差別するような思想をうみだす。なぜなら明確な「フォルム」をもって提示された「構造」と比べたとき、「プロセス」とは一種の「過程」としての道筋にすぎず、それは「構造」にたいする因果的な連鎖を示すものとして最終的には何らかのかたちで「構造」の示すフォルムの世界に還元することができてしまうからである。こうして、「存在」は「過程」を支配し、「あること」は「なること」の優位にたち、「現在性《アクチュアリティー》」は「可能性《ポシビリティー》」を抑圧することになった。

したがって、民族誌のヴィジュアリズムを脱する道は、「プロセス」「なること」「可能性」といった流動的なリアリティーを科学的な記述の領野に復活させることのできるような感受性のなかにある。そもそも、ものの世界の認識、あるいは「そこにものがあること」の認識は、思想史的に大きく二つの考え方に分けることが可能だ。一つはいわばプラトン的ともいえる思考法で、静止し固定化された事物の現存性をもってものの世界とみなす。もう一つのやり方はヘラクレイトス的ともいうべき思考法、すなわち生成流転するエネルギーの運動のほうに事物の本性を求めようとするものだ。スティーヴン・タイラーの表現を借りれば、前者のような姿勢を「リアルな科学」、後者の傾向を「オカルト的な科学」と呼ぶこともできるだろう。リアルな科学は、つねに物質的な「実体」や「客体」をその対象とする。そこにはマテリアルな世界にたいする素朴な実在論がある。一方、オカルト科学が実現されるテリトリーはマテリアルなオブジェの世界にはない。それは、「プロセス」「属性」「アクション」「関係性」といった、それ自体リアルな科学からは対象物と見なされないようなもの、すなわちリアルなものの派生物としてしかリアリティーを持ちえないと思われていたようなものの領域において力強く遂行されることになる。

こう考えれば、民族誌の革新の可能性がオカルト科学的な実践のなかにあることはあきらかだ。オカルト的なものの世界は、たえず移ろい、流動し、変化する運動性にみちあふれている。視覚の専制によって押し潰されていた闇の感覚の世界はそうしたオカルト的なものの代表だ。あるいは日常意識の底にあって旋回運動をつづけるわれわれの無意識の世界もその一つだ。セクシュアリティー。狂気。

さらに記憶のような、過去に堆積された経験の領域。あるいは身体感覚のような、頭脳のなかに再現された肉体の反映……。そしてこれらすべてのオカルト的なものを語るための言語もまた、必然的にオカルト的な言葉づかいを身にまとう。オカルト的な言葉づかいとはいわば動詞的な言語だともいえる。それは名詞的実体（＝主語）を軸に構築される言葉ではなく、可変的な属性を示す動詞（＝述語）による思考だからだ。それはまた意味を形成するために不可欠な「語根」の示す必然性の言語ではなく、偶然性に支配された「接頭辞」や「接尾辞」によってより積極的に語られる言葉だ。しかしこういった言語学的な比喩で説明すること自体が、オカルト的言葉づかいの持つ野性児のように荒々しく力強い可能性を限定してしまうだろう。もう少し詩的な表現を使おう。それはリアリティーとファンタジーの複雑でパラドクシカルで秘儀的な出逢いによって生まれる、いくつもの謎めいた言語によって語られるのだ、と。そこでは言葉は、一つの超越的な「意味」に収斂することもなく、また「理性の光」によって照らしだされた至高の領域に上昇してゆくようなこともない。オカルト言語は、むしろそうしたプラトニックな「統合」や「昇華」のヴィジョンに背を向けて、デモーニックな魑魅魍魎がうごめく冥界へとプルートー的なダイヴィングを試みようとするのだ。そこでは引き裂かれたリアリティーの断片が、奇妙に美しいクリナーメン運動の軌跡を描きながら未分化の時空間のなかを飛びかっている。

こうした言語空間を、ヴァルター・ベンヤミン的な意味で、過渡性と断片性からなる「アレゴリー」空間になぞらえることもできるかもしれない。そこで歴史は一つのフラグメンタルなプロセスとして捉えられた。構造は絶えず破壊され、かたちの廃墟のなかから想像力による新たな建設がめざされた。ものは瞬間的な生命しか持っておらず、したがってそれを永遠の方に償還できるのはアレゴリー（寓意）だけだった。アレゴリーは、崩壊した「物語」を救い出すための戦略として捉えられたのである。テクストの意味の一つのレヴェルが別のレヴェルの意味作用を生成してゆくようなアレゴリーの性格は、しかしロマン主義によって否定的に取り扱われることになった。ポール・ド・マンが指摘したように、[5] ロマン主義的美学におけるアレゴリーの否定とシンボルの重視は、ロマン主義が支えるリアリズムの質を逆照射するものでもあった。すなわち出来事の非媒介的な意味を求めるロマン主義的感性は、字義どおりの解釈を基本とする実証主義的手法や、部分と全体の機能的でオーガニックな関係への認識にたつメトニミーを比喩の基本とするリアリズムが主張する非アレゴリー的な記述の手法と、実は深くかかわりあっていたのである。こうして、一九世紀的な感性の共通したトーンをかたちづくる実証主義・リアリズム・ロマン主義（そしてこれらはすべて二〇世紀的民族誌の主要な構成要素となってゆくものだ）は、人為的なレトリックによって廃墟の彼方に一種の予定調和的な抽象性を想定しようとするかにみえるアレゴリーの手法をはっきりと敵視することになった。さらに二〇世紀にはいっても、アレゴリーの示す解釈の恣意性は、科学の経験主義的姿勢やモダニズム芸術のめざす表現の自発性に鋭く抵触すると考えられたのである。

しかし、二〇世紀的ディスクールが生産してきたテクストにたいする今日のポストモダニスト的な反省は、これらの実証主義的、リアリズム的、ロマン主義的合意をもう一度問い直すことによって、修辞的手法としてのアレゴリーの隠された可能性を浮上させることになった。そしてまさにこの地点で、民族誌のオカルト科学的な表現がアレゴリーの手法を採用する可能性を持っていることが気づかれるのだ。ある特定の文化の記述に関して、「AはBを表わしている、象徴している」というかわりに「AはBについての物語だ」というかたちで語る「寓意人類学」、あるいは「アレゴリカル・エスノグラフィー」の誕生の契機はここにある。[6] これは、すでに述べたようなナイーヴな実在論にたったリアリズムや実証主義によって記述される「客観的事実」（それがじつはさまざまなかたちで政治化され、インターテクスチュアルな波をかぶったものであったことはすでに検討したとおりだ）の領域を、「アレゴリー」の領域と区別しうるなんの本質的な理由も方法もない、という認識にもとづいている。つまり、アレゴリカル・エスノグラフィーの理解においては、リアリズムの描く文化的「事実」は決して「真実」のものではなく、逆にアレゴリーはかならずしも「虚偽」的なものではない、ということになる。むしろ、民族誌の認識的・記述的空間が示すさまざまな文化要素が対抗し合うきわめて複雑でポリフォニックな様相を記述するためには、アレゴリーの持つ寓話的なスタイルの方がはるかにダイナミックに文化の表現の「真実」を描きだせるかもしれないのである。

アレゴリーを民族誌的記述のなかに導入する試みは、いまだに多くの人類学者にとって危険な賭であると考えられている。そうした保守的な人類学者が示す一種の「恐怖」は、アレゴリカル・エスノグラフィーが結局は記述と解釈のニヒリズムへと行き着いてしまうのではないかという警戒心であるといってもよい。しかし、こうした議論はあきらかに「意味についての問いかけ」を「意味の混乱」と取り違えるという誤りをおかしている。文化が日々つくりかえられ、歴史が変容を強いられている現場に対峙した人類学者は、目の前に展開する世界の可変性と意味の流動性をつかまえるための新しい記述のモードを開発することができずに、ひたすら旧来の「客観」主義的レトリックを無気力に採用することで、意味の一貫性という幻想にすがりついているにすぎないのだ。新しいアレゴリー空間を民族誌に導き入れる試みは精力的につづけられなければならない。しかしその時、ベンヤミンが鋭く見抜いていたように、廃墟から意味を救い出し、それを超越的なメタフィジックスへの補償としてゆくようなアレゴリーの持つ衝動的傾向は抑え込まれなければならないだろう。新しい民族誌は、意味の補償ではない寓話の語り方によって、すなわち意味の廃墟のなかに散布されたリアリティーの「断片」のほうにより大きな注意を払うことによって、オカルト的なざわめきと運動性に満ちたアレゴリー空間を書きとめてゆかねばならないのである。

セガレンが思いつきを書きとめるかのように記した「新しい旅人」へのメッセージが、こうしていま私たちを民族誌の新たな地平へと押し出してゆく。〈ヴイジョンの確定を避けること〉〈視覚以外の感覚の侵入を自由にゆるすこと〉〈存在より過程を、現在性より可能性を優位に置くオカルト的科学の実践をめざすこと〉さらに〈フラグメントへの関心を維持することによって寓意の手法の可能性に賭けること〉。セガレンの言葉を出発点にして考えてきたこれらのテーゼのようなものを頼りに、いま民族誌を一つの新しい「科学」の可能性の方に連れ出してみたい。そしてそれは〈ロマネスク・サイエンス〉と呼ばれるだろう。矛盾のない一貫した論理を積み重ねることで語られた科学の硬直したディスクールのなかに、「物語的な《ロマネスク》」種子を投げ入れ、そこから育つ植物の気まぐれで即興的な成長の力を、文化の記述のなかに活かしてみるのである。

もちろん、〈ロマネスク〉というような言葉を考えるとき、晩年のロラン・バルトが夢想した「個別の科学」への美しい試みの反映をうち消すことはできない。遺著となった写真論『明るい部屋』のなかで、バルトは写真を論じる従来の社会学や記号学や精神分析などの言語活動のあいだに板ばさみになったときの居心地の悪さについてふれながら、つぎのように書いている。

私がそうした言語活動のいずれにもついに満足していないということは、私のうちにある唯一の確実なもの（たとえそれがいかに素朴なものであっても）を証明している。つまり、あらゆる還元的な体系に反発する私の激しい抵抗感である。というのも、そうした体系を少しばかり援用してみると、言語活動が次第に固くなっていって、その結果、還元と非難に傾くのが感じられるので、私はその都度そうした体系からそっと離れてよそを探し、またちがったふうに語りはじめるのがつねだったからである。いっそのこと、これをかぎりに、私の個別性から発する抗議の声を逆に道理と見なし、《古代の自我の至高性》（ニーチェ）を、発見のための原理にするほうがよいのだ。そこで私は、自分の探求の出発点として、わずか数枚の写真、私にとって存在することが確実な数枚の写真を採用することに決めた。それは資料体《コルプス》とはなんの関係もない、ただいくつかの肉体《コール》にすぎなかった。（……）いったいなぜ、いわば個々の対象を扱う新しい科学がないのか？　なぜ（「普遍学」Mathesis universalis ならぬ）「個別学」Mathesis singularis がないのか？　私は、自らを「写真」全体の媒介者と見なすことに同意した。私は若干の個人的反応から出発して、それなしでは写真が存在しえないような、「写真」の基本的特徴や普遍性を定式化しようとつとめるであろう。(7)

ここには、不可能な「個別の科学」へのバルトの夢のような憧れを読みとることができる。しかし同時に、その不可能に賭けようとするバルトの冒険的で強靭な意志が表明されてもいる。自らの個別性を主体の科学に捧げ、提供しつつ、しかもその科学が自己を還元することも圧殺することもないような、ある一般性に到達するようにしむけること。そのための認識の出発点に、バルトは「不意にやってくる」ものごとへの関心を置こうとする。すべての写真ではなく、ある特定の写真だけが彼のもとに不意の訪れを果たすというその事実を手掛かりにして、彼は「個別の科学」への冒険行へと旅立ったのであった。「冒険（＝不意にやってくるもの）」という言葉に力を与えられて、彼は書いた。

冒険の原理によって、私は「写真」を存在させることができる。それとは逆に、冒険がなければ、

写真は存在しない。(8)

ここで「写真」という言葉でいわれているものを、「民族誌的風景」という言葉に置き換えたとき、ロマネスク・サイエンスとしての人類学的ヴァージョンがはっきりとしたイメージをともなって現われだす。「冒険の原理によって、私は〈民族誌的風景〉を存在させることができる。逆に冒険がなければ民族誌的風景は存在しない」。私たちが立ち向かい、かかわることになる民族誌的風景（「風景」といってもそれが自己と他者の全感覚を包み込んだコスモスであることはいうまでもない）を存在させることができるのは、私たち一人一人の個別性だ。個別性の冒険に賭けることで、民族誌家は科学的客観の仮面をつけたリアリティーがおもむろに動揺をはじめ、輪郭を揺るがせ、やがてめくるめく運動に満ちた可能性の力が彼をめがけて流れ出す現場に立ち会うことができるようになる。フィールドのコミュニケーションは不意にやってくる。不意にある光景が民族誌家の目につきささる。偶然のように聴いた音が、やがて一つの未知の世界を彼の前にひろげる。無意識にものに触れたときの感触が、ずっと尾をひくように記憶のなかに堆積し、やがて彼に閃光のようなひらめきをともなった明晰な理解をもたらす……。

不意に訪れ、エスノグラファーの精神を活気づける民族文化の輝くような〈華麗さ《フランボワイアンス》〉。人類学者レナート・ロサルド(9)が新しい文化的ヴィジョンを示すためにつかったこの言葉は、私のよく知っているメキシコやカリブ海やリオ・グランデ下流地帯における文化のありかたをいちばん適確に表現しているように思う。こうした場所で私は見事な朱色の花を無数につけた火炎樹《フランボワイアン》の太い木々とその濃い緑陰に集う人々に出逢った。この〈フランボワイアンス〉を、エスノグラファーの個別性が「世界」とつながるその接触点において書きとめること。そして言葉に、それが立ち向かうリアリティーの深度と強度を伝えうる火炎樹のような輝きと力を与えること。そうした〈ロマネスク〉のプロジェクトとは、結局は、知覚し、記述し、表現するという西欧的な存在論と認識論と形而上学の構造的な流れを遮断して、力の対立を前提としてひとつの全体性を指向する従来の哲学的・物理学的・精神分析学的「自己」や「事物」や「言語」の解体を促進させるための、一種のテクスチュアルな反省のことなのだろう。全体ではなく部分に開花し、力のスムースな流れを呼び込んで無限にひろがる文化のテクスチュアを織りあげる人々の意志的なアクションを、その言葉はもっとも適確にすくいあげ、記述の荒野のなかに青々とした集落のかたまりを建設するだろう。

科学の地平における民族誌の「個別の科学」としての立場は、だから、おそらくは世界の民族文化における、個別の思想が芽生え、はぐくまれる領域としての「エスニシティー」の立場に対応しているにちがいない。「人種」や「国家」や「共同体」や「地域」といったいっさいの制度的カテゴリーを拒み、その世界の外にあるなにものにも準拠することなく、接続され変容する自己意識を内側から鍛え上げてゆくような人々の持つ「個別の思想」をこそ、エスノグラフィーは記録しつづけなければならない。

ギリシャ建築において、石はたんなる量塊にすぎなかった。石と石を円柱によって支えるという限定と支持の静的均衡が、垂直性を基礎としたギリシャ的ヴィジョンを示していた。しかし、ロマネスク建築は、個々の石の重みを発見した。石が、重みを持った力として捉えられることで、その力をコントロールしながら斜めからの分力を作りだし、それらの活動力を収斂させつつ放射させる新しい丸天井の動力学が誕生したのだ。様式といった形態の抽象に与することなく、ロマネスクの石工たちは個々の石の重みを確かめるようにして、力のモザイク的作品としての穹窿《ヴォールト》の独自の黄金分割比を割り出していったのだった。

　こう考えれば、小文字のロマネスクも、どこかで大文字のロマネスクと交差していると考えることもできるだろう。私が訪ね歩いたメキシコ中央高原のインディオの村にも、テキサスやニュー・メキシコのチカーノたちの集落にも、簡素な石積みの（あるいは日干し煉瓦《アドーベ》の）家があった。家々は、ひとつひとつ独自性を持ち、彼らの生活の固有な輝きを示していた。この野生のロマネスク建築を出発点にして、私は彼らの住む荒野に、意志的な「個別の思想」によって支えられた科学の穹窿《ヴォールト》を立ちあげたいと思ったのである。

直覚の人類学——ホセ・マリア・アルゲダス論

Ⅰ

人類学的言説は、少なくとも科学的言説として、充分な信頼を与えられている——この前提事項に対して、私たちがはたして本質的な疑問を抱いたことがあっただろうか。今日に至るまで書かれてきたほとんどすべての民族誌的著作がこの前提に不審をいだいた形跡はない。人類学のサブジャンルとしての民族誌《エスノグラフィー》は、異文化の記述と分析に関していわゆる科学的客観性が実現されていることによって、小説や紀行文といった創造的、主観的な記述のジャンルからはっきり区別されてきた。

しかし、そうした人類学的言説の科学性あるいは正当性について根本的な疑問を抱きつつ、しかもなお研究論文のスタイルで民族誌を書くというきわめて稀な思索を展開したのが、ペルーのホセ・マリア・アルゲダスであった。アルゲダスの人類学的著作、たとえば彼の死後編集された『インドアメリカ的国民文化の形成』(1)に収められた諸論文を読み込んでゆけば、そこには科学的ディスクールが書き手によって充分に信頼されていないことからくる、「書く」行為そのものへの独特の逡巡が読みとれる。思索の対象と、それを文章にするときに必然的に要求される思考論理の「構え」とが、どうしても一致しないという書き手のとまどいが、その文章をいかなる人類学の論文とも異ったものにしている。
アルゲダスは、一般には二〇世紀ペルーの最も重要な作家として知られている。しかしアルゲダスを、『深い川』というイスパノアメリカの最も美しい小説の一つを著わした作家としてだけ理解してしまうことは早計だ。ペルーという国そのもののヘテロジニアスな性格を体現するかのように、アルゲダスという人格のなかには、文化的アイデンティティをめぐってのいくつもの亀裂がはしっていた。そしてそうした人格の危うい統合が破れたとき、結局彼は現実のレベルでは自死を選択することになった。(2) アルゲダスの生の亀裂はいくつもの側面を持っていたが、それらは大まかに言語的なもの、文化的なもの、そして職業的なもの、の三つの要素が錯綜しからみ合ったものと考えることができるだろう。

白人の両親の子供として生まれながら、誕生後間もなく起った母親の死と、その後の継母と父との間の複雑な関係のなかで、幼いアルゲダスは同居することになった継母の家族からのけ者にされ、その家の召使いだったインディオ(ケチュア族)の家族のあいだで暮らすことになった。この奇異な幼少時の自己形成こそが、ケチュア語/スペイン語、インディオ/白人、作家/人類学者(教師)といったアルゲダスの生をめぐるすべての対立と紛争を生み出す種子となったものである。(3) アルゲダスはこの時点ですでに人類学的「状況」に期せずして立たされていたといえるかもしれない。したがって、アルゲダスを、よく言われるように、ペルーの先住民社会を内側から描き切ったインディヘニズムの作家ととらえるだけでは充分ではない。自己内部の文化的亀裂に直面した一つの知性が苦悩ののちに切り拓きかけた、既存の文化的ディレンマを超え出てゆくことのできる全く新しい人類学的なヴィジョンの可能性を、単なる文学的レトリックの議論のなかにとじ込めてしまうわけにはいかないのである。

II

アルゲダスの人類学的認識の最も深い達成を、彼の民族誌的著作のなかに直接探りあてることは難しい。彼のアンデス世界をめぐる民族誌は、むしろ文学的言語とアカデミックな言語の間での葛藤を繰り返した、アルゲダスの精神の真摯な証言のようなものとして読むことができる。したがってアルゲダスの人類学的なヴィジョンの最も豊かな到達点へ行きつこうとするならば、私たちは彼の文学的テクストをも同時に、彼の思索の創造的な全体性のなかで参照しなければならないだろう。何よりもまずアルゲダスにあって特徴的なことは、彼にとっての「人類学」が決して学問分野、ディシプリンとしてのそれではなく、一つの知性のスタイル、あるいは一つの精神の存在形態として認識されていたということである。そしてこの点においてこそ、アルゲダスのヴィジョンが現代の人類学の最もラディカルな認識の地平に対してもつ先駆性を、はっきり証明しているのである。

人類学者としてのアルゲダスの言説を、作家としてのそれと比較してみるという作業は、アルゲダスの創造の秘密を知りたいと思う者にとって避け難い誘惑である。事実、アルゲダスは彼の小説の舞台となった同じアイユー（インディオ共同体）を、のちに民族誌的論文のなかでとりあげることがしばしばあった。それは、同じ対象に向きあって、文学と科学という二つの言語がどのようにして小説と民族誌という別々のディスクールとして意図的に組織されてくるか、という過程を見る絶好のケースでもある。その最も鮮明な例が、初期の小説『ヤワル・フィエスタ』[4]（一九四一）と、一五年後の論文「プキオ——変化のプロセスにある一つの文化」[5]（一九五六）との対応である。そこには、民族誌という記述形式のなかにひそむ科学的認識論と想像力・創造性との交通をめぐる、現象学的なテーマを展開する多くの糸口を指摘することができる。これはまた、「文学と人類学」[6]という名のもとに近年になって議論され始めてきたテーマでもある。

『ヤワル・フィエスタ』の再版への序文のため一九五〇年、雑誌『南の海《マール・デル・スール》』に書かれたアルゲダスのエッセイ、「ペルーにおける文学と文学的表現についての問題」(7)は、アンデスのインディオ社会を記述するときの、二つの言語をめぐるディレンマについて語っている。二つの言語とは、いうまでもなくケチュア語とスペイン語である。アルゲダスは書く。

> どのようにしてそれらの集落を、村々を、草原を記述することができるだろう？　あの、のどかで、かつ騒々しい日々の生活を、いったいどの言語《ことば》で語るべきなのか。スペイン語？　甘美で鼓動を呼びおこすようなケチュア語によって、すでにその生活を学び、愛し、生きてしまったそのあとで？(8)

読者の意識に脈打つインディオ世界の「鼓動《パルス》」を伝えるためのことばとして、アルゲダスが最終的に選びとらざるを得なかった書きことばとしてのスペイン語は、常に彼のなかにディレンマの種をまき続けた。かといって、ケチュア語で書くことは何の解決にもならない。というのも、ケチュア語は話しことばであって、書きことばとしてのケチュア語は、きわめてわずかな博学な人々にのみ届くだけの装われたぎこちない言語でしかなかったからである。

しかし、このケチュア語／スペイン語という対立は、アルゲダスがかかえることになった言語的衝突の一部でしかなかったともいえる。たしかにインディオ社会のリアリティーを伝えるための創造的手段として文学的言語（詩的言語）のみを問題にする限りにおいては、ケチュア語／スペイン語という対立がすべてであるともいえよう。しかし科学的言語によるインディオ社会のトータルな記述の可能性を問題にすれば、アルゲダスが背負った言語的対立関係はさらに複雑なものとなってくる。すなわち文学的言語／科学的言語というメタ言語的対立である。『ヤワル・フィエスタ』に描き出された四つのアイユーから成るアンデスの村プキオを、実地調査にもとづく民族誌のスタイルで書いた論文「プキオ——変化のプロセスにある一つの文化」が、私たちの関心をひくのはまさにこの点においてである。

小説『ヤワル・フィエスタ』と論文「プキオ——変化のプロセスにある一つの文化」とのスタイルにおける最も大きな相違点を簡潔に言ってしまえば、当然のことながら、前者が口承的な話しことばを基礎としたものであるのに対し、後者が解説的であるということである。『ヤワル・フィエスタ』は、ほとんど登場人物の息・呼吸・声によって書かれた小説だといっても過言ではない。誇張された文学的修辞のようなものを全く用いずに、きわめて簡潔なリアリズムの文体で書かれたこの散文が力を持つのは、そのなかにモザイクのようにちりばめられたアンデスの山村の口承的かつ音響的な世界の豊かさのためである。終始くり返されるインディオの「アタタウ！」「タイタ！」という嘆息のような間投辞と、フィエスタの始まりを告げるトランペット〈ワカワクラ〉のこだまの響きが、この小説全体を貫く詩学の源泉であろう。幼年期から思春期にかけてこのプキオの村で暮らしたアルゲダスにとっては、物音や匂いといった感覚的なものを通じて自己の周囲に対する位置を画定してゆくようなインディオのやり方こそが、最も身近で力強い世界把握の方法だと映ったのである。「ヤワル・フィエスタ（血の祭り）」というタイトルが示すように、この小説の物語はインディオが代々受けついできた野生の牛を使った闘牛の祭りの存続をめぐって、これを暴力的で野蛮であるとして制止しようとする白人と、これに対立するインディオとの間の確執を扱っているが、こうしたインディヘニズムの文学を特徴づけるような社会性の強いテーマも、先に述べた音のポエティクスの前では、ほとんど二次的要素に過ぎないとさえいえる。

一方、同じ村を一五年後に民族学調査団の一員として訪れ、その報告として書かれたエッセイ「プキオ――変化のプロセスにある一つの文化」の文体は、言うまでもなくいささか論文調である。論の進め方はオーソドックスで、共同体の水の管理をめぐる社会・経済的条件の変化から書きはじめたあと、宗教伝統の近代的変化のプロセスをあとづけるためのインカリ神話のヴァージョンの検討、そして〈セキア〉と呼ばれる伝統的な「水の祭り」の一部始終とその象徴的な意味について詳細な解説を加えてゆく。ここでは、インディオの感覚的な世界は、科学的・実証主義的ディスクールの前にすっかり姿を消してしまったようにみえる。さらにこの論文では、民族音楽学者ロエル・ピネダの協力のもとにインディオの儀礼における歌やダンスの音楽が採譜されてかかげられ、先住民の音の世界の一部が科学的・合理的記述システムによって切りとられてすらいるのである。後にも見るように、インディオの音楽を西洋の五線譜に切りとってゆくような方法は、およそアルゲダスの美学と鋭く対立するものであった。しかしいずれにせよ、こうした実証主義的な記述こそが当時求められていた民族誌であったことは疑いない。したがって、学問としての体裁を整えるために譲歩せざるを得なかったアルゲダスの思考の核の多くは、姿を変えて、一種の倫理的な、あるいはまた社会参加的な態度の表明として、彼のエッセイのなかのあちこちに配置されてゆくことになった。アンデス世界への強い社会的コミットメントと使命感のようなものが、アルゲダスの人類学的論文の背後に常に一種のきまじめな、いささか悲観的なトーンをかもし出していることに、読者はすぐ気づくはずだ。

たとえば、アンデス社会の人類学的研究の概説的通史を扱った論文のなかで、ジョン・ムラはアルゲダスにふれて次のように述べる。

〔サンマルコス大学の調査グループの中には〕アンデス高地出身の若い研究者もたくさんいたが、アルゲダスほどに土着の生活との親しい接触を持ち、アンデスの未来に対して情熱的にかかわっていた者は少なかった。（……）たった一人でアルゲダスはアイマラ語やケチュア語の文学的運命について議論した。のち、彼の後半生に出版されたすべての詩はケチュア語によるものであった。一九六九年の死から今日まで、このアンデス社会への参加＝観察者は何人によっても置き換えられていない。(9)

ジョン・ムラは、ここで人類学者としてのアルゲダスを高く評価しているようにもみえるが、逆にみれば、彼のアンガージュマン的情熱を強調することによって、アルゲダスの学問的達成へのコメントを巧妙に回避しているようにも受けとれる。アルゲダスの人類学的な仕事をめぐるアンビヴァレンスは、アンデス研究の現在における最高権威の一人と思われるムラにとっても、決定的な評価を下すことをためらわせずにはおかない問題だったのである。

III

しかし論文「プキオ——変化のプロセスにある一つの文化」を注意深く読めば、そこには普通の民族誌の手法とは明らかに異った要素が、かなり意図的に導入されていることもまた事実である。その一つは、地の文のなかにちりばめられたインディオたちのことばである。本来ならばフィールドワークの一次的データとして、日誌ないしフィールドノートのなかに記録され、民族誌のなかでは整理・概念化といった過程を通じて著者のことばに置き換えられて記述されるこうした市井のことばは、アルゲダスにあっては、彼の民族誌の文体を形成する有力な要素として登場してくる。一節を引用してみよう。

> 山々や草原は大地の化身である。すべての山が、草原が、それぞれの名前を持っている。自然は山々に対して礼賛を捧げる。というのも山々は、ありとあらゆる大地の属性を一度に示しているからである。すなわち寛容さと、破壊への力とを。一人の老人が、「ワマニ〔山の主〕はとても気性が荒い。私たちが夢を見ているあいだにたましいを吸いとってしまいさえする」と私に警告した。そこでピチュカチュリ村のアウキ〔ワマニへのメッセンジャーである村の司祭〕に、なぜワマニは怒りっぽいのか尋ねてみた。彼は答えた。「それは、力のある人間、金をたくさん持っている人間の気性が荒いのと同じことだ[10]……」

あたかも、ここでは科学的記述よりも一老人の直感的なことばのなかの方により多くの真実があるというアルゲダスの確信が表明されているかのようである。そして地の文と引用文との間にトーンの差が全くないことにより、アルゲダスのことばと老人のことばとは知らぬ間に一体化してゆく。しかもケチュアの観念《アイディア》は、ケチュア語によってのみ十全に表現されうる。幼少時代を同じプキオの村で過したアルゲダスにとって、同朋である老人のことばこそが、村人の宗教的世界観を再構成してゆくための最も信頼しうる言語だったとしても、少しもおかしくはないのである。

民族誌の因襲的なプロセスや重点の置き方を新たに転倒したり融合したりすることによって、職業化してしまった人類学がもう一度人間の生存の地点に立ちもどれることを力強く説きつつ、米国の人類学者チャールズ・カイルは次のように書く。

ふつう、「民族誌」「フィールドノート」「日記」はそれぞれ別々のものであり、この順により重要性のあるものだと考えられている。しかし、もし「日記」が最終目的——つまり対象を認知する時点で何が起っているかを記録する最良の方法——であり、「フィールドノート」が「日記」のなかに統合されてしまうとすれば、「民族誌」はフィールドの日記が現在そうであるような任意の、あるいは残余のカテゴリーでしかないと考えることができるわけである。そしてこのことは、私たちがただ単に人類学を再考したり再創造したりするのではなく、むしろそれをすっかり捨て去ってゆく道程にいることを意味している[11]。

こうした現代の人類学における「記述」の問題をめぐる最もラディカルな立場の一つは、すでに見たように、アルゲダスのきわめて直接的かつ直観的な民族誌の文体のなかにすでに予見されていたものである。

ところで、もう一つのアルゲダスの論文の特徴は、すべてのインディオの神話的・宗教的アイディアが、インディオの、ケチュアの概念によって説明され、検証されているという点である。そのために不可欠なのがケチュア語の知識であることは言うまでもない。ケチュア語を母語として育ち、八歳になってようやくスペイン語を正式に学びはじめた[12]というアルゲダスにとって、この条件ははじめから満たされていた。しかも、幼少時のたび重なる居住地の移動によって、アルゲダスはケチュア語のアンデス各地方によるさまざまなヴァリエーション、さらにスペイン語との合体についてもきわめて広範な知識を持っていた。たとえば次のような記述には、ケチュア語の微細なヴァリエーションとともに、インディオの世界観のなかに生じたケチュア語とスペイン語とのダイナミックな交通についての、アルゲダスの直覚的な理解が最もよく示されている。

アヤクチョやウアンカベリカにおいては、〈水〉に相当する普通名詞は〈ヤク〉という。相手が白人であれメスティソであれインディオであれ、〈水〉のことを（クスコ地方のケチュア語でいうように）〈ウヌ〉と呼んだのでは、彼らには通じない。ところが「セキアの祭り」、すなわち水とワマニの祭りのあいだじゅう、アウキの歌う聖なる歌における〈水〉はクスコ地方と同じく〈ウヌ〉と呼ばれる。さらにプキオのインディオは儀礼のことばのなかで〈ウヌ〉――〈アグアイ・ウヌ〉というように単語をつみ重ねてゆく。彼らは日常会話では〈ヤク〉と言って、〈水《アグア》〉というスペイン語の単語を使うことは決してないが、ひとたび宗教的な意味あいにおいて〈水〉と言うとき、彼らは〈ウヌ〉という単語とともにスペイン語の単語〈アグア〉を援用する。アウキの聖歌、インカリ神話のテクスト、あるいはワチョクの伝説のなかに見出されるように、プキオのインディオは数多くのスペイン語の単語をケチュア語のなかに合体させてきた。そしてそれらのほとんどは、スペイン語の言葉の方がより適確にさし示すことができるような概念や活力の状態を表現するために用いられているのである。(13)

ここに見られるように、文化的・言語的な垣根をとびこえて、インディオの観念《アイディア》の土着主義的解釈を推し進めてゆくアルゲダスの方法は、人類学における民族誌の斬新な方法論として評価されうるものである。

Ⅳ

民族誌を人間科学における記述の問題の新しい実験場であるととらえて、スリリングな議論を展開しているのが、二人の米国の人類学者、ジョージ・マーカスとマイケル・フィッシャーによる『文化批評《クリティーク》としての人類学』(14)である、ここでこの本に依りながら、民族誌というジャンルそのものの辿ってきた人類学における歴史、およびその現代的な可能性を見通してみることは、私たちのめざすアルゲダスの人類学的ヴィジョンに新しい光をあてることにつながる興味深い作業である。

一九世紀的な人類学から二〇世紀的人類学へのシフトは、明らかに民族誌の誕生にはじまる。この独自の方法の新しさは、それまでの、アマチュアの学者や旅人によって主として現地で収集された非西欧人の社会に関するデータをアカデミックな人類学者が「安楽椅子《アームチェア》に坐ったまま」理論化し分析する、という分離したプロセスを、一つの職業《プロフェッショナル》的な統合的実践として総合したところにある。すなわち民族誌とは、人類学者が異質な文化の日常生活を観察し、記録し、それに関わりあうことによって生ずる経験——それは一般にフィールドワークの経験と言われる——をもとに、細部の描写を強調しつつその文化についての報告をしたためるという、一貫した研究と記述のプロセスのことを意味したのである。

理論の点からみれば、人類学は常に創造的な意味あいにおいて寄生植物的であった。それは人間についてのエスノセントリックな一般化の是非を、フィールドワークによって直接調査された個々の文化のケースにとりついてテストしてきた。そうした民族誌の試みの一つのクラシックな記念碑ともいえる作品が、ブロニスラフ・マリノフスキーの『西太平洋の遠洋航海者』(一九二二)であった。この本の登場以後、米国の文化人類学と英国の社会人類学は、いくらか異ったパースペクティヴのもとで展開することになる。すなわち前者は文化相対主義、後者は機能主義である。機能主義が、フィールド・マテリアルを組織し、考えるための一つの理論的ガイドラインとして人類学を詳密に仕立てあげていったのに対し、文化相対主義の表明は方法としてよりもむしろ一つの構え、態度として発展してゆくことになった。

特に米国において、文化人類学の相対主義的な傾向は、人間社会の多様性をともすれば単純に還元し一般化しがちな他の社会科学の「法則発見」への過剰ともいえる関心に対して、常に一種の解毒剤としてその立場を維持してきた。そしてこうした潮流のなかで、人間科学における既成のいくつかの支配的な思想の枠組そのものが再検討の機会にさらされ、そのなかから「どのように提示するか」という科学におけるレトリックのあり方への関心が表面化してきたとき、人々は「フィールドワークの書かれた生産物」としての民族誌の方法的ユニークさに注目することになった。言いかえれば、民族誌という記述の行為が知的世界へ向けられる言説として、きわめて個人的かつ想像的な伝達手段であることが認識されるとき、民族誌という手法の持つ科学的実証主義への批判的武器としての有効性がにわかに脚光をあびてくるのである。マーカスとフィッシャーは書く。

民族誌の記述についての沈黙が破られることになったのは、明らかに、表現をめぐる危機的状況が社会科学一般における実証主義的目的意識の正当性に異議を申し立てたことによるものであった。そしてこの趨勢のなかで人類学は常に他より一歩先を見通していたのである。(15)

ここに、民族誌の持つ現代的な可能性の本質がある。そして、その可能な現代人類学の批判的実験の一つが、二〇世紀民族誌の基礎となってきた人類学的ホーリズムに対して向けられつつあることを示唆しながら、マーカスとフィッシャーは続けて書く。

包括的で全世界的な所説を述べることを基本としていた一九世紀的人類学の傾向に対しては、新しい尺度が採用された。すなわち、一人の民族誌家として人類学者が努力を集中するのは別のスケールのホーリズムであって、それは全世界的に有効な普遍的所説を述べることではなく、特定の生活そのものを可能な限り全的に、完璧な形で表現することであった。身近に観察された一つの生活形態についての全的な描写を提示する、というこのホーリズムの本質こそ、二〇世紀民族誌の一つの基礎となったものであり、それは現在真剣な再検討の議論にさらされている。(16)

ここで問題にされている、二〇世紀の民族誌的リアリズムとホーリスティックな認識論を超え出てゆくような民族誌の冒険の可能性を考えるとき、新たに装いを改めたアルゲダスが私たちの前に立っていることに気づく。アルゲダスが身をおき、格闘していたアンデスのインディオ文化が、きわめて急速にいわゆる西欧化、すなわち白人文化への統合化の動きを示している文化であることは重要である。すなわちここには、リアリズム的かつ実証主義的な記述方法が一つの文化について適用されたとたん、その文化そのものが記述を裏切って加速度的に変化していってしまうという、自己矛盾が隠されている。しかも、一時の民族誌の科学としての正当性の根拠とされていた、文化の多様性を消滅の危機から救い出し保存するという考え方も、相変らず「西欧化」あるいは「近代化」からの救済を強調する限り、さほど有効とも思われない。というのも「西欧化」といったナイーヴな概念自体、人類学者の異文化への関心の動機を「文化の救済」であるとしてサポートできるほど、現在の文化的な変化の複雑な様相をうまく言いあてではいないからである。

しかし年を経るごとに思索においても記述においても厚みを増しているように見える、少数のしかし注目すべき東西の民族誌の存在(17)は、この方法が急速に進む文化変容・破壊に対して、決して時代遅れになってはいないことを裏付けている。そしてこうした流れを先取りするかのように、アルゲダスが直面していた変化するインディオ社会というモチーフは、必然的にアルゲダスをきわめて現代的な民族誌の冒険へと促すことになったのである。再びマーカスとフィッシャーを引こう。

世界の住民が、変化する歴史的状況のなかで文化を再創造してゆくのと同じように、世界の諸文化は絶えず再発見される必要がある。とくに、信頼しうるパラダイムを欠いているような私たちの時代、つまり〈ポスト・コンディション〉の時代——ポスト・モダン、ポスト・コロニアル、ポスト・トラディショナル——においては。[18]

ここに「ポスト・インディヘニズム」とつけ加えてみることで、アルゲダスの仕事のアウトラインが明確になる。一九世紀末の、白人によるインディオのエキゾティックな美化と感情移入としての「インディアニズム」にはじまり、一九三〇年代に頂点をなすインディオ社会への政治的コミットメントを強めたより現実主義的な「インディヘニズム」、という二つの文化潮流を経てアルゲダスが直面したペルーの現実は、すでにそれらの理解を超え出てゆく趨勢をみせていた。アルゲダスはこの変化の流れにいち早く反応し、「ポスト・インディヘニズム」という条件下で新しい「インディオ」を再創造する道を、彼の生涯を通じて探り続けたのである。[19] その意味で、アルゲダスのすべての仕事は、インディオ文化、さらにはそれを包み込むペルー文化への一つのメタナラティヴとして読むことができる。そしてそのメタナラティヴを満足のゆくものとするには、どうしても科学的言語だけでは足りず、創造的言語の助けを借りる必要があったのである。

しかしこの試みは、アルゲダスにあって「文学」と「人類学」という二つの不連続な別々の試みとしてなされたのでは決してなかった。文学と人類学は、アルゲダスの創造活動のなかで分離した、時に対立するものとしてあるのではなく、むしろ、インディオ社会をめぐる一つの認識へと到達するための連続した二つの通路のようなものであった。そしてその連続性を保証するメカニズムとしてアルゲダスがその有効性を確信していたのが“intuición”つまり〈直覚〉であった。〈直覚〉はアルゲダスの文学と人類学をつなぐ鍵になることばである。

V

客観性、普遍性にこだわればこだわるほど、因習的な科学のことばとしての人類学がアンデス社会のリアリティーを映しだす言語として役に立たないことを感じとったアルゲダスは、彼の民族誌のなかに、実証主義的信仰の支配していた当時の人類学にあっては考えられないような方法、すなわち〈直覚〉という感覚的認識方法をより強力な記述の武器として持ち込んだ。一九六三年、アルゲダス五二歳の年にリマ、サン・マルコス大学に『スペインとペルーの共同体』が提出されるが、アルゲダスは最も緻密な学問的実証主義が要求されるはずのこの博士論文の何と冒頭で、彼の感覚的アプローチの正当性を確信に満ちて書きつけるのである。

> 誤りによって、私たちは直覚を何か学問とは余りにかけ離れたものであるように考えてきた。しかしこの調査を通じて、私たちの直覚が厳密に学問的な方法論よりも常に優れていたと私は信じている。……それゆえ、一つの良質のクロニクルといってもよいこのいくらか変則的な書物には、一種の小説《ノヴェラ》的なものがつめ込まれている。さらにそこに、許容しうる範囲でアカデミックなモデルがちりばめられており、それらは時にほとんど気持ちのよいほどペダンティックであり、同時にまたおずおずするほど小心でもある。そしてこうしたすべての材料の混在は、私のモノグラフ

にいくつもの興味深い絵を浮かび上らせることになった。[20]

これは明らかに〈直覚の人類学〉の節度ある、しかし自信に満ちたマニフェストである。一九五二年の学生としてのプキオ調査を出発点として制度的な人類学の世界に参入したアルゲダスは、一九五七年、論文『インディオ共同体の進化』をもって人類学の学士号を得たあと、ユネスコの奨学金を獲得してその翌年の一九五八年、約七カ月にわたりスペイン、サモラ県の小村ベルミーリョとラ・ムーガで、彼にとってただ一度きりの海外調査を行った。このスペインの農村調査は、その生活の基本的側面におけるペルー・アンデスの農村との驚くべき類似性をほとんど彼に本能的に印象づけ、結果としてアルゲダスのアンデス共同体への理解における感覚的なものの重要性を逆照射するかたちとなった。こうしてこの調査の報告書である博士論文『スペインとペルーの共同体』の冒頭において、先のマニフェスト的な文章が書かれることになる。そしてこのきわめて特異な人類学的著作は、アルゲダスも認めるように、ゆれ動くためらいがちの学問的形式主義と、「村人の生活における清浄で力強い鼓動《パルス》への直覚的な熱狂[21]」とが織り合わされたテクストとして現われるのである。

もちろん、アルゲダスは自分の学問的形成が不完全であることを終始認めており[22]、アカデミックな方法論への不満の表明は、そうした不完全なキャリアに対する彼の自己正当化の表現でなかったとは言い切れない。しかしそれ以上に、アルゲダスが彼の全仕事を通じて示したインディオ世界への全くユニークなアプローチのたくましさと力強さが、彼の直覚的方法のたしかさを自然に証明している。〈直覚〉と並んでしばしば登場するアルゲダスの感覚的なキーワードに、先にも挙げた〈鼓動《パルス》〉がある。まさにアルゲダスの著作は、人々の息づかいによって世界を「感知する」方法を提示した、インディオの鼓動学・呼吸学とも名づけうるものだ。そしてもう一つのキーワード、ある意味ですでに使い古されたとも思える〈感受性〉ということばも、アルゲダスの手にかかるとたんに新しい生命を与えられて輝き出す。たとえばアンデスの民俗音楽の中にひそむ土着的美学を論じたあるエッセイで、彼は次のように書いている。

インディオの音楽を聴く者は、その音楽のエキゾティックなエッセンスのなかに、真の美的価値が存在することを理解し、感じることが可能である。というのもインディオのアーティストがみせる演奏の力量は、すべての同胞の美学的表現を理解するために人間が所有しているあの感受性に見事に触れることができるからである。(23)

土着性の上に植えつけられたものとしての〈感受性〉は、インディオ文化のすべての美学とロジックの基礎となるものである。そしてそれらの美学やロジックは、彼らの自然物との統合的な感覚によって、さまざまな形と色彩を与えられる。アルゲダスは続けて書く。

アンデスの音楽は、いまだに生き物を見るのと同じやり方で世界を見ているような人々によって、創り出された。その音楽はまるで彼らをとり囲む山々の、峡谷の、そして木々の光のつくりなす神話的なイメージから芽ばえたもののようにみえる。だからそれは、リマのような、インディオ的なものと余りにもかけはなれた首都の人口過密な地区の粗暴な人いきれのなかで生きてきた人間には、決して歌うことのできない音楽である。(24)

「自然」と結びついた神話的感受性の文脈において都会の心性と農村のそれとを峻別するという点

で、柳田國男の『遠野物語』の冒頭をほうふつとさせるこの表現のなかに、アルゲダスの、彼の感覚人類学を創造的に応用したともいえる小説群への道程が、はっきりと示されている。感覚世界のディテールとそのコスミックな連続性の提示という、人類学のスタイルにはとうてい収まりきらない主題を、アルゲダスは彼の小説世界のなかで十二分に描きつくした。その意味で彼の小説は、彼の民族誌への「拡大され、洗練された註」として読むことも、また可能なのである。

VI

一九三六年初版刊行というきわめて先駆的な実験的民族誌として、近年になって話題にのぼることが多くなってきたニューギニア、イアトムル族のモノグラフ『ナーヴェン』の「提示の方法」と題する第一章の冒頭で、人類学者グレゴリー・ベイトソンは次のように書いている。

もし、一つの文化の総体を、その文化自身が強調するすべての側面を同じように強調することによって適切に描き出すことができたならば、いかなる細部の描写も読者にとって奇異とも独断的なものとも映ることはあるまい。むしろ、その文化のなかで一生涯を生きた原住民が感じとるのと同じように、細部はすべて自然で理に適っているとうけとられることであろう。(25)

ここには、一つの文化の全体像を、その文化の構成員が感じ、理解し、組織するし方で提示することへの、民族誌家の夢のようなものが託されている。そしてそうした提示が可能となったとき、すべてのディテールは読者にとって全く自然なものとして映るだろうというこの予言者めいた表現は、現代の解釈人類学をめぐって行われている議論をすでに先取りする、すぐれて同時代的なものである。

ホセ・マリア・アルゲダスの小説世界の細部に息づく、アンデスの事物の世界の美しさと力強さを一度でも呼吸した者にとって、先のベイトソンのことばは、まるでアルゲダスのために書かれたかのようにみえる。符合するかのように、アルゲダスはベイトソンが『ナーヴェン』を準備していた一九三五年、初めての作品集『水《アグア》』を上梓し、当時のペルーの民族学者の草わけともいえるルイス・バルカルセルをして、「この勇敢な文学的抵抗の書のなかにおけるほど私たちがインディオを深く感じとったことはかつてなかった[26]……」と言わしめている。『水』の続編ともいえる『ヤワル・フィエスタ』の登場はその六年後、一九四一年のことであった。

アルゲダス三〇歳の年の『ヤワル・フィエスタ』刊行のあと、スペイン語教師としての公務や政治活動、さらに四〇年代後半になって本格化するサン・マルコス大学の人類学の学生としてのアンデス調査プロジェクトへの参加、そして一九五三年に創刊された雑誌『フォルクロール・アメリカーノ』の事実上の編集責任者としての献身的な活動、とアルゲダスは世俗的に多忙の日々を送ることになる。そしてようやく一九五四年に中篇小説『ダイヤモンドと火打ち石』を刊行したあと、一九五八年、彼の全作品のなかで最も広汎な読者を獲得することになる代表作『深い川[27]』を発表する。

『深い川』はアルゲダスの小説言語の革新性が最も透徹したかたちで実現された作品である。ウィリアム・ロウェはその切れ味鋭い『深い川』論[28]のなかで、この作品の突出した言語の質が、インディオの心性を微細にわたって伝達しうる能力を付与された新しいスペイン語の開発によることを説得的に述べつつ、その言語の背後に隠されたアルゲダスの魔術的思考を解析している。

『深い川』のなかに一貫してあるのは、「自然」の存在である。自然は一種の「ルート・リアリティー」として、この物語における登場人物と出来事と場所をつなぐあらゆる関係のネットワークを提供する。アルゲダス自身の思春期が投影されている主人公の少年エルネストの精神は、自然のなかに浸されており、彼のほとんどすべての経験は自然との関連で定義されてゆく。しかし、この自然への一貫した言及は、「比較」とか「アナロジー」とかいったことばでとらえられる概念の次元をはるかに超える運動性を持っている。そこにあるのは、人間と自然との間をむすぶ感覚の互酬的な流れにたいする、きわめてコスミックな意識である。この意味でアルゲダスのヴィジョンは、人間社会の不完全性に、理想化された自然を対置させてみるようなルソー流の擬人《アンスロポモルフィック》的な自然哲学とは違うものを志向している。

　このあたりのことを、ロウェはレヴィ＝ストロースの『野生の思考』のエッセンスを引きながら次のように説明する。

> 人間と自然との調和といった単純な概念は、人間が自然を、彼ら自身のものと比較しうるような「意志」で満たしてゆくプロセスを説明することができない。というのも、こうしたことが起るのは、同時にそこに反対向きのプロセスが存在しているからで、そこで人間は、彼自身をそのただなかで探知した自然の属性のいくつかを、彼の願望のあらわれとみなすのである。すなわち、自然の人格化（宗教）と人間の自然化（マジック）とは相互依存の関係にある。『深い川』にはこうした種類のヴィジョンがつめ込まれている。特に「ズンバイユー」と題された章の最初の数ページはいわばこの魔術的・宗教的思考の核心を形成している。そこで〈タンカイユー〉と呼ばれる昆虫は、あまりにも現実の物理的存在としての能力の限界を超えているように見えるために、超自然の化身であると思われている。「小さな体に似合わず、その羽の鳴らす音があまりにも激しく強いので、インディオはタンカイユーの身体には、自身の生命以上のものが宿っていると信じている」（『深い川』八三頁）。ここに述べられているように、タンカイユーは自身のエネルギー以

外に何ものかの「意志」をも肉体化しているに違いないがゆえに、一種の特権的存在となる。しかもそうした特別の地位を獲得するのは、思考の象徴的連関《レファレンス》の体系の働きを通じてではなく、タンカイユーの示す現実の物理的ディテールの力によってなのである。したがってタンカイユーという存在の意味は、レヴィ＝ストロースのいう「具体の論理」に支えられているといえる。(29)

アルゲダスは『深い川』の「ズンバイユー」の章を、〈イユー〉というケチュア語の擬声語《オノマトペ》のヴァリエーションについて言語学的な註解を加えることから始める。〈イユー〉とは、一語では飛行するごく小さな物体、それも翼のある物体がその動きを通じてかなでる音楽のことを意味する。それはまた〈イヤー〉という接尾辞と関係を持っている。〈イヤー〉とは一種の光のことであり、かつ月の光にあたったために奇形として生まれた巨人のことでもある。〈タンカイユー〉は、春の花々のあいだを蜜を求めつつ音をたてて飛びまわる無害の昆虫であり、同時にアヤクチョで「鋏の踊り」と呼ばれるアクロバティックな踊りのダンサーたちに与えられた名前でもある。あるいはまた〈ピンクイユー〉とは、共同体の祭《フィエスタ》りのときにのみ奏される巨大なケーナである。そして〈ズンバイユー〉。このミステリアスな美しい響きを、エルネスト少年は何度も何度も口に出して復唱する。〈ズンバイユー〉とは小さなうなりをあげて回転する独楽である。しかしそれはすでにアルゲダスにとって、呪物であり玩具でもある独楽という物質との交感を通じて到達した、日常生活における宇宙の光輝性の発見そのものを感じとるためのことばとして意識されている。

書きことばを本来持たないケチュア語にあっては、ことばは音そのものである。それが音そのものであることによって、ことばは限りなく事物に近づいてゆく。そこでは、音とそれが意味するものとの恣意的な関係を基本とするソシュール的言語観が色あせてみえるほど、音と事物とは、人間と自然との間で共有されている存在の豊かな交通と運動のなかでしっかりと結びついている。音はことば、音楽、声、そして光をつつみ込む一つのコスモスである。フリオ・オルテガに従っていえば、音は「実体的コミュニケーション」をつかさどっているのである。[30]

こうして私たちは、アルゲダスのヴィジョンの自然学的領野へとおり立つ。アルゲダスは、彼の感受性と直覚とを武器として、思考の回路を通じてではなく、事物そのもののアクチュアルで具体的な相互関係を通じて、現実の示す無限の層に到達しようとするのである。

VII

アルゲダスの感性は、川の流れる音、風の声、大地のどよみといった自然のプリミティヴな音にたいしてきわめて鋭く反応した。そしてそうした自然のもの音と交差しあうケチュアのことばのコスミックな力を最もよくあらわすのが、ケチュア語のオノマトペの豊かさである。アルゲダスは書く。

たとえば「祈り」を意味する「ウイヤー」ということばには同時にさまざまな声や音が含まれている。赤ん坊の、ことばにならない発声。少年の泣き声。さまざまな鳥や動物の叫び声。そしてアンデス高地の平原を一面におおう麦畑を渡る風の音……[31]

一つのオノマトペがかかえる、無数の音響的シンボリズムの連鎖の豊かさに、私たちは打たれる。アルゲダスがここで感じとっているのは、「言語」のいわば原形質の内奥にひそみながら生き続けている、ついに書かれた文学を持つには至らなかったことばたちの発する表現への力強い意志のようなものである。

言語という体系的外形を身に帯びる以前の、事物の関係性の「音の織物」のなかからことばが芽ばえる。アルゲダスが使うケチュア語は、あたかも一つの神秘的な宇宙的存在であるかのような、原初の輝きをたたえている。『スワン家の方へ』のプルーストの場合、ことばのなかに隠されていたイメージは再びことばのなかに吸収されてしまい、作家は結局ことばの避難所のなかで病いを病むことになった。だがアルゲダスの世界にあっては、ことばはコスモスが一気に姿を現わすためのきっかけにすぎない。そこではイメージの連関作用の罠はやすやすと超えられ、コスモスの出現とともにことばの意味はあっさりと吹きとんでしまうのである。ここに、文字として定着される書きことばの世界と、発せられた音としての一瞬にすべてがあるケチュアのような言語の世界とのはっきりした感受性の違いをみることができる。

　アルゲダスにとって、「物語る《コンタール》」ことは「歌う《カンタール》」ことでもあった。ケチュア語の口承性の伝統において、ことばは宇宙を横切ってゆく「音の流動」のなかに位置している。『ダイヤモンドと火打ち石』の女主人公の一人イルマのしゃべるケチュア語は、アルゲダスによって、鳥たちの遊ぶアマゾン上流地帯の川の風の響きをそのまま伝えることばとして描写されている。そしてイルマの歌う歌は、いつしか川の鋼のような深い響きのなかに彼女の弾くギターの音とともに同化してゆくのである。この「音の河」のイメージこそ、アルゲダスにとって、始原の輝きをたたえた音楽が生まれでる唯一の場所であった。インディオのハープ奏者がその体内に隠し持っている「音の滝」のことを、アルゲダスは次のように書いている。

> 六月二三日の夜、ハーピストたちは、川の本流、すなわち海岸へと豊富な水を運びゆくあの深い流れめがけて激しく落ちる枝沢の河床へと、おりてゆくのだった。そして黒い大岩の上を奔

流となって落ちるその滝の下に立ち、ハーピストたちは耳を澄ませた。その夜にだけ、水は輝く河床をころがり落ちながら、新しいメロディを創り出した。ハーピスト一人一人が彼らの秘密の「滝《パクチャ》」を持っている。それらはさとうきびの穂の冠毛の下にひっそりと抱かれていたり、あるいはせき立てられて泣声をあげる激流のかたわらに立つモーイエ樹の幹に懸かっていたりした。次の日から、そしてすべての祭りのあいだ中、ハーピストたちは誰も聴いたことのないメロディを人々の心に向けて奏ではじめる。川が彼らに新しい音楽を口伝えに与えたのである。(32)

ここに述べられているのは、滝を落ちる水音がハーピストの音楽的創造力を刺戟するインスピレーションになった、というような音楽家と自然との安直な影響関係のことではない。ケチュアのハーピストたちにとっては、川・滝といった水の流れをめぐる運動そのものが、すでに音楽なのであった。サンボリストの詩人がやったように、自然に向って自己の言語的想像力をもてあそびつつ聴き耳をたてるのではなく、インディオは自然の奏でる旋律をそっくり盗みとるために、夜の闇のなかで滝の音に聴覚を集中する。創造力や美学の起源が、人間の精神活動のなかにあるとする西欧近代の二元論的理性は、ここでは破産しかけている。インディオの世界では、自然の方が、こうした美学や創造性の基本となる一種の整序されたロジックを体現しているのである。そのため、アルゲダスが示したように、聴覚的経験をめぐる表現は常に自然の実在物を強力なメタファーとして導入することによって形を与えられ、さらに音楽の形式や構造についての理論すらも、彼らにとって鍵となる自然イメージ（すなわち「川」とか「滝」）の生成と展開のプロセスとして、語られることになるのである。

事実、川の流れと音楽との間に、審美的な意味でそのような強いメタフォリカルな関係が存在しているパプア・ニューギニア高原のカルリ族の例を、米国の人類学者スティーヴン・フェルドは報告している。(33) フェルドによると、山地性熱帯雨林のカルリ社会では、音の構造を表現するメタファーとして彼らの生活環境に遍在する川の流れ、なかでも滝に関する表現法がきわめて体系的に使用されている。「きみの滝の落口にある岩が大きすぎて、水が落ちるのが遅れている」「滝に充分な水量がない」「滝つぼに水が滞って流れをさまたげている」「滝の水がしぶきをあげ過ぎている」……これらの表現はみな、彼らの前で彼らの歌を歌ってみせた人類学者に対して、カルリの人々が浴びせた批評のことばである。歌のメロディの輪郭がアンバランスだったり、突然フレーズが休止してしまったり、拍子のペースをとるのが乱れてしまったりしたことを、彼らは滝をめぐる水の流れの多義的なメタファーを使って表現する。こうした、水と音というような二つの意味論の領域を、範列的《パラディグマティック》に結んで両者の間に体系的メタファーの関係を構築してゆくというカルリの思考法と全く同じものが、ソロモン諸島のアレアレ族の間にも、しかしここでは「竹と音」という関係として見られることを、民族音楽学者のヒューゴー・ゼンプが報告してもいる。(34) アレアレ族の音楽の基本要素が、パンパイプすなわち竹筒をさまざまに加工して組み立ててゆく幾種類もの笛とその微細なチューニングのテクニックによって構成されていることは、言うまでもないだろう。

こうした民族美学《エスノエスセティック》をめぐる民族誌の成果を引くまでもなく、アルゲダスの提示したケチュアの音の世界の成り立ちが、ケチュア語ということばと自然物との親和性によって支えられていることは明らかである。ケチュアの口承伝統を採集するなかで、アルゲダスが確信していったことの一つは、ことばとしてのケチュア語が、それが表現する世界に完璧に当てはまる一種のユートピア言語のようなものである、ということであった。自然と人間との親密でヴァイタルな結合が、そこではことば・音の世界を通じて実現されていた。アルゲダスは、彼の編集したケチュアの物語のアンソロジーの序文で、次のように書いている。

これらの物語には、さまざまな言葉づかい、叫び、そして独創的で微細な抑揚の変化といった要素がはらまれている。こうした要素はケチュア語に豊かさと音声的な多様性を付与し、それによって計り知れない深みをもって、動物や人間の心理的エクスタシーを表現することができるようになった。ケチュアの物語は、生命の動きを、風景を、そして地上の最も微小な空間とそこで行動する主人公を叙述する。しかもその語り方が驚くべき精度と深度に達しているため、自然と生物世界――動物・人間・植物――は信じられないほどの親和性と、生命体としての結束をもって現われてくる。これらの物語の世界では、すべてのものが、いわば「音楽的」とも呼びうるコミューンのなかでうごいているようにみえるのである。[35]

ここでアルゲダスの言う「音楽」が、私たちの文明社会の体系化され、制度化された音楽観からみたとき、一種のユートピア的な「反音楽」を志向するものであることに注意しよう。そしてアルゲダスにとっての「音楽」が、彼にとっての「ことば」と切り離せないものであることをすでにみてきた私たちは、書きことばとしての体系的言語に相対して屹立するケチュア語の「反言語性」へのアルゲダスの執念のような信仰が、彼を新しい記述の世界へと一歩足を踏み出させた導因であったことを知るのである。

ケチュア語という、その「本体」において「世界を包含することのできる言語」[36]によって、記述の世界へ離陸するためのエネルギーを補給されたアルゲダスのスペイン語は、従ってすでにその本質からして修辞的な小説言語でも、実証的な科学言語でもなかった。

「直覚の人類学」という名で仮に私が呼ぼうとした一つのヴィジョンは、こうした新しいことばの創造、記述の新しい領野へと歩みを進めるために、私たちが装備すべき技術知の核心に位置しているのである。

意識のダイアロジック――カルロス・カスタネダ論

目を移すと、静かに野原を横切って行くコヨーテが見えた。それはわたしが人がいると思ったあたりにいた。（……）わたしが岩の上に腰をおろすと、コヨーテは触れんばかりのところに立っていた。（……）わたしが「元気かい、コヨーテ君？」と言うと、それが「元気だよ、君は？」と答えるのが聞こえたような気がした。そしてコヨーテがそれをくりかえすので、とびあがってしまった。コヨーテはまるで動かなかった。わたしが急にとびあがったのに、びっくりもしていなかった。その目は相変わらずやさしく、澄んでいた。それは腹ばいになり、首をかしげてこうきいた。「なんで恐がってるの？」わたしはそれと向かい合わせにすわった。そして、いとも不思議な対話をつづけたのだった。最後に、それが、わたしがそこでなにをしているのかときくので、〈世界を止め〉にやってきたのだと答えた。コヨーテが「それはすばらしい（Qué bueno）！」というので、それが二カ国語を話すコヨーテであることがわかった。名詞と動詞には英語を使っていたが、接続詞と感嘆詞にはスペイン語を使っていたのだ。チカーノ・コヨーテと対面しているのだ、という考えがひらめいた。わたしはそのバカバカしさに笑いはじめ、狂いそうになるほど笑いこけた……

――カルロス・カスタネダ『イクストランへの旅』

I

メキシコにいてカルロス・カスタネダの著作を読むことがいかに特権的な行為であるかということに気づいたのは、メキシコ・シティーの南のはずれの安下宿に住みはじめて二カ月ほどした頃、とある本屋で何気なくスペイン語版の『ドン・ファンの教え』を買って読み、再読とは思えないほどの鮮烈な印象に打たれたときだった。

背広を着こなした呪術師ドン・ファンにカスタネダが偶然出会って神秘的な会話を交わした、メキシコ・シティーの中心にほど近いアラメダ公園。師と弟子がよく二人して散歩し、ペルーの詩人セサル・バリェホの詩の断片を暗唱し合ったオアハカの町の広場。インディオの戦士たちが目指す聖なる場所イクストラン。読者が、人間の意識のミステリーの世界との劇的な邂逅をはたすことになるこれらの印象的なシーンが、奇跡のようにして私の目の前に生き生きと実在しているということは、確かにメキシコでカスタネダを読む特権の第一にあげられる点かもしれない。実際、私の住んでいたメキシコ・シティーの南の地区から地下鉄に乗って三〇分ほどで、かつてドン・ファンとカスタネダが並んで腰を下ろしたアラメダ公園のベンチに出かけていって、時間が凍結したような白昼の夢を見ることさえできる。しかもそこには、ときどきドン・ファンかと見まごうほどの深く神秘的な顔をしたインディオの老人がいて、見事な部族の正装に身をつつんでじっと佇んでいたりするのだ。

しかし、私が感じたあの読後の鮮烈な印象は、そうした記述のナイーヴな「再現性」によるものではなかったし、カスタネダ的体験が容易にできるといったセンチメンタルな理由によるものでもなかった。メキシコでカスタネダを読む特権は、まったく別の次元において発見されたのである。

その一つは、言葉の問題にかかわっている。ドン・ファン・シリーズを読む私たちがしばしば忘れてしまっていることの一つは、カスタネダとドン・ファンとの対話が、オリジナルな環境ではスペイン語で行われた、という事実だ。たしかにカスタネダはこれまで彼の著作を英語によって書いてきた。したがってそこでは、カスタネダとドン・ファンによって交わされる対話はすべて英語という言語に特徴的な文体と思考のリズムによって支配されることになった。しかし、メキシコ・ヤキ族のインディオと、アメリカ合衆国に移住した南米出身の人類学徒とのあいだの共通語は、スペイン語以外ではありえない。英語版の原著を著者の校閲を経ることなくスペイン語訳したものでありながら、私が手にいれたメキシコ版の『ドン・ファンの教え』は、この呪術師と人類学徒とのすべての対話が、もともとは「スペイン語」という一つの言語環境のもとで紡ぎだされたものであったことを私にもう一度はっきりと意識させてくれたのだった。

人類学をはじめとする近代科学の認識論が依って立つ合理主義的・実証主義的思考体系そのものへの現代におけるもっともラディカルな批判の一つが(たとえそれが極端にアレゴリカルなスタイルでなされたものであったにせよ)、スペイン語による非アカデミックな対話のなかから生まれてきたということは、とても重要なことのように思える。「スペイン語」という、思想や科学の言語としてはマージナルな位置にしかない言葉によってカスタネダ=ドン・ファンの世界の基礎がつくりあげられていたことの発見は、とりもなおさず、六〇年代の米国西海岸文化という時代の文脈におかれてしまった英語の『ドン・ファンの教え』を、アングロ・アメリカ的環境から脱-文脈化する興味深い作業につながってゆくはずだ。

カスタネダの著作の意味を、アメリカ合衆国六〇年代のカウンター・カルチュアや東洋の神秘思想への関心と結びつけてゆくような考え方は、それ自体は正当なものであるにせよ、それはカスタネダの著作のテクストとしての「英語性」の示す特有の環境からしか生まれてこない考え方のように感じられる。ドン・ファン・シリーズのもとになったカスタネダのメキシコでのフィールドノートに記されたであろう原テクストや、師と弟子との会話そのものの「スペイン語性」にひとたび気がついたとき、『ドン・ファンの教え』にはじまる現在(一九八九年)まで八冊を数えるに至ったカスタネダの著作は、私たちをまったく違った意味によって彩られたいくつかの文化的テーマのなかに必然的に押し出してゆくように思われるのだ。

その一つは、「アメリカ」にくさびのように突き刺さる、「スペイン語」を喋る人々のテリトリーとしての「ラテンアメリカ」というテーマである。このときの「アメリカ」や「ラテンアメリカ」という概念は、もちろんすでに地理学的領土や経済学的圏域としてのそれらの言葉の範疇を大きくはみ出した、よりメタフィジカルなものである。カスタネダの著作の底流には、あきらかに、この思想と感性の二つの大陸のあいだのさまざまな格闘と干渉によって生起するムーヴメントが飛沫をあげて流れていることは間違いない。

そしてもう一つのテーマが、スペイン語を仲立ちとしたさまざまなダイアローグ（対話）の存在である。ドン・ファンとカスタネダによるスペイン語での対話は、そこを出発点として、カスタネダのなかに無限のダイアローグの連鎖を形成していった。なかでも、とりわけスペイン語詩人とのあいだに交わされた意識のうえでの豊かなダイアローグは、カスタネダ＝ドン・ファンの世界認識の方法の根幹に触れるための秘密の鍵の存在を示唆してくれる。

こうしたテーマをきわだたせるために、ここで私はカスタネダのテクストを、スペイン語という言語環境にもういちど移植し直し、そのメッセージが届く新しい地点を見定めてみたいと思う。

II

カスタネダが南米からの移住者である、という事実については、これまで、彼の呪術師としての霧につつまれた「履歴」を明らかにする興味、という以外のレヴェルにおいて論じられたことはほとんどなかった。カスタネダ自身は、彼の出自についての興味本位の質問に対し、生まれはブラジルで、父親は文学の教師をしており、本名はポルトガル語でアラーニャというのだと主張していた。しかしあるとき、『タイム』誌がアメリカ合衆国の移民受け入れのデータを細かく調査したのちに、彼がペルーの金細工商の息子であることを突き止めた。その後、この問題について人々は興味を失ってしまったようだ。カスタネダが、アメリカ合衆国、なかでもカリフォルニアあたりに無数にいるヒスパニック系の移民であるという事実が、とりたてて彼の著作の特異性をきわだたせるような要素であるとは思われなかったのである。

しかし、アメリカ合衆国に住んでいるヒスパニックたちにとって、カスタネダの出現はまったく違う意味を持っていた。とりわけ、合衆国南西部《サウスウエスト》に住むメキシコ系アメリカ人、いわゆるチカーノの知識人たちにとってのカスタネダと彼の「ドン・ファン・シリーズ」がもたらしたインパクトは、必ずしも表面化しなかったにせよ、想像以上に大きいものがあった。彼らは、カスタネダとその著作のなかに、「一般的チカーノ問題」ともいうべき、さまざまなエスニックで文化的な問題群が彼らの心中におけるのと同じように渦巻いているのを、決して見逃しはしなかったのである。それについての貴重な証言が、ブルース＝ノヴァアによるエッセイ、「蜘蛛＝トリックスターの網にかかったチカーノ」(1)である。ブルース＝ノヴァアはそこで、アメリカ合衆国という社会的コンテクストのもとでのチカーノとカスタネダの驚くべき共通性を挙げることによって、カスタネダの持っている「チカーノ性」を浮き彫りにしようとする。

まず第一の偶然の一致は、カスタネダの最初の著作『ドン・ファンの教え』の刊行が、六〇年代末という、チカーノ運動が文学や政治思想のレヴェルで生まれてくるのとちょうど同じ時期に当たっていた、という事実である。アングロ・アメリカに蔓延する、民族的マイノリティーに対する抑圧的な社会モデルに対して、自らのメキシコ性に立脚しながら新しいオルターナティヴを模索していたチカーノ運動の初期の知識人たちにとって、メキシコ・ヤキ族のインディオの叡智を媒介にして欧米型合理主義を根底からくつがえす構えをみせるカスタネダの試みが新鮮な影響力を持ったであろうことは想像に難くない。

しかも、チカーノにとってカスタネダの著作が示唆的だったのは、ドン・ファンという呪術師が、いとも軽やかにメキシコとアメリカ合衆国の国境を自在に渡り歩き、そのどちらをも彼のテリトリーであるとみなしていたことだった。すなわち、カスタネダの著作のなかには、チカーノにとって到底受け入れることのできないほど偏った「アメリカ」への否定的態度も、また逆にメキシコの民俗世界への過剰な思い入れも存在していなかったのだ。そしてそのことが、アメリカ合衆国とメキシコとのはざまに身をおいて、メキシコ的価値をアメリカ的文脈のなかでモデル化してゆく必要に迫られていたチカーノたちの流動する自己意識にうまく合致したともいえるだろう。

さらに、ドン・ファン・シリーズの巻が進むうちにあきらかになってくる、インディオの戦士たちのめざす聖地「イクストラン」の存在は、それが永遠に行き着くことのできない場所であるということも含めて、チカーノたちの伝説上の故郷＝楽園「アストラン」と、発音の上でも、思想の上でもこだまし合うものであった。

カスタネダとチカーノとの共通性は、もう一つ、言語的なレヴェルにおいても見ることができる。すでに述べたように、カスタネダはスペイン語によって書かれた彼のフィールドノートを、英語に移し替えて最終的なテクストに仕立てあげた。それは、カスタネダのおかれたさまざまな環境、とりわけ、彼がカリフォルニア大学の人類学科というアングロ・アメリカ的制度のなかに籍をおく学生であったことを強く反映している。チカーノのおかれた言語的状況もきわめてこれに類似したものだった。彼らは母なるスペイン語世界のなかに生をうけた後、成長するに従って教育制度の要請やアングロ的社会化によってほとんど義務的に英語世界への移行を果たしていくことになるからである。

さらに、ブルース＝ノヴォアは、チカーノの知識人のおかれたアメリカ合衆国内での奇妙な立場について言及する。ヒスパニック系の知識人、大学教師といったいわゆるアカデミックたちは、つねに社会の中で「研究者」であるとともに「被研究者」（すなわち情報提供者《インフォーマント》）でもあるという内部的葛藤を抱え込んでいる。そしてこのあいまいな立場こそ、まさにカスタネダが彼の研究対象でもあり師でもあるドン・ファンとのあいだに築くことになったアンビヴァレントな関係そのものでもあった。研究者であるとともにインフォーマントでもあるという観察と記述をめぐる二重の拘束性が、カスタネダの著作にも、チカーノ運動のディスクールにも特徴的な影を落としているのだ。

こうして、カスタネダの「チカーノ性」はきわだったものとなる。いやむしろ、ペルー出身の人類学的作家に分け与えられたチカーノ性は、すでにメキシコ文化を背景とした狭義のチカーノ性の範疇を超え出て、アメリカ合衆国においてヒスパニックであることの一つの力強い文化的表現として普遍的な性格を獲得したといえるかもしれない。

III

チカーノ作家たちのイマジネーションのなかに刻印されるカスタネダは、つねにそうした普遍的なチカーノ性を帯びたものとして登場する。すなわち、チカーノ作家たちは、カスタネダの著作に現われるさまざまなテーマのうちから彼らの内在的テーマと交錯するものを過たずにつかみとって、自分の作品中でそれとの息の長い対話を試みようとする。多くのチカーノ作家たちのなかでも、カスタネダの直接的影響を最も受けたのが、詩人アルリスタだった。

アルリスタの第一詩集『アストランのフロリカント』（一九七一）、および第二詩集『民族の子供赤い羽根』（一九七二）には、それぞれカスタネダの『ドン・ファンの教え』からとられた一節がエピグラフとして掲げられている。さらにアルリスタは、彼の第三詩集『時空間ハリケーン』(一九七六)の冒頭にもカスタネダを引用しようとして、いくらなんでも三度は続き過ぎ、ということで出版社にそのアイディアを諦めるように説得された、といういきさつもあったらしい。このことだけをみても、アルリスタがカスタネダの著作にたいして持っている思い入れは尋常ではない。第一詩集『アストランのフロリカント』の冒頭に引用されたカスタネダの一節は次のドン・ファンの言葉である。

「こうして彼は第一の敵に出会うんだ。それが恐怖だ！　恐ろしく、油断もすきもない、打ち負かすことのむずかしい敵だ。あらゆるまがり角で、それはうろつきながら、隠れて待っているんだ。もし人がそれに真正面からぶつかって怖くなって逃げ出したら、彼の知者への探求に終止符がうたれるのさ(2)」

インディオの呪術師ドン・ファンがさししめす「知者の道」は、アルリスタにとっては、彼の起源の地メキシコのアステカ族が伝えていた、世界《コスモス》のなかに調和的な生活をうちたてる魔術的な哲学に対応するものととらえられていた。そしてそれは同時に、アングロ・アメリカがつくりあげた残酷で気まぐれで支配的な、あの破壊を運命づけられた社会を抜け出て、チカーノ的オルターナティヴをめざすための輝ける道でもあった。その道をめざすためにアルリスタが必要としたのが、「成熟」だった。個人の心の成熟。マイナーな思想の成熟。混合言語の成熟。溶解する民族意識そのもののあらたな成熟……。そのために克服されねばならないのが「恐怖」だった。ドン・ファンが言う、知者への道を学びはじめた人間が最初に感じる恐れとは、アルリスタにとって、「アメリカ」という巨大で非現実的な、それでいて極端にマテリアルな存在へのチカーノ的「恐怖」であると読みかえられたのだ。さらにアルリスタは、彼の第二詩集の冒頭で、知者への道に立ちはだかる第二の敵についてのドン・ファンの言葉を引用する。

「そこで第二の敵と出会うことになる。明晰さだ！　心の明晰さ、それは得にくく、ひとたび手に入れられれば恐怖を追い払うが、同時に人を盲目的にもしちまうのさ。それは自分自身を疑うことを決してさせなくするんだ。何事もはっきりと見ちまうから、自分のしたいことはなんでもできるという確信をもたせるのさ。彼は明晰だから勇敢だし、何事の前にも止ることがない。だがこれはすべてまちがいだ。彼は本当は完全ではないのだ。もしこの確信させる力に従えば、そいつは第二の敵に敗北し、学ぶことに失敗するだろう。辛抱強くあるべきときに焦り、急ぐべきときにのんびりしちまうだろう(3)」

明晰さの罠にはまった戦士は浮かれた戦士でしかない。明晰さを拒むこと。明晰さの裏に隠蔽された不条理や抑圧について注意深くあること。こうしたドン・ファンの教えは、混濁した無秩序を内に抱えながらアングロ・アメリカという明晰なロジックを標榜する社会に向き合うアルリスタらチカーノをまっすぐ突きさしてくる。さらにドン・ファンは、権力を知者への道に立ちはだかる強力な敵としてあげる。そしてこれらの要素は、互いに干渉の声をあげながら、アルリスタが詩作を通じて克服しようと企てる対象のなかに移植されてゆくことになる。

殺戮と太陽

乾いた草叢、赤い果実

甘さ
　死
十五日は給料日
　ファニートは靴を買い
マリーアは
　マリーアは香水を一壜
ぼくはどん底にあえいでいる
　ぼくの家族も
血の汗を流す
　血は煮えたぎっているのに
稼ぎはぼくらの胃の内壁の
　ほんの一部を満たすだけだ
激痛が走る
　ところが肥ったジョーンズ氏は
ぼくらの汗と
血によって
長者になる
なぜだ？

（アルリスタ「殺戮と太陽」、『アストランのフロリカント』[4]）

「死」はアルリスタにあっては、差別される者の無惨な宿命であるとともに、つねに生を産み、保持し、育ててゆくためのヴァイタルな力でもあった。それは決してチカーノ的「生」に全面的に敵対するものではなく、恐怖や装われた明晰さを克服するための、生の伴走者なのだ。そのために、アルリスタの詩は死の演劇化の様相をときに呈する。死は舞台の上に出て踊らねばならないときもあるのだ。殺戮としての搾取。チカーノの血と汗によって肥えたジョーンズ氏。死の深淵を生きること……。ここには、知者の道には死をめぐるドラマが喚起される、と書くカスタネダの主張がこだましていることはあきらかだ。

一見するとドン・ファンの絶え間のない努力は、芝居がかったしぐさへの彼特有の好みにしかすぎないように見えるかもしれない。しかしその絶え間のない努力は、いつも演技以上のものであり、むしろ信念をもった深遠な状態であった。彼は絶え間のない努力を通じて、自分のなすあらゆる行為に独特な窮極性を与えていた。そしてその結果、彼の行為は死が主人公のひとりである舞台に据えられていたのである。知者が扱うことがらに固有な危険性のために、死が学習過程で現実の可能性をもっていることは絶対的であった。したがって、死が至る所にあるという信念からなされる絶え間のない努力が、芝居以上のものであるということは論理にかなっている。(5)

アルリスタがカスタネダとの詩的対話を通じて訴えていたのが、こうした死の切迫した状況であることは疑いを容れない。アルリスタにこだまするカスタネダ＝ドン・ファンの世界は、チカーノ的現実がアングロ社会との抗争のなかで、急迫した危機にあることを照らしだすために力を貸したのである。「スペイン語性」を仲立ちとしたカスタネダとチカーノとの対話のモティーフとなった、生の伴走者としての「死」というテーマは、その後のカスタネダの著作においても独特のかたちで醸成されていくことになる。

Ⅳ

現在のところカスタネダの最新作である『沈黙の力』のなかでも、このテーマは繰りかえし現われてくる。あるとき、カスタネダはドン・ファンに、かつて彼がカスタネダに死はわれわれの唯一の現実的な敵だと言わなかったかどうか、と尋ねる。するとドン・ファンはこう答える。

「いいや、ちがう。死は敵なんかじゃない。いかにそれが敵のように見えようともだ。われわれがそれを破壊者であると考えようと、死は我々の破壊者でもないのさ」「死が破壊者じゃないとしたら、いったいそれはなんなんだい？」と私はドン・ファンに尋ねた。

彼は答えた。

「死はわれわれの唯一の価値ある好敵手だ、と呪術師ならいうだろう。死はわれわれへの挑戦者だ。普通の人間にせよ、呪術師にせよ、人はその挑戦を受けるために生まれてきたんだ。呪術師はそのことをよく知っているが、普通の人間にはそれが解っていないのさ」

「ぼくなら死ではなく生こそが挑戦だ、と言うだろうよ、ドン・ファン」

すると彼はこう言った。

「生とは、死がそれを通じてわれわれに挑戦をしかける過程のことだ。死は活動的な力なんだ。生はその力が発揮される競技場のようなものさ。その競技場にはいつも、自分と死という二人の競争者がいるんだ[6]」

こうした「死」をめぐってのカスタネダとドン・ファンの対話が交わされる部分に、メキシコの詩人ホセ・ゴロスティィサの「終わりなき死」の一節が唐突に現われることが、私の特別の興味をひく。この、二〇世紀メキシコの孤高の詩人に少しでも関心のあるものならば、ドン・ファンがカスタネダに向かってゴロスティィサの詩を読むようにいう場面が、すでに一度ならずあったことに気づいているはずだからだ。

カスタネダの著作に、はじめてゴロスティィサの詩「終わりなき死」からの引用が現われるのは、第六作『イーグルの贈り物』の最後の部分においてである。戦士の集団を従えて、日常世界から姿を消してゆこうとするドン・ファンを前にして、カスタネダはまるでドン・ファンへの別れの言葉を告げるかのように、「終わりなき死」の一部を朗読する。

おお、目が見えぬほどの歓喜
呼吸する空気をひとおもいに
飲み尽くしてしまいたいという渇望。
口、目、手、
一瞬の笑いの爆発によって
自分自身のすべてを享受し尽くしたいという
これらの刺激的な欲望。
おお、この厚かましく、無礼な死が
遠くから私たちに狙いを定める。
一杯のお茶のために

ようやく叶えられた愛撫のために
死ぬことのよろこびの彼方から。(7)

「終わりなき死」は〈時〉についての詩である。スペイン語によって書かれた詩のなかで、もっとも輝き、もっとも見事な彫像のようなフォルムを持ち、しかももっとも形而上学的な詩。それが、〈時間〉という観念をめぐって紡ぎ出されたのはほとんど必然といってもよかった。オクタビオ・パスは、刺戟的なゴロスティィサ論のなかで、「終わりなき死」に流れる〈時〉の異常な性格について述べている。パスは、この詩が、同一の時間の永遠な流れのなかで一瞬にして書き上げられたかのような、あるいはむしろ、時間の外部で——すなわちもはや流れることのない、それ自体充足し、あるいは消費し尽くされてしまった時間のなかで——書き上げられたかのように見えると指摘しながら、次のように書いている。

「終わりなき死」は、形式と実体との対話のもっとも緊張した瞬間の一つを示している。そこでは実体は、自らを細らせることによってほとんど触知できないほどのガラスの微細な繊維体となり、その水晶のようなあまりにも透明なフォルムのために、もはや自身の反映以外のものを映しだそうとはしない。やがてそれは、自らの明るさによって焼き尽くされて、光が光のなかに還ってゆくように、崩壊する。(……)こうして形式と実体の奇跡のような一致が、そこでは「時の成熟」として起こるのである。(8)

ゴロスティィサにとっての「死」とは、まさにこの「時の成熟」にほかならなかった。異例の長詩

「終わりなき死」の全編は、形式に魅了される詩人の繊細でヴァイタルな感覚によって埋め尽くされている。「水」、「夢」、「言葉」、そして「時間」——。こうした流動的な生の諸形式のなかに、あらゆる物質と実体が流れ込んでひとつに溶け合う成熟の時こそ、詩人が陶酔しながら歌い上げる「終わりなき死」が実現される瞬間だった。

死という形式を多彩に変奏することによって手に入れられかけた、この悠久の時を見つめるゴロスティサの特異なヴィジョンは、あきらかにカスタネダ＝ドン・ファンの世界が開いてみせる展望との驚くべき親近性を示している。『イーグルの贈り物』の最後で、ドン・ファンと彼の戦士の集団が、カスタネダをあとに残して鷲の放射物によって輝く光の世界へ消えていってしまうとき、カスタネダはドン・ファンによって意識の断崖へと突き落とされる。これはカスタネダの日常的意識が感じとっている、自分のなかに流れる時間の連続性を遮断し、自己の深淵のなかにたち還ることによって、死を経由して死のそとへふたたび現われ出るための力を身につけるためのイニシエーションだったのだ。まさにその瞬間に朗読されるゴロスティサの詩のこだまを聴きとる私たちは、「終わりなき死」を手に入れるためのドン・ファン的技法が、ゴロスティサの詩のなかにあらかじめ別のやり方で書き込まれていたことを、もはや疑うことができない。

おおかれすくなかれ、二〇世紀のイスパノアメリカの詩人は〈時〉の詩人だった。バリェホ、ボルヘス、ネルーダ……。これらの詩人のなかには、ゴロスティサの場合と同じように、「時の流れ」にたいする異常なまでの凝視の姿勢を見ることができる。『石蹴り遊び』のコルターサルや『時との戦い』のカルペンティエールといった幾人かの散文作家をここに加えてもいいかもしれない。彼らは、人生において「時が流れる」という事実をほとんどすべての文学的創造の出発点とし、その時の流れと人間とのさまざまな関係のありかたを定式化しようとした。しかし、オクタビオ・パスが指摘するように、ゴロスティサを除くこれらすべての詩人・作家たちの紡ぎだす言葉は、結局は時によって作られ、時のなかに何らかのかたちで組み込まれていった。ただひとり、孤高の詩人ゴロスティサだけが、時の流れに融合し尽くされることなく、時と対峙しながら時を映しだす細く透明な言葉の墓標を打ち立てることができたのである。ゴロスティサの意識は、もはや時間の内部にはない。「時間」と「詩」とのあいだに、そうした生の諸形式そのものの死を宣言するようなかたちで、彼の意識が驚くほど鋭い眼光を湛えてこちらを見ているのだ。

その孤高の眼差しにもっともよく応えたのが、ドン・ファンであり、カスタネダであった。現象学でもなく、ドラッグ・カルチュアでもなく、東洋哲学でもない、メキシコの詩人がスペイン語によって辺境から静かにささやき続けていたイスパノアメリカの神秘主義的な生と死のヴィジョンとのあいだに交わされた豊かな対話の軌跡を、私たちは「ドン・ファン・シリーズ」の細部に見いだすことができるのである。

V

イスパノアメリカ詩とカスタネダ的世界との遭遇と対話は、ゴロスティサにおけるもののみに限られるわけではない。おそらくゴロスティサとならんでスペイン語詩人としてもっともカスタネダ的ヴィジョンに近いものを持っていると思われるペルーの詩人セサル・バリェホも、もうひとりのドン・ファンお気に入りの詩人として『イーグルの贈り物』のなかに登場してくる。カスタネダがペルー人であることをいまさら持ち出すまでもなく、バリェホの詩はカスタネダ的世界をつくりだすことになるあの神秘の眼差しを育て上げるために、少年カスタネダに大いなる力を与えたにちがいないのだ。

しかしここであらたに注意すべきことは、カスタネダ＝ドン・ファンにとっての「詩」は、単に彼らのスペイン語を仲立ちとした内的対話を支える根幹にあっただけではない、という点だ。ドン・ファンの呪術の世界においては、「詩」の活用は、戦士がマスターすべきテクニックの一つを完成させるための重要な補助手段としてとらえられている。そのテクニックが、「自分自身に忍び寄る」という技法である。

強迫観念や恐怖によってたやすく支配されてしまうカスタネダを戒めながら、ドン・ファンは『沈黙の力』のなかで、自分自身に「忍び寄る」ことによってそうしたオブセッションの支配から逃れられるのだとして、はじめて「詩」の活用法について言及する。

「自分自身に忍び寄るための方法はたくさんあるんだ。死のアイディアを利用するというのが一つのやり方だが、もしお前がその方法をとりたくないのなら、私のまえで詩を読んでみることで自分自身に忍び寄ってみるんだな」

「なんだって?」

「わしがどうして詩を好きなのかお前には話してきたはずだ」とドン・ファンは言った。「わしは詩によって自分自身に忍び寄るのさ。詩とともに、わしは強い衝撃の力を自分に発する。お前が詩を読むのを聴きながら、わしは心のなかの対話をいったん止めて、わしの内部の沈黙が勢いを獲得するまで待つんだ。やがて、詩と沈黙の結合が衝撃の力を放つのさ」(9)

こうカスタネダに言ったあと、ドン・ファンは彼にゴロスティサの詩集を手渡す。こうして再び、「終わりなき死」の断片がカスタネダによって朗読されることになる。

この終わることのない不屈の死
この生きている死
それがあなたを圧倒する、おお神よ
その苛酷な創造物のなかで
薔薇のなかで、石のなかで
不屈の星々のなかで
そして燃え尽きる肉体のなかで
歌によって
夢によって
眼を射し貫く色によって
点火された篝火のように。
……そして、あなたは、あなた自身は
あそこでおそらくは永遠の年齢のなかに死ぬ
私たちの知らぬ間に
あなたの澱であり、屑であり、灰である私たち
自分自身の光によって偽りに輝く星のように
あなたはそこにいまだ厳然と居り
星のない空虚な光だけが
私たちのところに届く
その永遠のカタストロフィを内に秘めて。

この詩にじっと聞き入っていたドン・ファンは、カスタネダが読み終わるとつぎのように「忍び寄る」技法の秘密について語る。

「詩の内容にわしは興味はない。わしが注意するのは、詩人の憧れの気持ちがわしにもたらす感情だ。わしは詩人の憧れを借り受け、それによって美を借り受けることができる。そして驚くべきことに、詩人はちょうど戦士であるかのように、傍にいて彼に聴き入り、彼を眺めている人々に美を気前よく分け与えることができるんだ。そうしながらなおも、彼は彼自身の憧れを自分のなかに保持しつづけることができる。このショックが、この美の衝撃こそが、『忍び寄る』ということなんだ(10)」

こうしたドン・ファンの説明にカスタネダはいわれのない感動を覚えてしまう。詩人は、彼の憧れを仲立ちとして、読者に美を惜しみなく分け与える。心のなかに沈黙を充塡させ、この美と対峙することで、私たちはある衝撃の力を獲得することができるのだ。そして生の伴走者である死の挑戦をしりぞけながら戦士の道を走り続けるためには、この力がどうしても必要だ。ここには、マジカルな戦士の哲学のかたちを借りて、「詩」のエッセンスと対話するための核心的なテクニックが見事に提示されている。「忍び寄る」ための身体技法について語るドン・ファンの言葉は、そのまま詩の「読み」についてのテクスト論的な方法における「対話」という原理についての発言に移しかえることさえできるかもしれないのである。

VI

チカーノとカスタネダ。カスタネダとゴロスティサ。そして戦士の身体技法に活用されたイスパノアメリカ詩……。こうしてカスタネダ＝ドン・ファン的世界の示すスペイン語世界への親近性と「詩」への接近についてみてきたいま、これらのテーマが、スペイン語を仲立ちとした意識の「対話性《ダイアロジック》」の原理を提示していることに思いあたる。

もともとドン・ファン・シリーズが人類学書の装いをもって登場し、やがてそれが人類学をはじめとする社会科学の記述と思考の因襲的な方法にたいするアレゴリカルで強力な批判となっていることが読み取られはじめたころから、このシリーズの文章がスタイルのうえではカスタネダという人類学徒とドン・ファンというヤキ族の呪術師との「対話」によって構成されていることの重要性が指摘されてきた。しかし、近年の民族誌における「対話性」についてのさまざまな議論のなかで、カスタネダの冒険的な試みが正面から取り上げられることはほとんどなかった。対話的民族誌を支持する論者たちの多くは、対話が成立しているフィールドの一次的環境にたいして、禁欲的なまでに旧来の現場性や検証可能性を求める傾向にあったからである。その点で、カスタネダによって提示されたドン・ファンとの対話は、すでにカスタネダ自身の記述のアレゴリカルな修辞学によって変形され、カスタネダという作者の支配的な声によって統率されかけているディスクールとしてみなされてしまったのである。こうして、カスタネダの企てを小説的な「捏造」として切り捨てる考え方の萌芽が準備された。それは、これまでのメキシコ原住民の魔術的宇宙観について書かれた実証的な諸著作のもたらす民族誌的データに東洋神秘思想の味付けをしてまとめられた、「剽窃」という名のエスノグラフィックなアセンブラージュに過ぎないという議論が支配的となってゆく。

しかし、民族誌的な「自己」と「他者」がまさに生成する最も根源的な契機となる「対話性《ダイアロジック》」の地平においては、記述のレヴェルにおける「剽窃」などというナイーヴな発想は最初から問題にならない。民族誌家が出逢うフィールドの一見純粋無垢にみえる状況そのものが、すでに複雑な文化テクストの相互作用による「書き込み」をほどこされた、すぐれてインターテクスチュアルなものであることは、バフチン＝クリステヴァのテクスト論の刺激を注意深く民族誌論に応用しているスティーヴン・タイラーらによってすでに明らかにされてきたことだった。[12] しかも、すぐれた民族誌的著作のなかでは、作者はしばしばインフォーマントのなかに溶解してしまい、テクストの発する声に単一の個人名を与えること自体がほとんど無意味に思えるような例を私たちはいくつも知ることになった。ドゴン族の宇宙論を賢者オゴテメリとの対話を通じて見事に描き出したマルセル・グリオールの『水の神』。あるいは、カリブ海のクレオール・マジックの世界をキューバ黒人との永遠に続く対話に支えられながら力強く提示するリディア・カブレラの『キューバの黒人民話』や『エル・モンテ』。これらの著作がいかに現地のインフォーマントが語る思念に多くを負っているからといって、誰がそれらを「剽窃」と呼ぶだろうか？　いや、むしろI・M・ルイスの挑発的な言い方を借りれば、[13] インフォーマントによって決定的に方向づけを与えられ、ほとんど彼らの言葉と行動によって記述のための情報と枠組みを手に入れるという意味では、人類学は一種の「剽窃」そのものであると逆に定義することすら可能であろう。そして、そうした「剽窃」によって立ち現われる世界が驚くべき自由さとみずみずしい輝きをたたえているとすれば、民族誌の力は、単一の作者の専横的な声の支配を擦り抜けてディスクールが無数に交差し反響し合う「記述の高原」が実現され、対話的地平のなかで私たちの意識が一種のエレヴェートされた状態に到達した瞬間にこそ存在する、というべきだろう。

「交差する発話」としての〈ディア－ロゴス〉。すなわち意識の〈ダイアロジック〉の誕生。カスタネダ＝ドン・ファン的世界における、チカーノやイスパノアメリカ詩との豊かな対話についてみてきた私たちは、カスタネダがドン・ファンとの対話という記述形式の背後で紡ぎだそうとしていたより高次な意識の領域でのダイアローグの存在をもはや否定することができない。そしてそうしたダイアローグは、かならずしも文字的記述の形式としての「対話」や「会話」といったプロセスに収斂されてしまうものではなかった。対話的民族誌が試みるリテラルな「対話」の形式は、あくまで民族誌の多声的なプロセスの抽出の一つのかたちにすぎないからである。しかしどのような民族誌的な試みも、出逢いと対話がつくりだす自己と他者の継続的な「交渉」であることにかわりはない。そして、決して完結することのない交渉としての意識のダイアロジックの存在をカスタネダの著作の背後に発見するとき、その継続する交響的な声の交差のなかでひときわ高く歌われている無上に美しい旋律がスペイン語によるものであったことを、私たちはいま確信することができる。

II　ことば、風景、時間

詩としてのアメリカ

いまただちに、もっとも遠い西の道に出発せよ。
——ヘンリー・デイヴィッド・ソロー

日の出よ、この贈り物を受けなさい。
——レスリー・マーモン・シルコ

1

南北戦争が勃発した翌年の一八六二年、アメリカ白人が西部においてインディアンとの本格的な遭遇を経験しかけていたころ、一人の詩人博物学者が東部マサチューセッツ州の小さな町で四四歳のみじかい生涯を閉じた。ヘンリー・デイヴィッド・ソロー。いうまでもなく、コンコード郊外の森のなかに粗末な小屋を建てて一人住み、簡素な畠をつくって耕し、そこから必要最小限の食物を収穫し、そうした生活をめぐる思索と自然観察とを記した省察の書『ウォールデン』(一八五四)の著者である。

ソローは東部人だった。いや、このフロンティア征服の時代においては、まだ「西部」という場所が定住者をもった文化的地勢としては確立していなかったのだから、アメリカ人は北部人であるか南部人であるかのどちらかだった、というのが歴史学的にはより正確な言い方なのかもしれない。西部人がいなければ、その対概念としての東部人もいない。けれどもわたしはいま、ソローをアメリカではじめて生まれた「東部人」だった、といってみたい誘惑に駆られている。

たしかにソローの生涯の行動半径は、当時のアメリカ知識人としてもおどろくほど限られていた。メルヴィルやホイットマンといった本質的な漂泊者をうみだしたこの波乱の時代のアメリカにあって、ソローの不動は印象的でさえある。独立戦争の幕が切って落とされた土地として名高いマサチューセッツ州ボストンの北西二〇マイルにある小さな町コンコードに生まれたソローは、ハーヴァード大学を卒業したあとも生地からあまり離れることなく、わずかにケープ・コッドやメイン州に数回の旅行を行っただけで、旅よりもむしろコンコード郊外の森のなか、ウォールデン湖畔に独居して思索にふけることを好んだ。死の前年、転地療養のために短期間ミネソタまで行き、スー族のインディアンに出逢ってはいるものの、これが彼の体験したもっとも西の地点だった。だが、彼を「東部人」たらしめている理由は、彼の生活が展開された場所が東部の一地域に限定されていた、という点にあるわけではない。むしろ、ソローの生涯が、ちょうど「アメリカ」という意識の集合体がはじめて本格的に「西部」と出逢い、みずからの意識を「西進」の運動原理のなかで大きく変革してゆこうとする時期と相前後していた、という点が重要なのだ。そしてソロー自身は、東にとどまったのである。

『ウォールデン』には、典型的な合衆国東部の繊細な自然が、そのあらゆる細部を輝かせながら、美しく描き尽くされている。森と湖水に訪れる四季の微妙な移りゆき。周囲に棲息する動植物の生態。畠作りをするソロー自身のエコロジカルな経済学。自然の生命をかたわらにおいてのさまざまな読書と思索……。『ウォールデン』に見られる自然界への本質的な沈潜の意志は、ソローを現代のナチュラリスト思想の先駆としてみなす考え方を定着させることになった。ヤマガラ、カワウソ、アライグマ、リス、カイツブリなど、彼の小屋の周囲に出没する「訪問者」たちの精緻な博物学的観察。赤蟻やミミズといった忘れ去られた小動物に注がれる科学者のまなざし。こうした特徴は、現代的言い方をすればソローがここで奔放かつ深遠な「エコロジー」を実践していることを示しているといえるだろう。しかし、『ウォールデン』の底流には、ソローによって感知され確認された独自の宗教的ともいえる「自然」観が、科学的「自然」認識に相対して強い流れを形成しているのを読みとることができる。

ウォールデンの氷はその水と同様、近くで見ると緑色を呈していたが離れて見ると美しい青で、河の白い氷やほかの池の単に緑がかった氷とは四分の一マイルの距離で見てもたやすく区別ができた。時にはそれらの大きな四角い氷の一つが氷人夫の橇から村の道にすべりおちて大きなエメラルドのように一週間もそこに横たわり、通る人々をおもしろがらせた。わたしは、水の状態においては緑であったウォールデンの一部が、凍った場合にはしばしば同じ視点からしても青く見えることに気がついた。同じように、この池の周囲では時々、池のそれによく似た緑がかった水でみたされていた水溜りが翌朝は青く凍っていることがあった。水や氷の青い色はそのうちにふくまれている光と空気とに起因するものらしく、最も鮮明なものが最も青かった。(1)

こんなふうに、ウォールデンの湖水の水が氷へと変化するときの精緻な科学的観察が描かれたあと、水をめぐるソローの文章は一気に超自然学的な地平へと飛躍してゆく。

朝、わたしは(……)古インドの叙事詩『ヴァガヴァッド・ギーター』の巨大にして宇宙的な哲理にわたしの知性を湯浴みさせる。その崇高さがわれわれの観念からあまりにもかけはなれているので、わたしはこの哲理は前の世にむすびつけて考えられるべきものではないかとの疑念をもっているのだ。わたしは書物をふせ、水を飲みにわたしの井戸に行く。すると、見よ!　わたしはそこでバラモンの召使いに出会うのだ。（……）わたしは彼の召使が主人のために水を汲みにくるのに出会い、われわれのバケツはいわば同じ井戸でこすれあうのだ。清らかなウォールデンの水がガンジスの聖なる水とまざっている。追い風に乗ってこの池の水はアトランティスやヘスペリデスの昔語りの島の境をすぎ、カルタゴの航海者ハンノーの周航のあとをたどり、テルナテとティドルの島とペルシャ湾口のほとりをただよい、インド洋の熱風に溶けてアレキサンダー大王がその名のみを聞いた諸港に上陸するのだ。(2)

ソローの描き出すウォールデンの自然は、こうしていつも物理的・客観的「自然」としての領域を逸脱してゆく傾向をもっている。自然が宿すと信じられている高次元のハーモニアスな精神《スピリット》に自己を限りなく同一化させてゆこうとするソローの意志のようなものが、『ウォールデン』の自然描写に不思議な神秘主義の趣をつけくわえる。しかも、「自然は、見られるときには必ず人間的に見られねばならない」と日記に書くソローにとって、自然は、たとえそれが超越的な姿を見せたとしても、肉体と精神を宿した人格的な存在としてあったのである。

ソローはまた、なみはずれて鋭敏な聴覚をもった人だった。『ウォールデン』には「音」と題された一章があって、そこでソローは湖水に棲む蛙の鳴き声や、リンカンの森から聞こえてくる梟や雉の声に耳を傾けている。梟の悲しげな声は、罪人や自殺した恋人たちの嘆きの溜息のように「ああ、わたしが決して生まれてこねばよかったのに……」と彼の耳には聞こえてくる。しかしこうした自然の物音の擬人化以上に興味をひくのは、ソローが森に届いてくるさまざまな機械音・金属音にとても敏感に反応しているという点だ。とくに彼の聴覚をとらえたのは、湖水のほとりを通過するフィッツバーグ鉄道があげるさまざまな人工音だった。機関車の汽笛は鷹の叫びのような音をあげ、それにつづく貨車が刻む一定のリズムがソローの一日の労働のリズムと同調する。あるいは冬、除雪機関車の勇壮な機関音が、彼に自然と格闘する人間の快活な勇敢さを実感させる。さらにソローの耳は、ときどき、日曜日の風向きのよい日などに、コンコードの教会の鐘の音が森のなかの小屋にまで届いてくるのを聞きのがさない。

ソローはけっして「世捨て人」ではなかった。奴隷制や侵略戦争を正当化する不条理な税制に対するラディカルな抵抗を宣言したエッセイ「市民政府への抵抗」が示すように、彼の森へのリトリートは、「隠遁」というよりもむしろ実践的抵抗としての「潜伏」の一つのスタイルだった。だから彼は、文明から隔絶された山中に一人こもって、隠者のように思索したわけではなかった。実際、ソローの小屋はコンコードの町からわずかに一マイル半（約二・四キロ）しか離れていないウォールデン湖のほとりにあり、しかも彼はそこに二年と二カ月住んだにすぎない。しかもソローは歩けば三〇分ほどでついてしまう町中の郵便局へ、よく用を足しに出かけたりもしている。そしてそうしたすべての条件が、ソローにとっての「自然」の位置を教えている。彼がいかにウォールデンの自然環境に沈潜しようと、その自然はすでにある意味で文明によって「馴化」された自然だった。それは機械文明による荒野の変革の一段階が終了し、ピューリタニズムの植民の歴史によって変形をこうむった「自然」なのである。その自然のなかには、すでに人間の足跡と声が溶け込んでいる。だからこそ、彼の耳には、動物のあげる声に重なるようにして、機関車や鐘の音が、騒音ではなく一種のナチュラルな音として聞こえてくることになったのである。

もちろんソローは、彼の周囲にひろがる原野が、純粋な「野生」の自然ではないことをよく知っていた。だから、一人の人間を生存させるに足るミニマルな経済学の原理を知るために行う彼の農地の開墾と耕作も、ソローにとっていわば人間と自然との共存が可能となる一種の中間領域をつくりあげる行為として意識されることになった。ソローは書いている。

わたしの畠はいわば自然の畠と人為のそれとの中間的存在だ。ある国々が文明社会であり、他の国々が半開化であり、また他の国々が野蛮未開であるように、わたしの畠は悪い意味ではないが半開化の畠であった。わたしの育てたのはよろこんで野生原始の状態にもどろうとしつつある豆であり、わたしの除草器は彼らを野生から引きもどすために「牝牛を呼ぶ歌」をかなでたわけである。(3)

「耕作」はソローにとって彼の思想を支える象徴的な意味をもっていた。それは、比喩的にいえば、名づけえぬものが名を獲得し、前社会的なものが社会的存在へと変化するための、鍵となる行為だった。「耕作」というメタファーのなかで、ソローの農学と社会学と心理学とが交わっていた。自分の畠にソローは一年間で一四ドル七二セント投資し、二三ドル四四セントの収益を得る。すなわち彼は耕作をつうじて、極小の「社会生活」の可能性とでもいうべきものを追求したのだった。個人によって打ち立てられた社会生活――この形容矛盾のような行為こそ、ソローにとってもっとも野生に近い文明のかたちでもあったのである。

2

畠の耕作は、ソローにもう一つの重要な発見をもたらした。ある日、二エーカーほどの耕作地に鋤を入れていたソローは、土のなかから、インディアンの使っていたと思われる矢尻の破片をいくつも掘り出したのだ。この経験は、彼に真の「野生」の地層がウォールデンの自然の下にも眠っていることを確信させた。植民の歴史によって変質を受けた東部の自然の表層へ、突然野生のエネルギーがほとばしり出たのだ。このころからインディアンは、ソローの思想にとって、野生の原理を具現化する至高の存在として意識されてゆくことになる。

ソローとインディアンとの関係を考えようとするとき、『ウォールデン』の記述に、生身のインディアンがほとんど登場しないという事実はとても象徴的だ。『ウォールデン』には「先住者」という章があり、そこにはこの森に彼が移り住む以前に土地の住人として定住していた人々が描きだされている。だがそれらの人々は、森に住む許可を主人から与えられたギニア出身の黒人奴隷であったり、甲高い声で森に歌声を響かせる黒人の機織り女だったり、あるいはまたワーテルローの戦いの勇士だったアイルランド人のもと大佐であったりで、けっして先住民としてのインディアンではなかった。「すでに一五〇年も前に、インディアンはほとんどこの地から消えた」とソローは寂しそうにひとこと記している。ウォールデンの自然は、この点でも、すでに征服・移民・奴隷制とつづいたアメリカの「歴史」による強い刻印を受けた土地としてあったのである。

インディアンを、その生存が示す完全性と自然への親和性を評価することによって、文明世界のさまざまな悪徳や恐怖や不条理に対比し、一つの文明批判としてのプリミティヴィズムを唱えたのは、もちろんソローがはじめてではなかった。西欧思想に広くゆきわたっていた「高貴な野蛮人」のイデアを受け継いだアメリカの一九世紀に生まれた超越主義者たちの思想は、本質的にプリミティヴィスティックなものであった。インディアンを軸に文明と野蛮の問題を思索したエマーソンやマーガレット・フラーらの超越主義者たちの思想は、その根の部分においてはきわめてラディカルなものであったといえる。彼らは、社会にあふれる不正義や不平等を糾弾し、人間の文明がどこかでゆきすぎた行為を行っていることへの強い警鐘を鳴らした。しかし、あらゆるラディカルな発想が本質的に胚胎するこうした社会批判の力をもちながらも、超越主義者たちの思想はそれがプリミティヴィズムの用語をもって語られるとき、ある弱さを示すことになった。かつてのインディアン文化が示す「野蛮な完成」状態を、未来のアメリカ社会の「文明的完成」へとアナロジカルにむすびつけてゆくような発想は、つねにインディアン文化の調和性と完全性という観念への過剰な思い入れとファンタジーによって、思想の批判的基盤を弱められてしまうのだ。エマーソンやフラーにとって、文明人は、動植物のようにして地球のさしだす消費と享楽の原理に適応することから逸脱し、より高いレヴェルの文明を求めて精神的・物質的テリトリーの拡大と増殖とを図ったがために、インディアンよりも劣った不完全な本性をもつ存在となった、とみなされたのである。

　エマーソンの影響を強く受け、プリミティヴィズムの思想圏のなかで自己形成したソローは、しかしインディアンについて当時においてもっとも深い思索を準備していた一人だった。事実彼は、その死によって果たせなかったとはいえ、インディアンにかんする大部の著作を構想してさえいた。すでに、彼の一八四一年の日記のなかに、つぎのような記述を見ることができる。

> わたしにとってインディアンの魅力とは、彼らが自由でなんの束縛も受けずに大地の上に立っていることである。インディアンは自然のなかに棲息する住人であって、自然が招いた客人ではない。彼らは、いともたやすく、そして優雅なやり方で、自然をみずからの身にまとうことができる。しかし文明人は、家に住むという習慣をもつにいたった。家は一種の牢獄である。そこで人間は、家が彼自身の身を守る避難所《シェルター》ではなく、彼を閉じ込め抑圧する場であることに気がつくのだ。(4)

こうした記述に見られるインディアンの称揚と文明人の批判は、しかし文明そのものの否定や廃絶の考えにつながるわけではなかった。ソローはむしろ、文明人のなかに、インディアンのもっていた精神の統合をいかにして実現させるかを考えていた。彼は、未開人の自然との親和性や、意識のおどろくべき簡潔性が、すでに彼自身のものではないことを人一倍実感していた。いいかえれば、アメリカの歴史が、もうすでにインディアンによって実現されていた過去の優雅な秩序にあともどりすることが不可能であることを、ソローは一九世紀に生きる植民者の末裔として深く理解していたのである。だから彼がめざしたのは、インディアンについて語ることによって、彼の同時代人としてのアメリカ人にたいして、高貴な文明のありかたをめぐる一つの範例を示唆することだった。

重要なのは、この時代のアメリカにとって、インディアンはすでに「過去」に所属する存在であるとみなされていた、という事実である。先住民の存在は、アメリカの過去の一部を形成するという一点においてのみ、社会的にも道徳的にも意味をもった。その意味で、インディアンはアメリカの「先史」時代に属していたのであり、いいかえれば北米大陸における非「アメリカ」史のなかにその位置を与えられた存在にすぎなかったのである。

ソローはたしかにインディアン文化が彼にとっての大きな思想的展開の突破口になるかもしれないことを予感してはいた。メインの森への旅でソローのガイドをつとめたインディアン、ジョー・ポリスにかんする彼の日誌の多くの記事が、ソローのそうした予感が強いものであったことを物語っている。亡くなる前年のミネソタでのスー族との邂逅も、同じ予感につき動かされたものだったにちがいない。しかしソローにとって、インディアンはやはり時間軸の彼方に消えかかる、光を失った星であることにかわりはなかった。そしてアメリカの精神が「西部」と出逢うことによってあらたにアメリカの「現在」の時間軸にインディアンの存在を再発見する時を待たずに、ソローはマサチューセッツの田園で生を終えたのである。「野生を切り拓いてゆく文明の使者」としての「アメリカ」の運命の尖端で、ソローは、あくまで「東部人」として、インディアンへの限りない憧憬を抱いたまま野生と文明の境界をさまよいつづけたのである。

3

ソローの自然観やインディアンとの関係について考えてきたいま、彼の生きた時代が、のちに「人類学」と呼ばれることになる、ある特異なセンスと方法論的特徴をそなえたひとつの科学的理性が準備され、芽生えはじめた時代に対応していたことを偶然の産物とみなすことはできない。進化主義人類学の確立者として大きな影響力をもった、ソローの同時代人ルイス・ヘンリー・モルガンは、『古代社会』において、社会組織の進化形態を分析することをつうじて、人間精神の進化の図式にたいして一つの説明を与えたが、ソローも、人間社会が継続的な発展進化のプロセスにあるという考えを支持していた。そしてそうした進化を基礎づけるのは、人間の個人のレヴェルでの経験の蓄積であるとソローは確信していた。

しかしモルガン的進化主義人類学の発想を『ウォールデン』のなかに探り出すこと以上に興味深いのは、ソローの『ウォールデン』の実践自体が、一つの極小《ミニマル》の「人類学」をつくりあげている、という視点である。[5] そしてそのミニマルな人類学の基盤には、ソロー個人がいた。彼自身、コンコードの住人として、この土地の自然環境、風俗習慣、政治、儀礼、方言、歴史、人間関係、土地利用といったあらゆる情報を知り尽くしており、それは『ウォールデン』においても縦横に描写されている。だが、『ウォールデン』自体を人類学書としてみようとするとき、一つの重要な思考の欠落がそこにあることにわたしたちは気づく。すなわち、ソローにとっては、人間社会における基本的にアクティヴな力はあくまで「個人」であって、けっして「家族」や「親族」「村」「カースト」「宗教組織」「年齢集団」といった集合的・社会的単位ではなかった、という点である。社会的行為の動因としての集団の役割が、そこではほとんど論じられていないのだ。

ソローの生涯で特徴的なのは、彼が家族という制度や性関係を避けつづけたことである。その理由はおそらく、家族や女性といったものが、ソローにとって彼の個人的自立をおびやかすもっとも直接的な脅威であったからである。ソローの考えでは、人間社会において最終的な道徳的主体は「個人」であって、いかなる社会的行為も、つねに個人のレヴェルによって確認されるべきであり、さらに可能なかぎり、個人において着手されるべきであった。彼はあるとき、国家への納税を拒否したとして一晩投獄されたことがあったが、そのことをつぎのように回想している。

最初の夏の終わりに近いころのある午後、靴屋から靴を受け取るために村に出かけたとき、わたしは逮捕されて牢獄に投ぜられた。その理由は、男や女や子供を家畜でもあるかのように議事堂の真ん前で売ったり買ったりする国家に税金を払わず、その権威を認めなかったためであった。わたしはほかの目的のために森にはいったのだ。しかしどこにのがれても人々はその忌まわしい制度をもって追いかけて引っつかみ、もしできるならばその者を彼らの暴力的な結社の仲間に有無をいわせず加えてしまう(6)。

こうしてソローは、意図的に「社会制度」への参入を拒み、個人のレヴェルから直接世界に対面することを選びつづけた。神話体系や家族制度、さらに儀礼や特定の社会組織の象徴作用をつうじてある文化の抱える特性を抽出し分析しようとする傾向のある実証主義的な人類学者の視点からソローおよび彼の『ウォールデン』をみたとき、そこにあるのはたった一人で畠を耕作し、収穫を得、社会的知識と自然環境からうけとる経験とを「個人の生活」という一点において思考し、分析する孤独な「自己人類学者《セルフ・アンスロポロジスト》」の姿である。ソロー自身が、極小の人類学の実践者であり、その被観察者でもあった。「孤独」と題された章で、彼は書いている。

思念によってわれわれは、正しい意味でわれわれ自身から抜け出ることができる。心の意識的努力によってわれわれは行動とその結果とから超然と立つことができる。そしてすべての事物は善も悪も流れのごとくわれわれを過ぎて行く。われわれは全面的に自然のなかに巻き込まれはしない。わたしは流れのうちの流木でもありうるし、天にあってそれを見おろしている因陀羅《インドラ》でもありうる。(……)わたしはわたし自身を人間的存在としてのみ知っている。思念と感動のいわば舞台として。そしてわたしは、それによってわたし自身から他人と同じように遠く離れて立ちうる一種の二重性を自覚している。わたしの経験がいかほど強烈なものであろうと、わたしは、わたしの一部でありながら、わたしの一部ではないごとく、わたしの経験にはあずからない見物人となり、ただその経験に注目するところの、あなたである以上にはわたし自身ではないところのものが、存在し批評しつつあることを自覚する。人生の劇が終わると見物人は行ってしまう。それは彼に関するかぎりでは、一種のこしらえごとであり、単に想像上の作品にすぎない。この二重性は、われわれをたよりない隣人、および友人にすることが往々にしてあるのだ。(7)

いくらか宗教的トーンが混ざり合っているとはいえ、ここには自己のなかに隠れた他者の存在が冷徹なまなざしによってつかみ出されている。インフォーマントでもあり調査者でもあるという二重性を、ソローは個人生活の実践のなかにもっとも凝縮されたかたちで発見したのだ。だからソローにとっての耕作とは、一つの経済関係をめぐって渡り合う自分ともう一人の自分による、一種の社会的相互行為であるとさえ見なされるわけである。

こうした前提に立つとき、私たちの通常の社会観は崩壊する。経済行為を、それぞれに一貫性のある意図をもった無数の個人の集合的なメカニズムとしてとらえるような発想は、一人の個人がそのなかに抱える矛盾した価値観や欲望の存在、あるいは自分の社会的行為自体にたいして彼自身がもつ内的批判の所在を、見えなくさせてしまうからである。その意味で、ソローは実証主義的な人類学が確立されるはるか以前に、すでに実証主義人類学が二〇世紀の後半になって直面する観察者と被観察者のポリティクスをめぐる現象学的問いの地点に、いちはやくたどりついていたともいえる。

ソローの「たったひとりの人類学」の実践は、ウォールデンの森のなかに、「自己」という名の、「知る人」でもあり「知られる人」でもあるひとりの個人によって構成されたミニマルな「社会」をつくりあげた。そしてこのとき、「知る人」と「知られる人」との距離は、瞬間瞬間においてソローの周囲に成立する一つの「宇宙」の拡がりの大きさに対応した。さらにこのたったひとりの社会は、それ自身を語る神話や儀礼をも生みだすことになった。それが、ソローの「省察」という行為だった。自己のなかに隠れた二つの声が語り合う一種の儀礼として遂行された彼の思索は、ウォールデンの池や、森にめぐり来る四季や、神聖な豆畠を、一種の神話的トポスとして提示することにつながっていった。その意味で、『ウォールデン』は、それ自体、ソローの「自己」をめぐる信仰《カルト》を描いた神話的テクストであるともいえる。そしてまさに「自伝」という記述のジャンルそのものが、実は生きられた生の祝宴としての神話的側面をもった、深く反省的《リフレクシヴ》なテクストの創造行為であったことを、『ウォールデン』はいま私たちに突きつけるのである。

だから、『ウォールデン』はソローの創世神話でもあった。深夜の池での釣りについて語りながら、ソローは彼の思索が魚と同時に神をもとらえていたことをつぎのような印象的な文章によって示している。

暗い晩は特に、思索がこの世界をはなれて広大な、宇宙創成的な問題に駆せたときに、夢想をやぶってわたしをふたたび自然とむすびつけるこのささやかな釣糸の震えを感じるのははなはだ奇妙であった。わたしは今度は糸を、この空気よりは濃いとはおもわれない水におろすかわりに空中に投げ上げてもよいような気がした。こういうぐあいで、いわば、わたしは一本の釣針で二匹の魚をつかまえたようなものだった。(8)

思索という神話的儀礼をつうじてのソローの自己発見の道程は、個人的省察を歴史的・社会的省察へと変容させていった。ミニマルな社会生活の実践によって野生の人間の経済条件へと回帰することは、すなわち、彼身の経験の基盤の発見行為であると同時に、彼の文化じたいがもつ野生の本質を見いだそうとすることでもあったからである。その意味で、一見あまりにも孤独で単独性にみちているように見える彼の生活と思索は、自己の個体発生の根源を突きとめる行為をつうじて、歴史の系統発生の道すじをさかのぼろうとする集合的な試みだったのである。

個人という場、主体という場を社会的行為のもっとも独創的な単位とし、それによって世界の成り立ちをとらえてゆくソローの発想は、「人類学」というディシプリンの根源の部分に、客体と主体の葛藤をめぐる現代人類学のおかれたディレンマの問題があらかじめ書き込まれていたことを物語っている。現象を、「社会」という単位によってではなく、徹底して「個人」の主体的経験のレヴェルから考えてゆくという、観察のためのスケーリングの一種の「収縮」は、逆にひとりの個人の思惟のなかに、あらゆる歴史的・神話的意識をはらませることになった。

そして、この「たったひとりの人類学者」ソローは、インディアンの示す野生の力にとらわれつづけた。彼の自己人類学が呼びさます歴史意識の軸上に、インディアンの姿が揺れながら見え隠れしているのを、ソローは「アメリカ」の未来の問題として考えようとしていた。東部に生き、死んだソローのなかに、じつはのちのアメリカ的認識の「西進」の道程がもっとも凝縮されたかたちで準備されていたのである。

ソローは死の床にあってうなされながらこうつぶやいた。

「へら鹿《ムース》……インディアン……」。

この暗示的な言葉は、「アメリカ」の野生のディスクールがまさにその運動を開始する瞬間を意味する、謎めいた力にみちていた。西部でのインディアンとの出逢いが、二〇世紀のアメリカ人類学を鍛えあげ、このあらたな「他者」との出逢いによってソローの詩的ナチュラリズムが二〇世紀のエコロジーとエスノポエティクスの地平に接続されてゆく過程を探るための準備が、いまようやくととのった。

4

現代アメリカのナチュラリスト思想家のなかでも、とりわけラディカルでアナーキーな論客として知られていたエドワード・アビーの印象的なエッセイ集に『川をくだる』がある。この本のなかには「ヘンリー・ソローと川くだり」という部分があり、ユタ州の南東、グリーン・リヴァーの峡谷を五人の仲間とともにボートでくだったアビーの経験と思索が、生き生きとしたリズムと過激な文明批評の言葉によって語られている。アビーはこの川旅に、一冊のペーパー・バックをたずさえていった。それが、いうまでもなくソローの『ウォールデン』だった。アビーは、川辺でのキャンプの夜、焚火の炎ごしにソローのリンカーンにやや似た細面の髭の表情を想起しながら、ウォールデンの孤独な思索者の哲学とのあいだに、現代人としてどのような対話が可能なのかを考えつづけたのだった。

アビーの環境保護運動家としての信念は、政治的にきわめて先鋭的だった。西部の大自然をまもるという使命感にとりつかれて環境破壊の根源であるダムや道路や橋の建設を妨害し、トラックやブルドーザーを破壊して工事現場をテロリストさながらに襲撃してまわる放浪のエコロジスト集団をえがいた彼の小説『モンキー・レンチ・ギャング』(9)にもあらわれているように、アビーの思想は産業資本主義の自己増殖を徹底して否定し、人類の社会生活のスケールを意図的に縮小させようとするものだった。そしてアビーのこうしたアナーキズムを支えていた一つの基礎が、徹底して個人の経験という地点から環境と人間の問題を考えぬいたソローの一連の著作であったことはうたがいない。

だがアビーは、二〇世紀後半のアメリカという高度資本主義文明を生きる人間として、ソローの時代の社会的条件と現代のそれとが、あまりにもかけ離れたものであることを、じゅうぶんに理解していた。

『川をくだる』のなかでアビーは書いている。

ソローが生きたのは、相対的に人口希薄のアメリカで、そこにはわずかに二四〇〇万の人間が住み、そのうちの六分の一が奴隷だった。しかしそれからたった一四〇年後、私たちはその一〇倍の人口をもつ超大国に成長した。そしていまや私たちほとんどすべてが、奴隷となったのだ。私たちがみな奴隷だというのは、つまり私たちの日常の生存が、拡張しほとんど行き着くところまでいってしまったこの農業技術帝国に全面的に依存している、という意味だ。この狂った産業機構のなかでは、専門家とよばれる人が知識を持たず、経営者が経営を知らない。そして私たちの大多数はといえば、そんな会社の無力でしがない雇われ社員にすぎないのである。(10)

アビーはここで、個の自立ということの二〇世紀的意味を問いただしている。個人がその背後に背負う社会的・経済的・歴史的条件が、もはやソローの生きた時代とは比較にならないかたちで変容をきたしていることを、アビーは知りぬいているからだ。「世界は野生のなかに保存されている」と書いたソローの思想の核心をいまでも全面的に支持しつつ、しかしアビーは二〇世紀先進資本主義が生みだした子供の一人として、自らの政治的・歴史的現実から「潜伏」して孤高の生活を大自然とのあいだにうちたてるというソロー的解決法をもはや選択することはなかった。だから、ソローが多用した「自然」「野生」「インディアン」といった想像力のなかで至高の意味を付与された言葉にかわって、アビーの著作で意外なキーワードとなるのは、「リアリティ」という言葉である。いや、アビーがリアリティと書きつけるとき、それは言葉であるよりも、リアリティそのものの感触じたいをあらわしている。言語のあらゆる概念化や抽象化の可能性がテストされ、象徴あるいは記号と意味との関係がさまざまなモダニズムの表現行為によって探られたあと、アビーがふたたび人間の手に取りもどそうとしているのは、ものの物理的存在のリアリティと精神とをじかに結びつけるための非言語的な了解のスタイルなのである。その意味では、アビーの思索は決定的にポストモダニスト的だった。「リアリティ」という感覚がアビーにとってどのようなものとして意識されていたかを、たとえば次のようなフレーズがよく示している。

いつものように夜明け少し前に目覚めると、私の髭とスリーピングバッグのうえにうっすらと霜が降りている。私は東の空に四つのパワフルな光の一直線の列が垂直に立ち上がっているのを眺める。土星、木星、火星、そしてうすぐらい円盤を青白く画す三日月。偉大な三つの惑星は、まるで三日月の尖端からいままさに昇りはじめたように見える。私はながいあいだ、この不思議な、驚くべき顕現の光景をじっと見つめている。この地球という惑星のうえに生まれてからいままでに一度も経験したことのなかった大スペクタクル。これはなにを意味しているのだろう？(……) 川の流れにバケツを浸して水を汲むと、手が凍えてくる。黎明の空に消えかける美しい光をいくら見つめても、私はそこに、光そのものがもつ固有の美以外のなんの意味をもみいだすことができない。私が感じとるかぎり、星は星以外のなにものでもない。「それが、それであること」と私の禅の友人ならいうだろう。そしてそれがすべてだ。それでじゅうぶんなのだ。(……)

「リアリティは途方もない」とヘンリーは言った。ものがかたちとなって現われるあらゆる現象こそが、リアリティなのだ。そうソローは言いたかったのではないか。すくなくとも私にはそう思える。(11)

自然を崇高な人間精神の具現化としてみる傾向のあったソローの超越主義者としての意識が、現象に人格的表現を与えることで彼の自然への信仰《カルト》を表明しようとしたとすれば、アビーはここで、そうした超越主義的な思想圏を抜けだして、リアリティをきわめて即物的な、むしろ自然科学的ともいえる直接性と簡潔性のなかで感じとろうとしている。ものの背後にある「意味」の病を通過してきた二〇世紀文化のプロセスへの深い洞察をうしろだてに、アビーは、生活の簡素化や経済的収縮という概念が、思弁的なピューリタニズムの理念によって偏狭なものになってしまうことから、やわらかく逃れようとした。彼はふたたびソローをひきあいに出しながら書いている。

朝食にスクランブル・エッグ、ベーコン、青トウガラシ。それに辛いソース、焼いたトルティーリャ、のこりもののベークド・ポテトのフライ。鍋一杯のコーヒー、紅茶、そして私だけの朝のビール。きっとヘンリーは、こんな贅沢な美食家的朝食には同意しないだろう。だったらくそくらえだ。私は彼のあまりに潔癖なピューリタニズムにはついてゆけない。リアリティを切望しているはずにしては、彼は純粋性という概念にこだわりすぎている。(12)

食べると胃腸にガスがたまり、それが彼の自然や精霊との対話を妨害するという理由で、豆ですらけっして食べなかった(彼が栽培した豆はすべて売るためのものだった)ソローのピューリタニズムを皮肉りながら、アビーは自分自身のリアリティ意識が、ソローの時代から一四〇年たった時代の消費社会のなかで、歴史的覚醒を通過したより成熟したものであることに自信すらいだいている。そして、キャンプの朝の美食が、信念としてのエコロジーの実践にけっして抵触しないというこのおおらかな肯定の思想がいったいどのようにして形成されてきたのか、と問うとき、私たちは東部のソロー的ナチュラリズムが西進して西部に到達し、そこで生まれた現代の「野生の実践」の姿を検討する必要性に迫られる。そしてそのとき、アビーとともに、現代アメリカのラディカル・エコロジーのもうひとりの推進者ゲイリー・スナイダーの魂の軌跡が、私たちの前に浮かびあがってくる。

5

現代の西部がうみだす自然思想が強靭であるのは、二つの理由による。その一つは、西部という場所じたいが、アメリカ人が一五〇年の歳月を費やしながらたどってきた「移動」の歴史を、その内部にすでに組み込んでいる、という点だ。西部に定住したあらゆる白人のなかに、そしてその土地で生を受けた第二世代以降のあらゆるアメリカ人のなかに、「西進」というこの集団的な移動のなかでつちかわれた認識の方向感覚が、彼らの思惟を内から律する強靭な原理として存在している。野生と本質的に出遭い、うちのめされ、やがてじりじりとそれを開拓しながらつき進むうちに、彼らはこの歴史的移動のロジックを内部化し、それを認識のある種の「深み」として提示することを学んでいった。この移動のロジックとは、標語のような開拓者精神でもなければ、もちろんアメリカ精神のイデオロギー的神話としてのマニフェスト・デスティニーとも無関係だ。それは、人間の存在をめぐる現在と未来とを見わたす、歴史的な倫理学《エシックス》のようなものだ、といえるかもしれない。

エドワード・アビーも、原生林の生い茂るアパラチアというアメリカ東部におけるもっともネイティヴな土地に生まれたのち、ノース・キャロライナの教会の寺男やユタの国立公園のレインジャーといったさまざまな職業を転々としつつ、ついにはアリゾナの砂漠の一角に住みついて、移動感覚を内に秘めた西部の棲息者として思索を開始した。だから彼のいかなる文章にも、アメリカがたどってきた東と西をむすぶ認識の力線が、彼自身の主体的歴史の軸線として貫徹している。その歴史のエシックスを思考の梃子としているからこそ、彼のラディカル・エコロジーの主張は、人類文化全体の未来の方向性への絶対的な確信を表明することが可能だった。

そして詩人ゲイリー・スナイダーも、彼自身の家族の歴史のなかに、このアメリカの移動感覚が脈打っていることを強く意識していたひとりだった。『古き道』におさめられたエッセイ「再－棲息化」の冒頭で、彼は回想している。

　私はここに、ひとつの道、ひとつの線をたどってやってきた。その道は、大西洋の海岸線からはるかに西へ向かって移動した人々が一五〇年かかって働きながらつくりあげてきた道だ。私の祖父は、この道を移動してワシントン州までたどり着き、そこのキツァップ・カウンティに入植した。母方の家族はテキサスの鉄道工夫で、それ以前にはコロラド州リードヴィルの銀鉱山で働いていた。入植者であった私の祖父と、その息子でワシントン生まれの私の父が、私たち家族を比較的早い時期にこの北西部《ノースウエスト》という土地に導いた。しかし私たちがやってくる前にこの土地に人間がいなかったわけではない。ときどき、数カ月に一度ぐらい、初老のサリッシュ族の紳士がトラックで私たちの農場に立ち寄っては、スモークサーモンを売りつけていった。少年だった私は両親にこう尋ねた。「あの人はいったい誰？」「彼はインディアンなのだ」と両親は答えた。(13)

　ここには、スナイダーの主体が生まれながらに抱きかかえる方向感覚としての「西部」が、明確に語られている。この文章のあとにつづけてすぐ、スナイダーは「私は場所との関係によって自分を定義した」と書きつけているが、まさにこの、土地にたいする感知力を育てあげることによって、彼は個人と社会を、歴史と神話を、詩と科学を、それまでだれも試みなかったエレガントなやり方で結びあわせることに成功したのだった。
　そのときの決定的に重要な道案内人こそ、インディアンだった。そしてインディアンの存在こそ、西部の強靭な思想をはぐくんだ第二の大きな力だった。スナイダーも回想するように、先住民としてのインディアンに出会った白人たちは、そこで人間と動植物とが、大地というマトリクスの上に精神の連続性を共有しながら等しく「棲息」していることを発見したのだった。スナイダーにとってのサリッシュ族のインディアンがそうであったように、植生、気候、地質、動物の生態といった大地の属性を学びとりながら生きることは、人間に本来の生物学的「棲息」という条件を付与することのできる、唯一の道だったのである。

アメリカ精神史におけるインディアンの本質的な「発見」は、こうしてインディアンを、アメリカの「先史」時代に属する過去の存在としてではなく、四万年をこえる人類文明史の連続性のうえに等しく置かれた、アメリカの「現在」の一部として理解しなおすことにつながっていった。いいかえれば、アメリカはこのとき、自らの歴史意識の一部に、インディアンの生存を組み入れたのである。そしてそのときから、歴史も科学も、それが本来隠しもっていた野生のみなもとをふたたび表面化させることになった。スナイダーは、新しい時間意識の導入によってたち現われた現代のプリミティヴな文化のもつ力の意味について、『地球の家を保つには』のなかでつぎのように書き記している。

人類は、四万年の垂直的な軸の先端で、いまや地球上におおむね三〇〇〇の異なった言語と、一〇〇〇の異なった文化をもつまでになった。現存するあらゆる文化と言語は、種子がはじけてまわりにとび散ってゆくような、数えきれない通文化的交配と受精の結果なのだ。だからそれは文明の「盛衰」などといったものではなく、植物が土から水を吸いあげて開花させるときのような周期的運動なのである。いまや私たちは、いつの時代にもなく、人間の生活様式とその将来における多様性について知っている。しかし同時に、古いサイレント映画のなかに出てくる蒸気機関車に乗りこんだ脱走者たちのように、私たちがあるひとつのカタストロフに向かってまっしぐらに突進しつつあるのだということも予感している。（……）私たちはいま、歴史のあらゆる糸をひとつにたぐりよせて、現代科学をそのプリミティヴでアルカイックな源泉に連結させようとしているのだ。[14]

現代の科学的認識が、自身のもつプリミティヴな核心について積極的に思考しはじめるのは、こうした契機に由来している。そしてスナイダーは、野生の社会における言語的アートとしての「詩」を、人間の歴史的および生態学的生存のための最大の技術として評価する。声と言葉のもっとも洗練された使用形態としての「詩」は、人間の認識をときに近代科学よりもはるかに繊細で厳密なやり方で、息と声と言語的律動の一体系として提示することが可能だからである。

スナイダーの、『亀の島』[15]や『神話とテクスト』[16]といった詩集における野生の言葉の実践は、まさに詩によって実現されたエコロジーとして、アメリカの野生のディスクールの一五〇年の歴史のなかで、ひときわ輝いている。そしてスナイダーにおいてもうひとつ決定的に重要なのは、プリミティヴそのものを対象とする科学としての「人類学」が完全に捨て去らずにいた野生の原点の探求を、彼が同時にめざしたということである。そのために、彼は人類学的な意味で、観察者であることからインフォーマントであることへと、自らの文化的スタンスを意図的に移行させたのだった。

のちに一冊の著作としてまとめられたスナイダーのリーズ大学の卒業論文である、北西インディアン・ハイダ族の神話分析『父の村で鳥を射とめた男』[17]が、モルガン、ボアズ、クローバー、ラディンといったアメリカ人類学の正統な流れを論考の枠組みとして受け入れつつも、通常のアカデミックな規準からみればひとつの超-人類学《パラ・アンスロポロジー》の作品となっているのも、彼が詩人として、人類学に「野生の声」を奪回しようとたくらんだからにほかならなかった。

あるいはまた、スナイダーが彼の先駆者の一人として認める、フランス生まれのスペイン系ボヘミアン詩人、作家、人類学者にしてユング派精神分析学徒、ハイメ・デ・アングロのインディアンの土地での放浪の軌跡が、ついに彼を制度的人類学者としてのクローバーやラディンの後継者であることから、インディアンのトリックスター・ヒーローであるコヨーテの声を伝える霊媒師の道へと導いてしまったのも、おなじ力のなせるわざであった。

詩人の存在が未開社会の声を代表するとすれば、詩は現代社会における未開の声でもある。現代アメリカでも数少ないアカデミックな人類学者かつ詩人のひとり、スタンリー・ダイアモンドは書いている。

最近、詩によって人類学を変えようというひとつの動きが起こりつつある。あるいは、人類学を詩に変容させるこころみ、というべきかもしれない。解説的で分析的な散文によって理解へと到達する以外の道があることを示そうとしているのであれば、それは効果的な方法だ。だがもちろん、詩はなにかの代替物などではない。詩はつねに、それ自身であったし、それ自身でありつづけるだろう。(18)

「詩」という実践と「人類学」という実践は、互いに他を排除したり、あるいはどちらかがどちらかを包摂したりする関係にあるわけではない。だが、スナイダーが（そして国境の南ではオクタビオ・パスやアストゥリアスやホセ・マリア・アルゲダスが）持続的に示した人類学への関心があらわすように、人間の詩的感性がたちあがる資質のベースの部分に、科学の世界でとりあえず「人類学」とよばれている認識の領域が重なるようにして折りたたまれていることは、もはやうたがいないのである。

6

アメリカ人類学が、二〇世紀においてひとつの「学科」として誕生する最初期の風景のなかに、すでに「詩」は隠しきれないかたちで姿をみせていた。その風景を代表するのが、エドワード・サピアとルース・ベネディクトである。アメリカ人類学の父であり、『クワキウトル民族誌』『人種、言語、文化』といった主著においてインディアン研究の端緒をひらいて多くの指導的人類学者・フィールドワーカーを育てたフランツ・ボアズの学生であったこの二人は、ともに若いころから自分自身をむしろ詩人としてまず定義するような青年だった。師のボアズ自身もアマチュア・ピアニストであったことを考えあわせると、人間の「文化」に焦点をあてることによって花ひらいた二〇世紀人類学のスタート地点において、すでに文化の生成過程にたいする理論的・分析的関心が、同時に芸術的実践によって裏うちされていたことの重要性は特筆する必要がある。

ボアズ派の人類学徒にとって、「文化」ははじめから二つの対立する傾向をはらんだ概念としてあった。ボアズ的文化観によれば、文化とは一方で個人的・感覚的要素が偶然の条件によって増大してひとつのかたちをとったものであると見なされた。しかし同時に、文化とはそうした個別的な要素を融合し、継続的にひとつの歴史的・社会的「全体性」のなかへと統合してゆくロジカルな力であり、またその全体性そのものであるとも考えられていた。すなわちここには、文化観というかたちで、人間精神の、秩序と体系性を求める側面としての「審美的衝動」（ボアズ）と、世界にたいする主体的・私的反応を至上とする「情緒的衝動」の葛藤を見ることができたのである。だがボアズの指導の傾向は、あきらかに無数の文化要素の断片のなかから、いかにひとつの文化的法則性や統合原理を見いだし弁別するかという方向に向けられていた。サピアやベネディクトよりいくらか遅れてボアズに入門したマーガレット・ミードのような模範的学生が、まもなくこの技術をアメリカ人類学の王道として確立していったことはいうまでもない。

だがサピアは、はじめから、文化的事物の存在論における主観性と客観性、あるいは審美性と情緒性の問題のあいだでゆれていた。サピアにとって、文化のプロセスとは、形、意味、個性、そして創造力にかかわる問いとしてまず意識されていたからだ。サピアの詩作が、そうした彼の客観科学としての人類学的方法論への懐疑を表明する一種の反作用であったと考えることは誤りではない。事実、近年、ボアズ派人類学とモダニズムのかかわりについて刺激的な論考を数多く発表しているリチャード・ハンドラーによれば、サピアがもっとも詩を量産したのは一九一六年から一九二二年のことで、その時期がまさに彼の人類学的方法論が形成されてくる過渡期にあったことが指摘されている。(19)

だが、いうまでもなく、詩はサピアにとってもっと本質的な実践の形態としてもあった。一九一六年、ロバート・ローウィーへの手紙のなかで、サピアはつぎのように彼の内的葛藤を告白している。

私はすでに、いくつもの部族における膨大な量の言語学的・民族学的データを入手しており、それらはすくなくとも五年間集中して忙しく仕事ができるだけの素材だ。だが私は、なぜかそうした素材をつかっていま研究成果を吐き出そうという積極的な欲求を感じることができない。(……)データを蓄積し、それらをまとめあげ、「問題点」を議論する――易しいことかもしれない、でもいったいそれがなんの役にたつというのか? 誤解しないでほしい。これは私の価値観にもとづく哲学に根ざした疑問などではない。私は人類学じたいと別に理論的対立関係にあるわけではないのだ。欠陥は私自身のなかにある。(……)私にとっていま一番大事なのは、もののなかにある、そして精神のなかにある、形式の美だ。完璧なスタイル、哲学の均衡あるシステム、音楽の完全な断片、明晰な言語的有機体、数学的関係の美しさ――こうしたものが精神の領域でいま私を一番ゆりうごかすものだ[20]。

こうした文章は、サピアにおける思考のレヴェルと表現のレヴェルのあきらかな混乱や不整合をよくあらわしている。ここでサピアは、かれを引き裂くいくつかの対立概念について述べている。芸術と科学。調和ある形式と異質な要素の雑然とした集合体。内的欲望と外的（職業的）義務……。だがそれらの対立項は、どちらかを現実に選択することによって解消されるというようなものではなく、すでに互いの内部にその対立概念を含み込んでいるような、相互に交差し合い絡み合った複雑な関係としてサピアのまえにあった。そしてすくなくとも、科学として規則性や一般性を求めてゆく人類学の「審美性」（ボアズ）のなかには、サピアの考える「形式の美」はなかった。彼にとって、美的な形式とは人間の生をめぐる無秩序なデータの集積のなかから抽象的な法則性を導き出すことによって得られるような無機的な結果ではなく、もっと「人間的」で、一種の「情動的」ですらある実践の過程そのものとしてあったのである。

一九一七年に刊行されたサピアの詩集『夢と愚弄[21]』の冒頭には「表示のまちがった動物園」という詩があり、そこで動物園に入った詩人は、「猿」が「熊」と表示され、「駱駝」の檻の前に「駝鳥」という看板が立てられているのを見て混乱する。はじめ彼は、それを悪ふざけの好きな動物学者が採用した「未知の分類システム」のパロディであると思い込むが、飼育係にきいたところ、たんに新しい動物が入ってきたばかりで檻の表示をとりかえる時間がなかっただけだ、ということがわかる。サピアはこうした経験を人間社会一般に敷衍してゆく。政治家のような商店主。商人のような官吏。俗物の牧師……。人間社会じたいが、こうしたまちがった表示のなかで営まれているのではないか。そして表面上の自己を内面の自己が裏切り、外向きの殻のなかに内的な衝動を隠しもった人間の一人としてまさに「詩人」がいることを、サピアは強く意識した。柔軟性を失い名辞システムによって支配された表層のリアリティに対する抵抗をサピアは「無力な反乱」のなかでうたい（「外面的存在を私は顧慮しない／魂をつくろったりつぎはぎしたりはできない……」）、「上品な男と飢えた男」のなかでは熱情がたぎる自己内面の永遠の追究を宣言した（「平穏な思考よりも心の奮闘を／かわいらしいイメージよりも気まぐれな命の流れを……」）。

南西部のインディアン世界でのフィールドワークをつうじて、自己表現としての「人類学」を鍛えあげてゆくことになるルース・ベネディクトのフィールドへの旅立ちに際し、サピアはこの詩人でもあった後輩に一篇の詩「ズニ」を贈った。東部に誕生したアメリカ人類学が、インディアンの土地としての「西部」の砂漠に投影されたロマンティックな動機によって、その科学的理性主義にさまざまな振幅を与えていたことを、このサピアの詩は物語っている。

沙漠という海の乾いたきらめきと
メサの際だった輪郭のむこうに
きみの魂をあふれさせてゆけ……
彩色された迷路を映す
かけぬけてゆく鏡の群れとなれ[22]……

ベネディクトへの呼びかけに託しながら、サピアはここで人類学を科学のスタティックな「審美性」のなかに回収してしまうことからの離脱を自らに宣言している。文化という対象のなかに意味を求め、あるいはそうした行為そのものに意味を与えてゆくプロセスこそが、美と希望の唯一の源泉なのだ。モノではなく、プロセスとかたちの方へ。これこそが、サピアにとっての詩の探求であり、同時に、インディアンのネイティヴな言葉の用法のなかに人間精神の多様な流動と美を探りつづけたサピアの精密な言語人類学的実践でもあったのである。

インディアンのゆらめく口承世界との出会いのなかで、人類学の記述言語にひそんでいた主体的な「野生のことば」を自覚し、それを「詩」というかたちで探求し変奏しつづけること。この、アカデミックな世界においてはきわめて困難な作業を、エドワード・サピアは自らの魂の沸騰を信じながら、自己の存在自体を賭けてこころみつづけたのだった。

7

「詩」および「人類学」とそれぞれに名づけられていた二つの実践の交点に、いま「アメリカ」と呼ばれる意識の風景が立ちあがりつつある。

ソローのなかに胚胎していた精神と自然を結ぶエコロジー思想の核心と、ミニマルなかたちを与えられた人類学的衝動の原型は、ともに西進という歴史的移動の過程をくぐりぬけてインディアンとの決定的な出会いをはたし、それによって現代「アメリカ」の認識をかたちづくる大きな軸線をつくりあげた。だが西部の定住者は、二〇世紀後半になって、奇妙な方向感覚のズレを意識しはじめている。「西」の海岸の果てで、彼らは不思議なことに「東」すなわち東洋世界からの人とモノの波と出会ってしまった。あるいはまた、カリフォルニアやアリゾナやテキサスの「国境」を越えてひとつの混血意識の集合体として侵入してくる「南」の住人たちの南北を結ぶ方向感覚によって、東西の歴史的軸線は大きくそのヴェクトルを変容させられている。

二〇世紀後半に訪れたアメリカの文化的方向感覚の転換のなかで、マイノリティとして国家の社会制度の支配下にあった諸民族の声が、いま「詩」というかたちで静かに、しかし力強く浮上しつつある。ネイティヴな棲息者としてのインディアンたちの覚醒したささやき。東から到達したアジア系移民の、流浪を意識の自立に昇華させようとするラディカルな声。そして南からのヒスパニックたちのハイブリッドな叫び。こうした、これまで言葉のかたちをとらなかった声たちが、たしかな自信とともに語りはじめた。とくにメキシコ系アメリカ人（チカーノ／チカーナ）の詩人たちは、自らの主体性のなかにすでにインディアンとヨーロッパとを融合させているという特異な混血意識にたちつつ、もっとも力強い声の一集団を形成しつつある。

そうしたチカーナ詩人の新世代のひとり、アナ・カスティーリョは、「アメリカ」の精神的コロニアリズムのなかで被観察者として押し込まれた意識の永遠の隷属状態から脱し、彼女自身の非領土的な「土地」「世界」をもとめて旅立とうとする。

わたしの土地では、わたしはエキゾティックではない。
わたしの目はアジア人の目ではない。わたしは
保留地で育てられたわけではない。
わたしは髪をブロンドに染めたりもしない。
わたしの褐色の皮膚の色素に染み込んでゆく太陽の光は
そこでわたしの敵ではない。
（……）

わたしの世界では、わたしは学者たちの集まる
講演会に出席することもない
彼らが、わたしという存在を「人類学」し
欲望の簡潔さを解剖し
混乱のなかからうみだされた差異を見いだして
よろこぶこともない。

わたしの世界で
わたしは詩人だ
ハレー彗星の接近を祝福し
マチュ・ピチュの驚異に歓声をあげ
突然のキスをよろこんで受ける
そんな詩人だ。

わたしの世界で、わたしは清冽な空気を呼吸する。
核戦争の勃発におののくこともない。
わたしはあらゆることばを話す。わたしは
老いることを拒否しない、わたし自身の不幸に
理屈をつけるために神話に耳をかたむけ
あるいは神話を捏造することもしない。

わたしの世界では詩人は声たかく歌う
すずしくいさぎよく歌う。あらゆる人々が
それを聴く、ひるむことなく。
それらのことばは刈りたての穀物のように甘く
金属のようにするどく
北風のように力強く　しかも
それに耐えうる温かいコートを身に着けている。(23)

（「わたしの土地で」）

米墨国境地帯の乾燥した荒野の果てから発せられるもっとも覚醒した力強い声であるグロリア・アンサルドゥーアのようなチカーナとちがい、カスティーリョは、シカゴの街を徘徊するメキシコ系ギャング団「トルテカ族」のリーダーの娘として都会に生を受けた。彼女の思春期とは、すなわち父親の強大なイメージのなかで翻弄される家族を巻き込んだ、抗争と泥酔と死の記憶だった。かつてメキシコ中央高原でもっとも勇敢な戦士の文明を築きあげたインディオ・トルテカ族の存在は、カスティーリョにとっては、父親のチカーノとしての生存を賭けたアングロ都市の地下戦士集団の名称へと、大きな変容をとげていたのだ。だからナイーヴなインディオへの帰還といったノスタルジーは、彼女の主体意識に流れる複雑な声の交響をもはや受けとめることはできなかった。「ダーティ・メキシカン・ビッチ！　マフィア調達の服を着た、よごれたメキシコ娘！」少女期の彼女にあびせられた学校でのこんな差別と嘲笑の叫びをからだごとはねつけながら、カスティーリョは、社会にひそむ「人類学」的な差異化のシステムの存在自体に呪詛の言葉を投げつけ、地理的・政治的領土を超えた新しい共同性にたつ接続的なテリトリーを「詩」という実践によってつかみとろうとする。そしてそのとき、「詩」とは「所有する」ものではなく、「芽吹かせ、泣き、嘔吐し、排泄するもの[24]」として彼女の前にたちあらわれたのだった。

現代アメリカのエスニックな背景をもった詩人たちが、詩という野生の技術を宿した言葉によって伝えようとしているのは、ひとつのエゴイスティックな国家制度によって、社会的「犠牲」として、科学的「対象」として、あるいは経済的「消耗品」として利用され、うちすてられてきた経験がいま回復すべき尊厳についてである。その言語のアートは、だから、韻文による自己完結的な美学的実践というだけでなく、あらゆる「政治学」的言説よりも徹底してラディカルな政治性を孕んでいる。いかなる実証科学の論理的精密性をも超越する、リアリティとの精密な整合性をかくしもっている。チカーノやインディアンやブラック・アメリカンの詩のなかに、すなわちポストコロニアリティを切り裂いてゆく新しいエスノポエティクスの波のなかに、わたしたちは無数の文化的方向感覚を保持した人間たちの出逢いと交差のはてに現われた、ひとつの新たな文化的地勢の出現を予感している。

最初のスペイン人の征服者がやってきた一六世紀の時点で、すでにその土地に六〇〇年間住み着いていた土地の棲息者としてのアコマ・インディアン。このニューメキシコの岩山に築かれた天空都市アコマに生まれた詩人サイモン・オルティスは、白人とインディアンとヒスパニックをふくむあらゆる人間が、自らのなかにお互いの存在を感知しあうことによって生じる新しい連帯の地平を「夢」と呼びながら、印象的な詩集『サンド・クリークから』のなかでつぎのように書き記した。

その夢は

最後に
ひとつの名前を持つにいたるだろう
それは復讐の心を捨てて
愛と理解と
叡智とによって
ゆたかにあふれかえるだろう
そしてそれは、わたしたちのこの「アメリカ」という魂の中心に
いきおいよく立ち上がることだろう。[25]

わたしたちはいま、これまで「人類学」という方法論のもとに輪郭を与えられてきたエスニックな文化の生成と運動の軌跡が、「詩」というかたちをとることによって、「アメリカ」ととりあえず名づけられうるある混血意識の複合体のなかに、それ自身を解消しはじめるのを目撃しているのかもしれない。

マリノフスキーの風景

一九八三年、フィールドのマリノフスキーをとらえた興味深い一枚の写真が、撮影後なんと六五年以上もたって初めて公表された【写真1】。この写真の出現は、自分たちの学問の方法について新しい懐疑を持ちはじめていた敏感な人類学者たちのあいだに、静かなセンセーションをまき起こした。なぜなら、フィールドワークの経験をその基本に据える二〇世紀人類学の方向性を決定づけた記念碑的民族誌『西太平洋の遠洋航海者』[1]（一九二二）に挿入されたトロブリアンド諸島の人々や集落の様子を伝える多くの写真の、どのフレームの片隅をかすめることさえなかった調査者マリノフスキー自身のテントを、その一枚の写真は内側から、当時三三歳のこの民族誌家の横顔のシルエットとともにはっきりと写しだしていたからである。

二〇世紀民族誌の方法を集約的に表わすドミナント・メタファーは、「観察する目」であった。エキゾティックな未開社会に研究者みずから乗り込んで、その社会の成り立ちや人々の生活形態をできるかぎり客観的な目で観察し、それについて報告、記述すること。まさにマリノフスキーの出世作『西太平洋の遠洋航海者』は、その全篇をおおう透徹したこの「観察する目」の輝きと深みによって、現代の人類学への扉を本格的に押し開くきっかけとなったのである。そしてその後の人類学者の努力は、もっぱらこの「観察する目」を、現実的にもまた比喩的にも、どう鍛え上げてゆくかという方法論としての洗練の部分に注がれていった。ところが一九六七年、マリノフスキーの死後一五年たってから、彼のフィールドでの日記が一冊の書物として刊行される。(2) そしてこのころから、フィールドワークという人類学に固有の客観的・科学的方法を確立した先駆者としてのマリノフスキーの、鮮やかではあれ平板でもあったイメージに、さまざまな興味深い陰影がつけ加えられてゆくのである。これは、ひとつには彼のフィールドの日記をうめつくす余りにも個人的、感情的、あるいはときにはほとんど妄想とも呼べるさまざまな記述が、冷徹なフィールドワーカーとしてのマリノフスキー像に修正を迫ったということがある。しかしそれ以上に重要なのは、この日記の出現によって、人類学という学問が本質的に備えていた個人的、恣意的な側面が、再び人類学者たちの意識の表面に浮かび上がり、フィールドにおける対象物をどう観察するかという伝統的な問題意識よりも、フィールドにおかれた自分自身を対象との関係でどう記述しうるかという新しいテーマのほうに、彼らがより強い関心を向けはじめた、という事実であろう。やや飛躍的に結論を言ってしまえば、「観察する目」という人類学の古典的なメタファーは、今や「記述する手」、あるいはよりラディカルに、「表現する身体」といったようなメタファーに変容しつつある。

こうした問題意識を踏まえながら、マリノフスキーがテントのなかで仕事する場面をとらえたこの一枚の写真を眺めると、この写真がすでに民族誌に起こりつつある新しい潮流を予告していたようにすら見えてくる。この写真は、マリノフスキーの民族誌のなかで描かれたトロブリアンド島人を主たる被写体としたものではなく、フィールドでの経験をいかに記述しようかとタイプライターに向かう孤独な人類学者のほうを暗示的に写しだしているからである。しかしここにもう一枚の写真を並べて

写真１（上） トロブリアンド諸島オマラカナのフィールドで仕事中のマリノフスキー。G. Stocking Jr. (ed.), *Observers observed*, The University of Wisconsin Press, 1983. より
写真２（下） フィールドのスティーヴン・タイラー。J. Clifford and G. E. Marcus (eds.), *Writing Culture*, University of California Press, 1986. より

みることにしよう【写真2】。時は一九六三年、場所はインド、コヤ族の集落。ノートをとっているのは、米国の人類学者スティーヴン・タイラーである。この映像は明らかに第一の写真と鋭い対照を見せている。マリノフスキーは、あくまでその土地に踏み込んだ最初の白人として彼のベース・キャンプにゆったりと落ち着いており、彼の基地であるテントの周りに好奇の目を遠慮がちな挙動のうらに秘めた原住民たちが集まって、テントの主をじっと見つめている。やがて書きものに疲れたマリノフスキーはおもむろに椅子から腰を上げ、テントから出て原住民の聞き取り調査に赴くであろう。しかし彼の調査者としての「客観」が出発し、また帰ってくるのは、この椅子と机なのであり、この布のテント小屋の存在が、彼のいう「客観」を保証するものとして彼を温かく包み込んでいる。

ところが、フィールドワークするタイラーを撮ったもう一枚の写真には、まったく逆の構図が隠されている。ここでは、人類学者はペンとノートを手に自ら村へ出かけてゆき、原住民の粗末な小屋の軒先に遠慮がちに腰を下ろし、彼らに背を向けながら、何やら心に浮かんだ言葉の断片を急いで書きとめようとしているように見える。これはとてもインタヴューの光景には見えない。額から流れ落ちる汗で滑る眼鏡をハンカチで押しとどめながら一心不乱にノートをつける異邦人を、背後の日影で涼む原住民の男は興味もなさそうに、もの憂げに眺めているだけである。この写真には、タイラーのペン先からいま生みだされている言葉が、何か普遍的な価値を持つものになるだろうことを保証するなんの徴《しるし》も存在しない。

彼は集落に小屋かテントを持っているのだろうか？　いやそもそも彼はこの村で何をやっているのか？　調査？　取材？　観光？　あるいはまた詩作か絵を描きにでも来たのだろうか？

いずれにせよ、ここにはフィールドワークをめぐる主体と客体の逆転の構図が見事に示されている。もはやここには、マリノフスキーが疑ってもみなかった確固たる野外調査の枠組みは存在しない。彼の研究の「客観性」、「実証性」を保証した西欧世界という名のテントもない。タイラーは、調査者－被調査者の伝統的な関係が壊れてしまったこの現代のフィールドのあいまいな時空間のなかで、しかし必死に何かを書きとめるのである。この二枚の対照的な写真は、二〇世紀における人類学的調査と民族誌的記述をめぐる関係の一つの大きな変革点に、私たちがいま立ち会っていることを、鮮やかに示してくれる。

*

この島を所有しているような感じを抱く。それらを記述し創造するのは、この私なのだ。(……)確かに、この島を発見したのは私ではない。だが、その美しさを体験し、その真価を知的に体得したのは、この私が初めてなのだ。

トロブリアンド諸島を中心とするクラ交易の南の環の一角に位置するアンフレット諸島グマシラ島に、マリノフスキーがクラ地域の概要調査を目的とした航海の途中で上陸したとき、彼はそのときのいかにも民族誌家らしい感動をこのように日記に書き残した。ここに述べられた所有の感覚、あるいは自己を一種の創造主のような存在に同一化する感覚こそが、マリノフスキーにはじまる二〇世紀の人類学者たちによる民族誌的記述における「作者性」が由来する源であった。処女地を発見しそれに自分自身の名を「命名」する初期の植民地探検者とそれほど違わない感覚をもって、人類学者たちは自分の「発見」した未開文化の現状を記した分厚い報告書を、躊躇することなく彼自身の署名によって締めくくったのである。ブロニスラフ・マリノフスキー、マーガレット・ミード、あるいはE・

E・エヴァンス＝プリチャードという著者名のついた本は、作者がそこに書かれたテクストにたいしその生産者として全責任を負うという絶対的な安定性を示すことによって、人類学における確立された「作者性」を代表するものであった。

ところが、さまざまな民族誌的経験の蓄積によってテクストと作者との安定した同一性の関係に亀裂がはしりはじめたいま、「作者性《オーソリティー》」という言葉は、現在の民族誌の記述をめぐるさまざまな議論のなかで一つの鍵となる概念として浮上してきた。こうした議論を先導する一人ジェイムズ・クリフォードは、これまでの民族誌的リアリズムのディスクールが拠っていた作者性の基本に、「私はその場所にいた」という事実の提示があることを指摘している。(3)フィールドワークの環境、条件、そしてその成果としてのさまざまなデータを客観的に読者の前に示し、それらをもとにして記述を進めてゆくという形式は、ちょうど正統的な推理小説の手続きのように、読者を著者と疑似的に同じ立場に立たせることを意図したものであり、その際のデータの真実性は、著者が「その場所にいた」という一点にかかっていたのである。「作者性」は、このいわば「現前性」に立脚し、さらにその現前のシーンをどのような形で記述するかというレトリックのなかに表明されてきた。

ジョージ・マーカスとディック・カッシュマンは、民族誌の「作者性」が成立してくる記述の相を三種類に分類している。(4)それによると、第一はテクストを織り上げてゆくための構成のもくろみであり、第二は事実資料を提示しそれを分析にかけるためのフィールド・データのコード化の作業である。しかしここで特に問題としたいのは、彼らが挙げる第三の相、すなわち民族誌を語るための「現在」を設定するという作業についてである。経験は、それを物語る必要のないかぎり、つねに現在形のものとしてある。しかし、民族誌が、記述のジャンルとして、経験をテクスチュアルな形式に翻訳することをめざすのだとすれば、作者はそこに「語り」のための「現在」という時間性を設定する必要に迫られる。この、民族誌における「時」の提示の問題を刺激的に論じたのがヨハニス・ファビアンの『時間と他者』であった。(5) ファビアンは、フィールドワークの経験において民族誌家と彼の対象とが同じ歴史的時間と空間を相互主観的に共有するときに成立する場を、「時間共有性《コイヴァルネス》」という言葉で表わす。しかし、ひとたび人類学者が彼の経験を記述する段階になると、この「時間共有性《コイヴァルネス》」は否定され、彼の対象物は民族誌という生産物が立脚する私たちの住む「現代」という同時代性からシステマティックに引き離されることになる。すなわち、フィールドワークの現象学的「現在」は、民族誌の多分に政治化された「現在」に巧妙な記述のレトリックを通じてすり替えられてしまうのである。エドワード・サイードが批判したオリエンタリストによって記述された東洋も、こうしたレトリックによって時空間の相を変形された「東洋」であった。(6)

人類学者は、同時に民族誌の作者でもあることによって、つねに対象とのあいだに成立する「時間共有性《コイヴァルネス》」と、自分たちが固有に所持していると信ずる「我々の時間」(すなわち現代というような概念)とのあいだのディレンマに頭を痛めてきた。フィールドのマリノフスキーを襲うのもこうした「時」の分離をめぐる葛藤である。彼の日記のほとんど全編をおおう小説や手紙への逃避は、彼のフィールドワークの、ときにうんざりするほどの我慢と徒労を要求する「現在」からの現実逃避の手段であった。彼は日記に書いている。「深い知的な脱力感。この悲惨な状態から抜けだすため、私は私に起こったことを回顧的に考えることにした。つまりたったいまの経験ではなく、記憶のなかにおさめられた経験として」。

マリノフスキーを襲った「時」の分離をめぐる知的紛争は、フィールドの現実とテクスト化された民族誌的「事実」とが透明で客観的な作者(人類学者)の介在によって無条件に一つのものとして結ばれるという前提が幻想に過ぎないものであることを私たちに示している。そして、民族誌の「作者性」は、まさにこうしたテクスト化された時間の創出といったレトリックを含んだきわめて複雑かつ重層的なものなのである。こうして私たちは過去の人類学が信じていた単一の「作者性」に別れを告げ、多様な「声」が織りなす新しい民族誌のテクスト空間へと導かれてゆくことになる。

重層化された「作者性」によって特徴づけられる民族誌のテクスト空間を、とりあえずバフチンに倣って「ヘテログロッシア」と呼んでみることにしよう。[7] ギリシャ語の語幹「ヘテロ」(異なった)に「グロッシア」(言語)が結びついたこの言葉は、文学的テクストがしばしば動員するさまざまに異なった言語の合体と干渉を意味するものであったが、同時にそれはバフチンにとって世界の成り立ちそのものの多義性、交響性への予感を含むものであった。そして民族誌のヘテログロッシア化の現象は、とりもなおさず人間文化の多様性を一つの枠づけられた単一文化のなかに、一つの平面的なイメージとして感じとることが困難になっている状況の産物であると考えられる。このような条件のなかで近年の実験的な民族誌は数多くの記述の試みを行なってきたが、なかでも興味深いものに「対話」という概念の導入がある。[8] いうまでもなくバフチン＝クリステヴァのテクスト理論によって刺戟されたこれらの試みは、加工度の弱いフィールド・インタヴューの提示や対話的スタイルによる複数の声の導入によって、それまでの単一で専横的な作者性の前提に立っていた民族誌家のテクスチュアルな加工作業が、いかに文化的「他者」を隠蔽するものであったかを暴きだすことに成功しかけている。民族誌の作者性が持っていた本質的なインターテクスチュアリティの成立過程については、別稿を用意しなければならないが、新しいエスノグラフィーの試みは、つねに民族誌的プロジェクトに係わる三者——すなわち人類学者、インフォーマント、読者——の関係が予想以上に不安定で脆弱なものであったことを私たちに再認識させる力を持っているのである。

ロラン・バルトは刺戟的なエッセイ「作者の死」のなかで、次のように書いた。

一編のテクストは、いくつもの文化からやってくる多元的なエクリチュールによって構成され、これらのエクリチュールは互いに対話を行ない、他をパロディー化し、異議をとなえあう。しかし、この多元性が収斂する場がある。その場とはこれまでいわれていたような作者ではなく、読者である。読者とは、あるエクリチュールを構成するあらゆる引用が、一つも失われることなく記入される空間にほかならない。テクストの調和はその発信地にあるのではなく、到着地のなかに存在するのである。(9)

これを現代の民族誌のテクストへの発言と読み替えることで、これまで論じてきた「作者性」の問題の焦点がどこにあったかが明らかになる。マリノフスキーの民族誌的著作に彼のフィールドの日記を突き合わせることは、従来疑われることのなかった一つの前提、すなわち民族誌の作者性は相変わらずテクスト生産者たる人類学者の手中にある、という前提に、いくつもの亀裂を入れる力を持っていたのである。スタイルとしてはモノローグ的なマリノフスキーの日記の示す多元的ポリローグへの揺れは、読書への現実逃避、恋人とのあいだに毎日のように交換される手紙への異常な執着、原住民との関係のなかで分裂しかける自己へのさまざまなコメント、といったレヴェルにみることができ、それによって一つの開かれたテクストとして彼の民族誌的体験を読者が再構築してゆくいくつもの手がかりを与えてくれる。民族誌の作者性の一部は、こうして今や読者の手に預けられようとしているのかも知れないのである。

＊

ニューギニア・トロブリアンド体験から二十数年後、晩年のマリノフスキーはメキシコの南部オアハカ盆地に現われる。盆地のあちこちに展開する市《いち》、彼が「束の間のドラマティックな一日限りの博物館」と呼んだオアハカのマーケットの社会経済を、マリノフスキーはメキシコ人の助手フリオ・デ・ラ・フエンテとともに調査し、彼と共同でその成果を「メキシコの一市場システムの経済」という長い論文にまとめたのである。そしてこの論文が原稿としてまとまった翌年、マリノフスキーはこの最後の著作の出版を見ずに死去する。この原稿は長いあいだ眠り続け、一九五七年にそのスペイン語訳がメキシコで出版され、一九八二年になってようやく英語版が、そしていま私たちの前に日本語訳が刊行されることになった(10)。

マリノフスキーの日記に触発されて、民族誌の「作者性」をめぐって考えてきた私たちは、このメキシコのマリノフスキーの周りに出現する「民族誌家の構図」に特に目新しい何かを見いだすことはない。当時のメキシコでようやく本格化しはじめたフィールドワークのいくつかの成果を踏まえながら、マリノフスキーは『西太平洋の遠洋航海者』で用いた実証主義的方法をここでも疑わずに採用し、オアハカ盆地のインディオという近代化の波に影響を受けつつ変化する人々の社会を、市の構造と機能の分析を通じて理解しようとする。こうした正統的で、因襲的とも言えるスタイルや方法の意義をいかに論じようと、現代におけるマリノフスキーの風景が輝きを帯びることはまずないだろう。

むしろ私の関心は、「メキシコのマリノフスキー」という喚起的な組み合わせの種子を、民族誌的想像力によってさまざまな地点に散布するという試みのなかにある。例えば、ネストル・ガルシア＝

カンクリーニを中心に精力的にはじめられた、インディオの市と民芸品の生産、流通、消費をめぐる、グラムシ文化理論を応用した研究のなかにこだまするマリノフスキー。祭りや市を伝統社会の特化されたコミュニケーション・システムとして見るのではなく、むしろ資本主義下の日常的社会構造とホモロジーの関係にあるものととらえることによって、カンクリーニらの研究はメキシコの経済人類学を一気に革新しようとしている。[11] ここから私たちは新しいマリノフスキーの風景が立ち現われてくる可能性を予感する。

あるいはまた、メキシコのマリノフスキーがしばしばたたずみ、そのベンチに腰かけて休息したであろうオアハカ市の広場。そこを三〇年後、カルロス・カスタネダという名で民族誌の方法を極限まで押し進めることになる一人の青年が、彼の師、呪術師ドン・ファンとともに通りかかり、同じベンチに二人して座って、現実の強烈な簡潔性の感動に打たれながらセサール・バリエホの詩「死せる牧歌」を暗唱する。[12] こうした光景のなかに、フィールドの自由で濃密な実存に「体の底からほとばしり出るような喜びを感じる」と日記に書いた民族誌家マリノフスキーを再び重ね合わせてみること。

民族誌や人類学という名でよばれた実践の未来へ向けていま私たちが歩みだすとき、その前景の一角には現代の新しいマリノフスキーの風景がゆらめきながら広がっているのかもしれない。

映像人類学——ある時間装置の未来

「映像人類学」と呼ばれる実践をクリティカルな視点から再考し、その新たな可能性にむけての展望を手にいれるための出発点として、一つの人類学的な言説の引用からはじめよう。アメリカ人類学の父と呼ばれるフランツ・ボアズによる、ある映像作品へのこの批評は、それから一〇〇年近くたったいま映像人類学をめぐって本質的な考察をはじめるいくつものヒントがかくされているように思われる。

ボアズ、フラハティ、あるいは文化救済の物語

エスキモーの生活を細部まで知悉した人類学者が「ナヌーク」のようなフィルムを撮ることができたならば、土着民の生活のなかの数多くのきわめて絵画的でかつ興味深い諸側面がわれわれの前に明らかになったであろう。それは「ナヌーク」の映画としての質を高めたばかりでなく、一般の観衆にとってもより魅力的なものになったにちがいない……。こうした種類の映像は、いままさに集められるべきものである。なぜならいまや白人文明の攻撃のもとにおかれた土着文化は、日々衰退・消滅の危機に瀕しているからである(1)。

ここで触れられている「ナヌーク」とは、言うまでもなく、民族誌的な映像作家として先駆的な仕事を残し、いまでは映像人類学の創始者としてひろく認められているロバート・フラハティの『極北のナヌーク』（一九二二）を指している。この映画は、カナダのケベック北部に住むイヌイット族のハンターの家族をモティーフに、極寒の北極圏の自然を相手にした先住民族の生活の苦闘をリアルにかつ英雄的に描き出したドキュメンタリー的作品として、高い評価を勝ち得てきた。ボアズの右の文章も、一見したところフラハティ作品への批判であるようにも映るが、実際は、人類学者すらなしえなかった先住民社会の見事な映像化の試みを最大限に評価したうえでのコメントであった。

アメリカ人類学の確立期にあって、ボアズは民族誌的な映像の可能性について大きな確信を抱いていた。ボアズは、「土着民族」にかんする映画製作における人類学者と映像作家との連携を奨励し、先住民文化の「絵画（映像）的な分析」の重要性を力説した。このことからもわかるように、ボアズの「ナヌーク」評価の大きな力点も、その映像が示す「絵画的な効果《ピクトリアル》」にあった。ピクトリアルなかたちで生き生きと描写された土着文化の諸相は、それ自体人類学が学問という形式によって浮上させようとするものでもあったからである。

先の引用にもあるように、進化主義的な文化論を中核とするアメリカ人類学の確立にむけてボアズがインディアン文化に対峙するときの基本的な姿勢は、「失われつつある伝統文化」を学問的に記録し、そのことによってインディアン文化を消滅から救済しようとするものであった。こうした科学的性向は、たしかに今日では「救済型民族誌」（サルヴェージ・エスノグラフィー）と呼ばれて、異文化表象にかかわる学問の政治的編制にたいするあまりの素朴な意識のために批判にさらされている。「文化救済者」としての高みに立った、伝統文化の一方的な意味づけや価値判断が、結果としてノスタルジーに彩られた「未開社会」像をつくり出してきたからである。だが当時において、ボアズの人類学的倫理の中心が文化救済にあるかぎり、その文脈において映像がもたらしうる貢献は決して小さいものではなかった。なぜなら、映像は、まさに消えかける伝統文化の最後の輝きを視覚的な記録として、見るものに直接的に語りかけることができたからである。

家屋や生活用具、祭具など、伝統文化において生命を保ちながら使用されているさまざまな物質文化の多様性をイメージとして提供し、またダンスや儀礼などの動きをともなう文化的行為の一部始終を記録しうるメディアとしての映像は、ボアズの考える「ピクトリアル」な文化の提示を可能にし、

ロバート・フラハティ『極北のナヌーク』(1922) より

ロバート・フラハティ『極北のナヌーク』(1922) より

さらに文化救済的な思想が依拠するある種の「ロマンティック」な効果を、見事に提示することができたのである。

フラハティによる映画『極北のナヌーク』は、まさにこの二〇世紀初頭の人類学における文化表象のイデオロギーとしての「ピクチュアレスク」と「ロマンティック」とをなによりも十全に体現するものとして「人類学映画」の代表となっていった。

さらに『極北のナヌーク』は、人類学の文化救済的なパラダイムを映像的に補完したばかりでなく、二〇世紀初頭の西欧文明による「未開社会」への眼差しそのものを反映するものとしてみなすことができる。アメリカ、西欧諸国で上映されたこの作品は、各地で大好評をはくした。映画の成功は、人々のあいだに「ナヌークマニア」と呼ばれるほどの熱狂をつくりだし、たとえばドイツではナヌークにちなんだアイスクリームや歌がブームになったという。こうしたポピュラー文化の文脈における「ナヌーク」の人気の理由は、そもそもこの時代の欧米社会に、すでに「エスキモー」にたいする民衆的なステレオタイプがはっきりと構築されていたからに他ならない。そのイメージとは、「抱きしめたくなるほどかわいい原初の人間」というほどのものだった。極北の雪と氷の世界で、イグルーに住みながら、近代技術も知識も欠いた「自然児」として野生を生きる……。ある意味で、欧米的想像力のなかで「ペット」化されたこんな「原始人」のステレオティピカルなイメージが、「ナヌーク」においてリアルに、ユーモアと尊厳を込めて描き出されているのを人々は確認して喜んだのである。

こうした欧米社会の民衆文化の想像力の投影を含めたかたちで、時代の「エスノグラフィック・ピクチュアレスク」のイデオロギーは浸透していった。そしてさらに重要なことは、この「ピクチュアレスク」の美学において生みだされた映像に、一種の「時間の凍結化」の処理が施されていたという点である。たとえば『極北のナヌーク』は人類学者による実証的な眼の審問にも充分に堪えたにもかかわらず、その映像には作者のフラハティによってきわめて自覚的な時間操作が導入されていた。フラハティは、イヌイットの家族の生活を撮影時の現在においてありのままに描き出したのではなく、むしろ「かつてこうであった」という過去の純粋な野生状態の凍結化の意図を持って撮影・編集していった。ハンターである家長ナヌークをはじめとする妻や子供たちら家族の紹介的なシーンにはじまり、カヤックの修理、毛皮を持ってトレーディング・ポストに交易にゆく家族、イグルーを造る一家、そしてトドやアザラシを狩るナヌークの勇姿といった場面をどちらかといえば非物語的に構成しながら、フラハティはイヌイットの生活を映像的に「正統」化するために、可能なかぎり文明接触がもたらした文化的夾雑物をとり去って純粋なエスキモー文化として信じられている要素だけを映画のなかに取り込んで作画していった。その意味で、『極北のナヌーク』はたんにピクチュアレスクな伝統文化像を美しく提示したというだけでなく、失われた過去の純粋文化の表象を現在時の物語として脚色した作品でもあったことになる。正統的な「原初の人間」の神話は、こうした時間操作の結果としてたちあらわれたのであった。

エドワード・カーティス、あるいは剝製としての映像

こうした幻影化した「過去」を現在の映像として召還し、定着させようとする衝動は、フラハティとならんでアメリカにおける映像人類学的な実践のパイオニアと目される写真家エドワード・カーティスの作品を貫く隠されたモティーフでもあった。カーティスの二〇巻本の写真集『北米インディアン』は、まさに消えゆく誇り高きインディアンの勇姿を神話化して提示した記念碑的な作品集であったが、カーティスがそうした「正統的」インディアンの姿を再現するために、すでに使われなくなった過度に伝統的な衣裳をつねに携帯してはモデルにそれを着用させ、また撮影の現場で煙を焚くこと

で神秘的なインディアンの「ヴィジョン・クエスト」の空気を再現するといった脚色を施していたことはよく知られている。だがもちろん、そうすることによって、カーティスはもっとも民族誌的にオーセンティックな映像が生まれうると信じていた。消え去る文化にたいして、そのもっとも完璧な尊厳ある姿の再現（＝表象）をもってこたえることが、カーティスの写真家としての倫理と方法論とを支えていたからである。

ヴァンクーヴァー島でクワキウトル族を使って撮影されたカーティスの映画である『首狩り族の土地で』（一九一四）も、かつての北西インディアンの伝統的な生活がいかなる美と全体性に満ちあふれていたかをノスタルジックに再構成しようとするカーティスの衝迫が伝わってくる映像作品である。クワキウトルの青年と、彼が恋に陥るクワキウトルの娘、そして二人のあいだを裂こうとする邪悪な呪術師らが登場するこの一種のメロドラマは、先住民の戦闘や宗教儀礼のシーンを数多く含んでおり、カーティスはそこにみられるインディアン文化の純粋に民族誌的な描写が、作品の意義をほとんど決定していると考えていた。だが、この映画のために杉の樹皮でつくった衣服を着せられ、カツラをつけ、髭を剃られたクワキウトル族の人々が、前面だけを造った仮設の部族建築と、映画のために彫られたトーテムポールを背景に動きまわるこの作品が、カーティスの手になる一つの文化的構築物であったことは明らかである。西欧人との接触以前の先住民社会を正統的な映像によって再現しようとするカーティスのおそらくはアーティスティックな衝動は、しかし結果として学問における救済パラダイムと連動するようにして、映像が生みだされる時間軸を認識論的に操作する行為へと導かれていったのだった。

写真や映画が「民族誌的スペクタクル」として人種や民族性に関わる表象イデオロギーを産出してゆくプロセスを批判的に検討したファティマ・トビング・ロニーは、著書『第三の眼』のなかで、フラハティやカーティスに共通してみられるこの「消滅にある文化」を過去の幻影的な正統性のイメージのもとに映像化して定着する行為を、「剥製」という技術が持つ文化史的な意味になぞらえてスリリングに分析している。(2) 一九世紀後半にほぼ完成された剥製という技術は、すでに死んだ生き物をいまだに生きているかのように見せる精密な方法である。剥製師にとっても、死んだ生物それ自体は乾ききった、あちこちの皮膚が縮んだり膨張したりした、崩壊し歪んだただのおぞましい物体にすぎない。したがって剥製師はまず、この物体に生命を取り戻させるため、「死」というむごたらしい、しかし厳然たる事実を受け入れることからはじめる。この「死」の受容によって、はじめてそこに技術

エドワード・カーティス「オグララ・スー族のメディシン・マン」

や技巧を使用して生命の再生をはかる道が開ける。ぼろクズのようにうち捨てられていた動物の皮膚が、細工の手腕と解剖学的な知識の総動員によって生気を吹き返し、動きを持った剥製として甦って博物館の訪問者にこう声をあげさせる。「この動物はほんとうに生きているみたい！」と。すなわち、剥製における生命の復元とは、動物の「死」と生命の「喪失」への返礼として剥製師に要求された行為であるともいえるのである。

さらに大胆にいえば、「まるで生きているかのような再現」を欲望するユートピアは、死という事実によりかかって生まれるのだ。剥製という技術は、この、死を前提とし、死に依存して生命の救済を企てる行為として、不可思議なパラドクスと認識の空洞をその内部に抱え込んでいる。一九世紀末のアメリカにおける剥製技術の完成者にして博物館におけるジオラマ展示の第一人者であったカール・アークレーを刺激的に論じたダナ・ハラウェイの論文「テディ・ベア家父長制」[3]（『霊長類のヴィジョン』）も指摘するように、アークレーの製作した膨大な数の剥製とジオラマは、「死」にたいする認識論的な防御であり、そのためには「身体」という物理的な存在が超越されねばならなかった。それは再生＝再現（＝表象）へのほとんど宿命的な欲望であり、失われた生命の全体性をスペクタクルによって回復させようとする、「破滅的な再生産の政治学」（ハラウェイ）でもあったのである。

さらにいえば、ニューヨークのアメリカ自然史博物館のアークレーによる有名な「アフリカン・ホール」にほとんど悪夢的なリアリズムによって展示されたアフリカの哺乳動物のジオラマは、アークレーの庇護者でありのちのアフリカ探検の同行者でもあったセオドア（テディ）・ルーズヴェルト大統領の死せる身体が、展示空間のなかに超越的に示される聖空間であると考えることもできる。ハラウェイが「テディ・ベア家父長制」と呼んだものは、生命が「誕生」という個人的で偶然の出来事によって構築されるのではなく、それが「死」の精巧な工作によってはじめて達成されるという、集団化

アークレーによるヴァージニア鹿の剥製ジオラマ（これはシカゴのフィールド自然史博物館に展示されているもの）

アークレーによる
アフリカ象の剥製
（フィールド自然
史博物館）

された死の顕彰をめぐる転倒した政治学の父権的な構造にほかならないのである。

エドワード・カーティスやジョゼフ・ディクソンらの、二〇世紀初頭のインディアン写真の意味は、それがインディアン文化の「死」を前提にして、その再生を映像的に再現する衝動に貫かれている限り、ここで述べた剥製の文化政治学とのあいだにみごとな対応を示す。すでに見たように、ボアズ以後の初期の映像人類学的な営みは、消滅しつつある伝統文化の最後の輝きを保存・記録・再現しようとする文化救済的なモティーフに促されたものであったが、正統的で生き生きとした伝統文化の全体性をリアリズムの映像として再現する努力は、そのままインディアン文化の事実上の「死」のうえに立ち上げられたものでしかなかったのである(ボアズ自身が、アメリカ自然史博物館において彼の撮影した写真の配置や展示のデザインに深く関わることによって、ジオラマによる先住民文化の再現に尽力していたこともここでつけ加えておくべきだろう)。そうだとすれば、カーティスによるインディアンの映像に刻印されたピクチュアレスクな真実とは、かならずしも時代の表象がからめ取られていたイデオロギー的な限界のなかだけに納まってしまうものでもない。むしろそこに宿命的に刻み込まれた「死」や「喪失」をめぐる思念のアウラこそが、それらの写真の「存在」としての真実を指し示していると考えることもできる。

映像人類学的な実践の出発点に、こうした文化表象をめぐるパラドクスが隠されていたことは重要である。それはたんに、キャメラを持った白人たちの一方的なステレオタイプの再生産として批判され、片づけられてしまうべき行為ではありえない。死を飲み込んで生が構築されるという剥製の文化政治学が、二〇世紀を通じて、博物館、動物園、ぬいぐるみ、ペットといった、生命システムに引かれた無数の文化的補助線のなかで繰り返し発動されてきたのだとすれば、民族誌的な写真や映画もまた、人間の生命表象をめぐる死と再生の時間儀礼として分析すべき認識論的深淵を抱え込んでいるにちがいないのである。

ハーストン、ファノン、あるいはペット・システムのなかの映像に抗して

ボアズの学生として人類学を学びながらも、自らが黒人であるという身体と皮膚の政治学を自覚的に引き受けながら、文化表象の力学のなかで搾取されてゆく他者性の問題を鋭く告発した先駆的な作家・人類学者としてゾラ・ニール・ハーストンをここで取り上げることは、映像人類学の発生の地点において刻印された「死の上にたった生の再現」というイデオロギー、あるいは言葉を換えれば一種の文化的「ペット・システム」について別の角度から考察するために重要である。人種とジェンダーと表現の権威の問題を脱構築するハーストンの思想的なテクストについての分析はすでに別の場所にある拙稿（「位置の政治学」、『クレオール主義』所収、および「ゾラ・ニール・ハーストンあるいは黒色の政治学」、『遠い挿話』所収）で検討されているので、ここではハーストンが生涯に製作した、あまり知られていない二本の映像作品について触れてみることにしたい。

一九二〇年代、ニューヨークのバーナード・カレッジ、およびコロンビア大学でボアズの学生であったハーストンは、アメリカ黒人のなかでほとんどはじめての人類学の学位取得者であったといわれている。ハーストンが自伝『路上の砂塵』(4)において述懐するように、彼女にとってのパパ・フランツ（ボアズ）は、その飽くことなき知的好奇心と、天性の純粋な客観主義的方法論（「立証するのではなく、出ていって、そこにあるものを見つけてこい！」）において偉大なる師であった。だが、同時期のボアズのもう一人の女子学生であったマーガレット・ミードが、ボアズ的な客観主義への信奉を極限まで押し進めて二〇世紀の人類学的リアリズムと実証主義の基礎を築いてゆくことになったのにたいし、ハーストンのその後の作家・人類学者としての道程は、むしろ時代の民族誌的なイデオロギーを多様な

方向性から切り崩してゆく批判性を帯びたものとなった。
ハーストンがいかにボアズを師として敬愛していようと、ボアズにとってのハーストンは、学生として訪れた「一人の利発な黒人インフォーマント」を超えるものではなかった。ボアズはハーストンを南部ルイジアナ調査へと送り出すが、その意図は、黒人フォークロアや民俗儀礼をインサイダーとして収集しうるハーストンの「インフォーマント」としての立場への期待であり、それ以上のものではおそらくなかった。しかしまさにこうした不均衡な構図のなかで「人類学」の実践に携わることになったからこそ、ハーストンは異文化の表象と理解をめぐる知的制度としての人類学のパラドクスに、いちはやく目覚めていくことになったともいえる。ハーストンが対峙しようとしていたのは、客観的に対象化し、固定化しうる人類学的「異文化」などではなく、彼女とアメリカ合衆国との不均衡な関係性のコンテクストにおいて浮上する、絶えざる文化的交渉と交通の過激な政治空間だったからである。

そのことを証明するのが、ハーストンの撮影した民族誌的なフィルムである。近年のエレーヌ・チャーノフの研究(5)によれば、一九二八年から二九年にかけて撮影され、未編集のままに残されたハーストンの第一のフィルムには、消滅しかける伝統文化やヴァナキュラー文化をロマンティックに絵画化する当時の民族誌映画の典型から大きく逸脱するイメージが溢れている。南部のアフリカン・アメリカンの日常生活(子供の遊び、踊り)や洗礼式を撮るハーストンのキャメラは、しばしば対象が示す文化的タイプを客観的なイメージとして提示することから逸脱し、撮影する彼女に近寄ってくる婦人の悪戯っぽい笑顔をとらえたかとおもえば、家のポーチにオダリスクのようなポーズで横たわる若い娘の足の動きを微視的に追ったりする。さらにあるショットは、ポーチでくつろぐ二人の女のしぐさを、あきらかに隣家の木の陰から、おそらくは窃視するようにしてフィルムに収めている。

一九四〇年に、二人の撮影助手を得てサウスキャロライナの黒人教会のトランス儀礼の集会をとらえた第二のフィルムはさらに興味深い。一定のリズムを刻む歌と踊りの輪のなかで、精霊との身体的交渉を果たしてトランスに入る礼拝者たちの宗教的な陶酔を撮影したこのフィルムの驚くべき特徴は、なによりもハーストン自身が画面に登場して見せる、そのしなやかな動きそのものである。彼女は礼拝者たちと一緒に教会の中を歩き回り、ときにドラムを叩いて音楽の演奏に加わり、あるいは一人の女性に託宣のような文言を語りかけて彼女をトランスに誘い込む。野外の川べりでの礼拝の場面では、白人の見物客の表情が映し出され、聖歌を歌いだす黒人女性の声がよく通らないと見たハーストンが、いきなりフィルムに登場して女性歌手の口元へとマイクロフォンをつきつけたりする。すでにこの時代、黒人フォークロアが白人見物客とのあいだの視線の相互関係の政治学を組み込んで成立していることを深く理解したハーストンのこうしたエレガントで狡猾ですらある身のこなしを見ると、あたかも彼女がここでの宗教儀礼の全体を陰で進行させている演出家であるようにさえ見えてくる。ときに微視的に、ときに窃視的に、ときに干渉的に動きながらキャメラを手に踊り歌う黒人司祭＝人類学者。インサイダーとアウトサイダーとのはざまで、文化が生きられている変容の現場に継続的に介入しつづけようとするハーストンのスタンスは、統合され単一化された表象のオーソリティをすり抜けて、社会的交渉としての民族誌をこのとき豊かに語りだすのである。

ゾラ・ニール・ハーストンの映画（1928-29）より

デボラ・ゴードンは「民族誌的権威の政治学[6]」と題する論文で、

マーガレット・ミードとハーストンを比較しながら、この二人の人類学者の産出するテクストのオーソリティの違いについて巧みに分析している。それによれば、『サモアの思春期』によって完成するミードの視点とは、「アメリカ」という（彼女にとっては）「白い」統合体の自己反省のための鏡としての純粋な伝統文化像の提示であった。その意味でミードの人類学的オーソリティには、わずかな分裂も不整合もない。ミードは、アメリカ文明というアイデンティティに拮抗しながらもう一つの世界観を突きつけうる、伝統社会のできる限り豊かな統合的イメージを構築することに人類学の意義を見いだしていたからである。

だがハーストンにおいては、人類学者としての彼女の声と身体は、すでにあらかじめ分裂していた。「アメリカ」自体がすでに内部に無数の亀裂と多様性と変容を含み込むアイデンティティの戦場であったからである。だからこそ、人種と性をめぐる社会関係の微細な編制のなかで綱渡りをするようにして実践された彼女の人類学も映像も、ハーストンのオーソリティ（権威＝作者性）を従来の人類学の疑似中立的で超越的な地点から戦場へと絶えず引き戻した。

ある意味で、インディアンを死の認定のもとに「剥製」あるいは「ペット」として表象の地平に飼いならす、ミード（彼女が大学というアカデミックな教育機関に所属することなく、つねにアメリカ自然史博物館を拠点にしていたことも象徴的である）に代表される「アメリカ人類学」を生み出したボアズのもとから、ハーストンのような学生が巣立ち、そして彼方へと離散していったことは重要である。白人世界にとっての理想的な「インサイダー」であることから離れ、超越的な「アウトサイダー」の客観的立場への同化をも拒否しながら、差異の政治学のはざまを生き抜いたハーストンに深い共感を表明する現代の映像作家トリン・T・ミンハは、「裏返された表、表返された裏」[7]においてハーストンの過激なエッセイ「ペット・ニグロというシステム」（一九四三）から次の一節を引用することで、他者の表象を占有してきたヘゲモニーの編制を告発しようとする。

そしてあらゆる白人は、ペットとしての〈ニグロ〉を自分の持ちものとして飼うことが許されるだろう。そう、自分の愛玩物として大切に保つために、〈ニグロ〉をわがものにするのだ。そうした〈ニグロ〉は持ち主の目にはいつも完璧なものに見えるだろう。さまざまな人種抗争から派生する憎しみや、牢獄としての都市から派生する労苦によっても、〈ニグロ〉に対して持ち主が抱く誇りや楽しみはまったく弱まらないだろう。(8)

同じことを、フランツ・ファノンは映画館での体験を引き合いに出してこう述べている。

ニグロは白人の掌中の玩具なのだ。そこでこの地獄の悪循環を断ち切るために、ニグロは爆発するのだ。自分に出会うことなしに映画館に行くことは不可能だ。私は自分を待つ。休憩時間の、映画が始まる直前に、私は自分を待つ。私の前にいる観客たちは私を見つめ、私をうかがい、私を待つ。ニグロのボーイがもうすぐ現れる。胸がしめつけられ、狂おしくなってくる。(9)

映像はつねに、こうした文化的ペット・システムの再生産の現場である。そのことに自覚的であることによって、映像と人類学との関係性をめぐる歴史学も政治学も、アクチュアルな批判意識を保つことが可能となる。ハーストンも、ファノンも鋭敏に察知していたように、歴史とはつねに人間の現在の身体の上に刻印される「いま」の謂である。死の認定によって特定の歴史を固定化し、それをノスタルジックに顕彰してゆくことになった「映像人類学」の時間操作に対抗して、ハーストンもトリンもファノンもここで、別種の時間装置として、すなわち映像のなかで戦われている「いま」を絶えず召喚しながら歴史の廃墟を自己と集団の記憶として更新してゆく可能性を探ろうとしている。

先に触れた論文で、ダナ・ハラウェイは、アークレーによる剥製ジオラマによって埋め尽くされたアメリカ自然史博物館の「アフリカン・ホール」を、「タイムマシン」であると断定している。科学のまなざしのもとに視覚的に整序された野生世界も民族世界も、時を操作することによって表象の権威を独占する欲望の一つの決定的な形式を示していた。作家H・G・ウェルズの小説『タイムマシン』(一八九五)の刊行と、リュミエールによる映画の発明(一八九五)とが同年に起こっているという符合は偶然ではあり得ない。映像テクノロジーが、科学的パラダイムと連動しながら促進してきた「時間操作」のイデオロギーをくつがえす、新たなタイムマシン(時間装置)の手がかりを映像のなかからよみがえらせる試みのなかに、「映像人類学」の新しい可能性は潜んでいる。

結び

「映像人類学」を、新たな時間装置として再生させようとする試みは、いまさまざまな場所ではじまっている。そうした試みの方向性を、ハーストンは先駆的に次のようなプログラムとして宣言していた。

白人はいつでも他人の内情を詮索しようとする。よろしい、ならば、私は、私の心の扉の外に白人がもてあそべるものを置いておこう。白人は私の書いたものは読めるが、私の心を読むことはできない。私はその玩具を白人に手渡そう。そうすれば、白人はそれをもって立ち去るだろうから。そのあとで私は言いたいことを言い、歌いたい歌を歌おう。(10)

「黒人」こそが、ハーストンが白人に差し出した巧妙な玩具であったことはいうまでもない。そして黒人のステレオタイプの創造によって白人アメリカ世界が黒人を捕獲したと思っていたとき、ハーストンはすでに白人世界をも含めたより広いヴィジョンのなかで自らの差異を鍛え直す果敢な文化プロジェクトに踏み出していた。

そしていまや、アメリカ人類学のタイムマシンのなかの点景として利用されつづけてきた先住民文化の側から、映像を利用した新たな「時間装置」の開発がはじまっている。たとえば、カーティスらの映像の再引用によってインディアンの祖先と神話的時間を現在に接続しようとこころみるホピ族の映像作家ヴィクター・マサイエスヴァ[11]。あるいは、ヴァーチャル・リアリティによる部族儀礼の再現によって失われた精霊とのコミュニオンを奪還し、それを一種のディジタルな玩具として白人への悪魔払いであるかのように提示するブリティッシュ・コロンビアの先住民のディジタル・アーティスト、ローレンス・ポール・ユクスウェルタン[12]……。

ローレンス・ポール・ユクスウェルタン「Inherent Rights, Vision Rights」1992

これら「民族」をまなざし所有してきた従来の映像視覚文法を解体しようとする者たちの実践を一つの起動力として、映像人類学は更新されねばならない。だがそれは、従来の被写体であった者たちの、たんなる裏返しの叛乱に終わるわけではもちろんない。異文化を映像に捕獲する欲動の根源の部分に生じる力の存在を注視しながら、映像の歴史を裁断し、折り重ね、その上に新たな映像の試みを積み重ねてゆく、精緻で粘り強い試みが必要なのである。映像が本質的にかかえる時間装置としてのメカニズムを、集団と個人の歴史と記憶のはざまにおいて文化批判的な武器へとつくりなおすことのできる方法論が、いま私たちに求められているというべきだろう。

最後に、一つの興味深い挿話によって本稿を閉じよう。あるニュージーランドの学生が、マオリ族の映像的な表象をめぐる論文の準備のため、一つの実験をする。これまでニュージーランドでつくられた記録映画の中でももっともマオリ文化を異国趣味的に戯画化した人種差別的な作品を選んで、マオリ族の前で上映し、彼らの反応を見ようというのだ。彼の選んだ作品は、事実はなはだしく差別的でかつ誤解にみちた内容だったので、それをマオリ族の前で見せるという計画には映画関係者から強い反対の声が上がった。だが彼は上映を強行する。ところが驚いたことに、マオリ族の人々は、この映画をすっかり気に入ってしまったのだ。彼らは祖先が登場しては動き回るその内容に魅了され、古い衣装、踊り、すでに失われた祭儀空間の映像に身を乗り出して興奮した。映画の人種差別的な語り口は、「白人の過剰な語り口」として彼らには関係のないものとして無視された。いいかえれば、映画においてマオリ族の人々が見るものと、白人の観衆が見るもの（従順な観客であれ批判的な観客であれ）とでは、まったく違っていたのである。[13]

映像が時間装置である、というのはまさにこのことである。白人映像作家の意図とはまったくかけ離れた場所で、映像自体が、ある「時間」の蘇生をうながし、マオリの宇宙と映像とを刺激的に接続する。タイムマシンとして精巧に作画された権威的ディスクールが、まったく思いがけない別種のタイムマシンによって未知の記憶へと連れ去られる瞬間がそこにある。

歴史を固定化しようとする映像の権力は、かならずこうした読みと受容の変換のモメントによって、一気に時の廃墟へと突き落とされるのだ。過去と記憶が現前と消滅をくりかえすこの映像のフィールドに、いかなる認識の時間装置を設置するかが、私たちの映像人類学の未来を決定づけるのである。

偶有性を呼び出す手法、反転可能性としての……

──「偶有性」というテーマで特集を組んでみようと思い立ったのは、今福さんが雑誌『図書』誌上において、断続的に連載されておられる「薄墨色の文法」を読んだからです（その後『薄墨色の文法──物質言語の修辞学』と題して岩波書店より二〇一一年に刊行）。「薄墨色」というこのうえなく魅惑的な表現に一種の霊感を受けたということもあります。が、それよりも、その連載の何回目かで、確か哲学の「偶有性」という概念と接触する試みである、というようなことをおっしゃったように記憶していて、おっ、これは、と思ったわけです。連載には、毎回、「沈黙」「闇」「凝視」「螺旋」といったサブタイトルがつけられているのですが、これらの言葉をゆるやかにつないでいるものが「偶有性」であるとしたら、今号でまさしく私たちが問題としたい「あわい」の領域と直接に関わることだと思い、ならばまず何より今福さんにお話を聞かなければいけないと思い立ち、馳せ参じたという次第です。

「薄墨色の文法」は、私が今まで必ずしもまとまった形では記述してこなかった、ある具体的な土地における感覚人類学的な風景の内実を、可能なかぎり精緻にことばに移してみようとした文章です。

一九八〇年代はじめにメキシコ先住民の世界と出逢い、そこでのインディオたちのもつ前－言語的な感覚世界にはたらく精緻な論理、それを「薄墨色の文法」と呼びながら、その後のさまざまな土地での知見も重ね合わせて、書字言語《エクリチュール》に先行する音響とことばの統合的なコスモスを描いてみる試みです。

通常、ほとんどすべての日常の社会制度や文化的メカニズム、感情から自然科学的なリアリティにいたるまで、一貫した法則性を言語における文法のようなものとして想定することが可能です。もちろん実際には文法をもとに言語ができるわけではなく、言語というシステムを理解するためにある秩序の体系を想定することが必要とされ、それによって文法という観念が生み出されているわけです。ですから、言語文法はすべて、その仮想的法則性に制御されない例外をはらんでいる。例外をあくまで従属的なものとしてみなしながら文法という観念はつくられますが、私はこの例外という曖昧な領域を全面的に拡大し、体系性や構造の縁《へり》を意識の渾沌とした未整序の領域に触れ合わせながら、現実の時空間に直接つなげてみたいのです。

文法という法則性の下にあらゆる社会制度を考えるという常識の裏側にある、例外や不規則性、多元性や曖昧さの側から世界を再構築する。われわれが世界を感受したり知覚したりする仕方を再構成してみると、どんな世界が描けるのか。それをあくまで、この私たちの分節言語によって試みるという、パラドックスへの挑戦です。

たとえば、メキシコのインディオ独特のリズミカルな声調言語や奄美群島の島言葉の世界では、文字化されない自然の音響的な世界と連続性をもって言葉が生きられています。言葉が音として空気中に放出された瞬間にあらゆるものと混じり合い、一瞬のうちに消えるという言葉の原初的な物質性への鋭敏な感覚があるのです。そして、その物質的な音響世界だけを世界と見なして、私の中を通りすぎていった風景や経験をあらためて記述してみるとどうなるか。「沈黙」というテーマから始めて、

「闇」「凝視」「螺旋」「唸り」、そして今「反復」という主題まで展開してきていますが、それらすべてが私の考える「薄墨色の文法」の現われなんですね。つまり「薄墨色の文法」の法則性というか、反‐法則性ですが、それを簡潔な言葉で主題化しつつ書いているというわけです。

それは同時に、このインタビューのテーマである偶有性について、言語と非言語のはざまで考えようとしているのだ、ともいえます。

――「偶有性」という概念を、偶然性と必然性が混じり合ったような状態と、とりあえず捉えています。そうした混じり合った「あわい」の領域は、しかし、必然性に偏ったものもあれば、逆に偶然性の度合いを強くもった「偶有性」もあると思います。九八パーセントは必然だけど二パーセントは偶然、みたいな、あるいはその反対とか（笑）。もとより、これはあくまでイメージで言ってることではあるんですが。

偶然性と必然性をそういうふうに対立させて考えてしまうと、どうしてもある種の袋小路に入り込んでしまいます。もう少し違った角度から捉えてみる必要があり、「薄墨色の文法」も、いわばその取り組みの一つだといえるかもしれません。

「偶景」、あるいは些細な出来事、予兆、予感

私は、二〇〇〇年に半年間サンパウロに滞在する機会がありました。州立サンパウロ大学（USP）の日本文化研究所の大学院において半年間の講義を依頼されたことがきっかけでしたが、同時に、サ

ンパウロ・カトリック大学（ＰＵＣ）でも何回か即興的な講義をする機会をもちました。これが相互に刺激的な空気を生み出したこともあって、その後もブラジルに行く機会があれば、ＰＵＣのコミュニケーション・記号学科大学院で集中講義をするという関係が続いています。
どんな講義かというと、偶有性の発想ともきわめて近接した「偶景」というテーマなんです。

――「偶景」？　あのロラン・バルトのですか。

そう、それが最初のヒントでした。バルトのフランス語でいえばアンシダン incident、英語でいえばインシデント incident。ブラジルのポルトガル語ではインシデンチ incidente というタイトルになります。バルトの没後に出たあの美しい著書に対する「偶景」という見事な訳語は、翻訳者の沢崎浩平さんの巧みな造語だと思いますが……。

――バルトの著書『偶景』は、僕ももっています。沢崎さんは、訳書の刊行を見ずに亡くなられたようで、翻訳を引き継がれた萩原芳子さんが、あとがきで、確か次のように書いていました。「沢崎さんは〈国語辞典にも漢和辞典にもない仮につけた言葉にすぎない〉とおっしゃってました。しかし、バルト自身 incidents を単に現代語的な〈些細な出来事〉といった意味に留まらない捉え方をしている。たとえば、〈俳句〉、〈寸描〉、〈意味の戯れ〉、〈すべて木の葉のように落ちてくるもの〉といったニュアンスがあり、その意味では、沢崎さんの〈偶景〉という訳語は“incidents”にふさわしい表題ではないか」と思うと。
その「偶景」をテーマにした講義をされていたというのですね。それは、また大変興味深い！

今、言われたように、「インシデント」とはふつう、ごく些細な出来事、ささやかな、取るに足らない出来事を意味します。一般的に、偶然起こるものごと、突発的に発生する事故のことをアクシデント accident といいますね。ラテン語起源の言葉で、“ac-cidere”（＝出来事が起こる、ハプニング）がもとになっていますが、“ad”（＝～に向けて）と“cadere”（＝落ちる）が合体した言葉です。“Cadere”（カデーレ）というラテン語は重層的な意味を抱えた魅力的な言葉で“casualty”（＝偶然）という言葉もここに由来するのですが、cadere の原義は「構成された客観的な現実の外部へと不意に落下する」ことを意味しています。音楽などでいう即興的な「下降調《カデンツァ》」cadenza の語源もここですね（このあたりのことは、詳しくは私の「記憶の蒼い下降調《カデンツァ》」『キセキ gozoCine』オシリス、二〇〇九、を参照）。「落ちる」という運動によってある種の偶然性が掴まえられていることはとても興味深いのです。一方、インシデントも同様に偶然起こる出来事という意味をもっていて、アクシデントによく似ていますが、これもラテン語の語源をたどれば“in-cidere”となり、“in”（＝～の上に）と“cadere”（＝落ちる）の合成語。アクシデントの方が、落下する固有の方向が特定されているのに対し、インシデントの方はなんらかの上に偶発的に落ちた、という偶然の結果の方が強調されている、というニュアンスの違いがあります。よく似た概念ではありますが、バルトは、もっぱらインシデントの方に関心があったようです。それは私も同じでした。

　ふつうアクシデントというと、大地震とか戦争とか、突発的に起こることの中でも歴史なり記録なりにはっきり残る大きな事故や事件のことをいいます。集団的な時間の上に刻み込まれ、情報化され、いわゆる大文字の「歴史」というカタログに収まる。それに対してインシデントの方は、あまりにも個人的で些細なことなので、ほとんど気がつかれないまま、歴史の片隅で、まさに不意に落ちる木の葉のごとく振る舞う。とはいえ、誰も気がつかずに、いつしか消滅してしまうというものでもないのです。それどころか、人々の感情、心理、感覚の深いところにいつしか入り込み、作動し、働きかけ続けるようなものでもある。バルトは、より正確にこんな言い方をしています。「偶発的な小さな出来事……、日常の些事、アクシデントよりもはるかに重大ではないが、しかしおそらく事故よりもっと不安な出来事、日々の織物にもたらされるあの軽いしわ《プリ》」。そして、その一つの典型的な例として、俳句を挙げるのです。

　俳句という言語芸術は、確かにアクシデントと呼ばれるような大きな事件を取りあげることはありません。むしろ、そうした大仰な素材は積極的に退ける。俳句における事件性とは、徹頭徹尾インシデントの方です。言い換えれば、アクシデントというようなものは、俳句的なリアリティの中には入ってこないのです。

　たとえば、枝に残っていた枯れ葉がたまたま自分の見ている時にその最後の一枚が落ちて、ひらひらと螺旋を描きながら地面に落ちるという偶発的な出来事。これこそをインシデントと呼ぶわけです。自分に物理的な被害を及ぼすようなものでは全くない。にもかかわらず、交通事故よりもはるかに深く繊細なかたちで、私たちの心を射貫き、突き刺すような情動を生む可能性がある。たぶん俳句的な感性というのは、このインシデントの消息だけを一つの宇宙として再現しようとしている。まさにミニマルな極致としての言語芸術だと思います。俳句的世界というのは、ある意味でインシデントだけでできている世界ですね。

　それでは俳句は世界において起こっていることを、ごく個人的な情緒の中でしか再現できない限定された言語芸術なのかというと、必ずしもそうとはいえない。むしろ、われわれの言語意識がひたすらアクシデントだけに注目し、それに声高に反応していることに対して、そうしたものから限りなく離れた場所で、全く別のやり方で、世界を再構築する言葉が生み出される。俳句は確かにミニマリズムの極致かもしれませんが、世界の掴まえ方が違うだけで、そこには同じほどの情熱と介入の意思をもって、世界を立ち顕せようとする欲望もある。

　私が「偶景」をテーマにした講義を始めたのは、ブラジルに長期滞在した二〇〇〇年からではなく、次に長期間訪れた二〇〇三年からです。九・一一後に一気に好戦化したアメリカが、ついに二〇〇三年三月にイラクに侵攻しますが、この戦争勃発のニュースを、ブラジルに滞在していた私は非常に複雑な気持ちで聞いていました。それは理不尽な戦争の始まりであり、しかし、それだけではなく私がその時目撃したものは、メディアにおける限度を知らない熱狂的な言葉の生産でした。戦争をめぐる継続的、脅迫的な言語の生産と消費。煽動するにせよ、批判するにせよ、そこで生み出され、引用され、攻撃され、利用に供されては細分化されて粉砕される言葉の氾濫の中で、私は強い言語的違和感を持ったのです。ありとあらゆる人間が大袈裟な言説だけを繰り返し繰り返し行うというその自閉的状況に対してです。言説によって戦争を再生産し、なぞるだけの。そしてまさにそこでは世界はアクシデントとして扱われ、そのアクシデントと拮抗するように大仰な声だけがますます大きく勇ましくなっていく。どうして、私たちは、このような言葉しかもてなくなってしまったのだろうか。

　その時強く感じたこの違和感の深い源泉はなんなのか。その所在を探りながら、なんとか自分の言葉に定着させてみたいと書き綴った文章を集成した本が『ミニマ・グラシア　歴史と希求』（岩波書店、二〇〇八）でした。その中で、その時の気持ちを、私はこんなふうに記しています。「イラク空爆の第一報を伝える派手な見出しの活字の背後に、ただならぬ別種の言葉の顕れを感知した」と。ちょうどサンパウロ市内の野外市場《フェイラ》へ続く裏通りを歩いていた時に、理容店の主人が、新聞を広げてじっと一つの小さな記事を見つめ、熱心に読んでいました。開戦を告げる派手な見出しが躍る一面など眼もくれずに。たまたまその路地を通りかかった私の眼に、それは非常に印象的に映ったわけです。
「現実と言葉のあいだを最短の通路でつなぐ概念を同語反復のように連ねて急ぎ足で説得し断罪するメディアの喧騒から遠く離れて、それは疾走する時の裏側に予兆と希求の強度とによって回り込みながらゆっくりと律動を刻む、遅いこだまをしたがえた微小な声として私に語りかけてきた。現実を席巻する自己陶酔的な言説の雄弁と饒舌に比べて、その反地球からの声は未知の寡黙さに彩られていた。恩寵《グラシア》、ということばが無神論者であるはずの私の脳裡にふと明滅した」。

感謝《グラシア》の感情の芽生えが、神の恩寵の顕れを受けとめる時のこころの刹那に関わっていたとすれば、歴史の苦境を切り裂いて訪れる不意の世俗的恩寵の瞬間にも、私たちの思考は寡黙な感謝に向けて開かれているのではないか……。その時、そんな考えが閃いたのです。哲学者アルフォンソ・リンギスは、「思考は感謝である。感謝は与えられるものを両手にいだくように受け取り、ともに握りしめ、他の人々に見せ、分かち合う行為のなかに存在する」（『信頼』）と言います。彼が言うこの恩寵のような思考の分有が人を思慮深い寡黙さの中にいざなうのだとすれば、そのかすかな、最小限の「声」が行き交い響き合う世界を貫く豊かな空洞こそ、私たちの極小の家《シェルター》であるはずでした。神の世界から与えられるはずの「恩寵《グラシア》」の奇蹟が、まさに世俗の生の中で人間が触れうる寡黙な「優雅さ《グラシア》」の感触として実現する可能性……。こうして、この最小限の優雅さ、すなわち「ミニマ・グラシア」の探求について、私は戦場から遠く離れたあの市場の裏道にひそむ闇の閃きの中で考え始めることになったわけです。歴史というものは、権力をめぐる悲劇と喜劇の交代する過去の大仰な絵巻ではなくて、もっとつつましい日常的な悲嘆と歓喜との交錯の中にあるのではないか。歴史というものが、現在時において救済される深みをもった実体であることを、私はそこで強く意識することになったわけです。

声高に戦争を論じるその言説の生々しさからは決して生まれない、おそらく最小限の恩寵、あえていえば、俳句のようなミニマルな世界の再現の仕方、世界への触れ方、そういう方法がまだ私たちには残されているのではないか。むろん、俳句は一つの例にすぎません。インシデントそのものに耳を傾けるような方法、といってもいいでしょう。不意の「落下」に感覚を集中すること、ということもできます。インシデントが残す匂いや質感を受け止められるように、自らの感覚を開いていく。そういう感性というのは、じつはこれまでほとんど語られていなかったように思います。だから、私は、むしろこのインシデントに注目したのです。

そんなことがあって、その時の集中講義のタイトルを「偶景《インシデンチ》」としたのです。「日常性の文法」という副題もつけました（これが「薄墨色の文法」の先駆形です）。いずれにしても非常に謎めいたタイトルでしたから、講義を聞きに来てくれた人は、はじめは面食らったのではないかと思います。それでも、会場となったブラジルで最大手の新聞社「オ・エスタード・ジ・サンパウロ」のセミナールームには、毎週三〇人から四〇人の人が熱気をかかえて来てくれました。夜の六時から九時頃までの時間帯だったでしょうか。

「偶景」と題された講義で私は何をやったのか。毎週講義の冒頭で、その一週間の間に私が眼にしたある種の「偶景」を、ポルトガル語のごく短い断章的物語としてまず語ります。それは決まって取るに足らないような出来事です。あらかじめテクストを書いておいて、ジョン・ケージや武満徹、藤枝守らの音楽に合わせて朗読するのです。たとえば、ある時はこんな偶景について語りました（原文ポルトガル語。筆者による自由な日本語訳）。

「サンパウロでは異常に暑い日が続いていた。毎日空を眺めても、雲の一片も見つけることができないほどだった。苛烈な日を浴びて、私はある昼下がり、不思議な廃墟状の建物の脇をとおりすぎた。

その瞬間、わずかに冷たい湿った風を感じて驚いた。雨の予兆？ するとと私のすぐ目の前に、どこからともなく傘売りの男があらわれた。信号待ちする車に向かって、その青いシャツの男は売れない傘を売りつけようとしていた。いまだ苛烈な陽光の下で……。次の日から、天気が変わった。どんより曇った空から、午後になると激しい雨が降った。散歩に出た私は毎日のように雨に遭遇し、そこここで雨宿りを強いられた。私は街角で傘売りを探した。だが無駄だった。あの日、あれほどたやすく現われた青いシャツの男は、二度と私の前に姿を見せなかった」。

こんな感じで、その頃、ごく身近で起こった些細な出来事、そこでふと感じたことを、散文詩のように朗読するわけです。まさにバルトの言うようなインシデント。それを俳句のようなつもりで読み上げる。そこから、その日の話を始めてゆくわけです。要するに、その一週間のあいだ私の周囲で起こったごく些細な出来事を、俳句のようなものに託して記録し、反芻する。たとえば、今の傘売りの話をした夜というのは、アメリカがイラクに侵攻した直後の時期でした。新たな戦争が始まったことを誰も知っているわけです。なんとなく重苦しい雰囲気が私たちの周囲を包み始めていた。先ほど言いましたように、新聞やテレビは連日そのことを声高に報じていました。しかし、私はあえてそのことには触れなかった。私は、不意に現われては消えた傘売りについてだけ語る。むろん、アクシデントの側から世界を構築しようと思っている者にとっては、私の取りあげる傘売りの話などどうでもいいことです。戦争こそが火急の問題であって、何よりも重要だと思っているはずです。優先順位、という流行の言葉がありますね。私にはとても異和感のある表現です。ものごとや出来事に優先順位というヒエラルキーをもち込むことで、現実の中に「偶然」が入り込むチャンスが排除されてしまう。そうした視点からは、私の取りあげた傘売りのことなど、取るに足らない事象にすぎないんです。

だからこそ、私は、戦争に対峙して、あえて傘売りをめぐるこのささやかな偶発事の方を取りあげたかった。すべての出来事を、ひとしなみに、重要であると考えたかった。なぜだったのでしょうか。ブラジルという場所に立つことによって感じとれるある種のリアリティの複合体においては、アメリカがイラクへ侵攻したことによって国際間の緊張感が一挙に高まってゆくその政治的・社会的空気は、私の取りあげたささやかな事象においても、不思議なかたちで伝わってくるのです。静かに浸透してゆく不穏な空気、あるいは不穏な予兆のようなものが。偶景的な出来事は、アクシデントの側からみれば、無視されてしかるべき事象にすぎない。しかし、私はそうは思わないし、おそらくブラジルの多くの人々も私と同じ感覚をもちながら生きているかもしれない。戦争も含め、生活世界の外縁を挑発するある種のインシデントとしてそんな些細な事象を受け止めているかもしれない。今、まさに世界の中で起こりつつあることを、インシデントとして、インシデントの相の中で受け止め感じとる、そういう作業の只中で私は講義を続けていたのです。

本来なら雨季に入れば雨が降るわけですが、この年はそれがちょっと違っていた。あの時のサンパウロの不思議な雨季の始まりは、おそらく地球レベルで発生している異常気象と関わりがあるのかもしれません。一方、戦争というのは大きな社会的な事件ですが、そうした社会的な変化や変容の徴候は、些細な天候の変化がもたらすインシデントの内部にも感知できるはずなのです。ただ、それがなんであるか、簡単に図式化したり、文字化したりすることはできない。むしろ、それができたとしたら嘘になる。そういうものなんだろうと思います、インシデントというものは。インシデントがインシデントであるためには、われわれはそれを偶然の到来としてだけ待機し、それが起これば、それを現在というもののなんらかの予兆として感じ取る他ない。それがいかなるものか、少なくとも名指すことはできないと思うのです。小さな出来事から単純に何かを連想し、感情移入する、というもののでもありません。
そういうインシデントの感覚をもちながら、私自身の「偶景」を記録し続ける。私と他者が曖昧な領域で交差する時の点景です。それはあたかも、現実の中に沈ませた錘のように、微妙に揺れ続ける。それを感じ続ける。たとえば、戦争を戦争として仰々しく考えたり語ったりするという態度から少し身を引いてみる。そうすることで、歴史というものを、もう少し違う速度で、言い換えれば異なる時間性の中で捉えることができるのではないか。「薄墨色の文法」とは、そういうことであって、時間というものを、歴史の時間、あるいは規則正しく時を刻むクロノスの時間とは考えずに、それとは別の流れをもったものと捉え直す。カイロスの啓示的瞬間でもあり、アイオーンの永遠でもあり、カルパの宇宙的永劫でもある。振幅をもった、奥行きのある、強度ある時間です。廃墟の中をたどる細道のような、ベンヤミンの言うメシア的時間かも知れない。そんな時間意識の中で、さまざまな事象と出会い、感受しようというもう一つの態度だと思います。

——そうした態度、つまり、「偶景」の中で、「偶景」として世界を記述し直すこと。それは、ある意味では、別の時間を生きることだというわけですか。

というか、ミニマムな出来事であればあるほど、最小の事件であればあるほど、自分の深いところに留まり続けるものだと思うんです。インシデントには、強烈な浸透力と持続性がある。そこで、私の中ではインシデンタルなものが「偶有性」と結び付くわけです。

皮膚、共-接触、コンタンジャンス

ちょっと考えてみてください、私たちが偶有性を意識する時とはどんな瞬間でしょうか。衝撃的な出来事が起こって身も心もそのことに搦め捕られ、他に何も考えられなくなってしまう。確かにそういう時もあるでしょう。それが強烈であればあるほど、私たちは他に何も考えることができなくなってしまう。一方、ほとんど意味のないような些細なことにこだわり続けるという感覚も私たちは併せもっています。おそらく偶有性とは、後者の感覚に近いのではないか。無関心、無頓着すれすれの、小さなこだわり。ふと立ち止まる、無意識の心の揺れ、ざわめき。そういう感覚を研ぎ澄ますことによってはじめて偶有性の原理に近づきうるのだろうと思うのです。

歴史というものは、ある意味でアクシデントの連続を外部に立って記述したものです。歴史を根底から動かしているものこそ、革命や戦争のような大事件だと考えられている。すなわち、歴史という意識は、いわばアクシデントに注目し、焦点を当てる一つの感性なのです。世界をアクシデントの連鎖という視点から捉えるのが「歴史」というシステムでありイデオロギーです。ですから、当然歴史には、インシデンタルなものはほとんど登場しない。歴史的事件には合理的な因果関係が必ずある、というわけです。不意に、偶然にものごとが生起することは、歴史の想定にないのです。セレンディピティという最近よく使われている偶然の運が開く地平に対する関心も、通俗的には、歴史の中の説明不可能な偶然を、例外の原理によって説明するつじつま合わせに使われてしまっているところがあります。コロンブスのアメリカ「発見」やカブラルのブラジル「発見」を、航海者の地図の読み間違いによる、全く予期せぬ偶然の大発見としてウンベルト・エーコは論じました（『セレンディピティ』）が、歴史はセレンディピティのプロセスだ、と言うことで、逆に歴史というイデオロギーはむしろ強化されてしまう。やはり、歴史は決してインシデントを対象にすることができないのだ、というところからあくまで出発すべきでしょう。自然のなかに遍在する偶有性の原理は、まさに歴史の外部にあることの日常のインシデントを媒介にしてはじめて、社会的なものと接続されるでしょう。

ですから、それを敷衍して次のように言うことができます。歴史は偶有性を認めない、と。

——なるほど、そこで偶有性という問題系と接触してくるのですね。

ある帰結を偶然と考えるか必然と考えるか。その違いは、人間はどちらを望んでいるかということに関わってくると思います。あるいは、そのプロセスをどう価値づけるか。これは、おそらく人間が二度生きられないという事実から来ていると思います。もし、人間が二度以上生きることができたら、偶然か必然かなどということは問題にもならなかったでしょう。近年の生殖医学や遺伝子科学の進展は、人間の生命の一回性という絶対的な基盤をどこかで揺るがす方向性を秘めています。失敗したら生命をやり直す、という存在し得なかった想像力が医学によって目覚めた場合、偶然と必然の相関をめぐる私たちの日常の哲学は崩壊するでしょう。

いずれにしても、偶然と思われていたものを、ある時必然であると信じる力は、生命現象の根幹に基礎をおいた人間の感情の中にある。逆にいえば、むしろ、何ごとも最初から必然として生じることの方が稀なのかもしれない。私たちは、常に偶然の状況の中である特定の事象に限って事後的に意味づけしたり価値づけをしたりする。つまり、そのことによって「私」という唯一の一回性、一度しか生きられない生命《いのち》の意味というものを逆に規定してゆくわけです。

私は、偶然性と偶有性を使い分けるようにしています。アクシデンタルな意味合いを強くもつものが偶然性であるのに対して、インシデントは偶有性により近いイメージがあります。偶有性は、英語でコンティンジェンシー contingency、フランス語ではコンタンジャンス contingence と言いますが、予兆、予感といった感覚は、コンタンジャンスの方が概念的にもイメージとしても近いと思う。

このコンタンジャンスの問題にかなり早い時期から注目していたのが思想家のミシェル・セールでした。セールの著書の一つ『五感』に、私は大きな影響を受けました。そういえば、私がサンパウロで「偶景」という講義を始めた年に、このセールの著作のポルトガル語版 *Os cinco sentidos* が出て、それを講義に行く道すがら書店に平積みされているのを発見した時には、さすがにその偶然というか、コンタンジャンスに驚いたものでした。まさしく、地球の裏側で、コンタンジャンスの思想家と、そのテーマについて考えている矢先に偶然の再会をしたのですから。

セールはコンタンジャンスについて、それを皮膚の共‐接触の問題として論じるのですが、私がセールに刺激を受けたのも、まさにこの点でした。皮膚については、私も、メキシコからカリブ海を経てブラジルにたどりつく精神の遍歴の道行きで、ずっと考え続けてきたことなのです。言語を凌駕する決定的な外的指標として機能する、すなわち、人間という輪郭を物理的に規定するものが皮膚です。顔立ちとか目鼻立ちとか、人間を外的に特徴付ける指標はいくつかありますが、中でも皮膚は最も暴力的なアイデンティフィケーションの道具として決定的な役割を果たしてきました。日本人として日本国内にいる限り、皮膚の色を強く意識することはほとんどないと思いますが、海外に出てみると、とたんに私たちも好奇の目にさらされます。それがたとえば、黒色であった場合、欧米圏などではそれはとりわけ暴力的な眼差しを誘引する指標に変わります。黒い肌は、きわめて具体的なかたちで、一つの被差別的な記号として機能する。ある特定の意味と役割をその黒という肌が担わされるのです。なんの抽象性も観念性も入り込む余地のない徹頭徹尾リアルな指標として――。
皮膚の色、私たちは、最も基本的なところでそれにしたがって生きざるを得ない。皮膚の色は、人種主義的記号です。北アメリカに限らず、混血国家であるメキシコにおいてもブラジルにおいても、それは本質的には変わりません。世界中どこでも皮膚の色を超えて、皮膚の色を無視して生きることは、ほとんど困難です。

ところが、セールは、皮膚をそうした暴力的なアイデンティフィケーションの指標と見做す考え方とは、全く違う可能性を皮膚そのものに見出したのです。それは、一言で言えば、環境世界と人間の間にある境というものを徹底的に無化して、ある種混合体として再構成するようなヴィジョンを提出したからです。皮膚を境界や差異の指標としてではなく、そこですべてが混ざり合う、偶然にもとづく融合運動の界面と捉えるのです。先ほど少し触れたアルフォンソ・リンギスも同じような考えをもってこの問題系に接近していますが、彼の場合は、人間の骨と動植物と水の混沌としたインターフェースとしての珊瑚礁が偶有性のイメージの源泉です（『汝の敵を愛せ』）。

ご存じのように、珊瑚礁は動物の群体で、死ねば石灰質の骨が残ります。それがさまざまな形に砕けて海岸に打ちあげられているのを、私たちは純白の星の砂といってありがたがるわけですが、元はといえば珊瑚の死骸です。観光的な視点から見れば確かにそれは美しい白砂です。しかし、もとよりそういう感覚で珊瑚礁を見たことはありません。カリブ海の黒人たちは、珊瑚の骨と大西洋に沈んだ黒人たちの祖先の骨が一つに合体したものが珊瑚礁であり、地下世界の入り口と考えています。近代の奴隷貿易によって無数の黒人たちが大西洋を渡り、その過程で多くの命が海中に沈められて失われたのです。その集合的記憶を、カリブ海の黒人たちは、祖先の骨と珊瑚とがハンダ付けされた歴史の塊として捉えます。この時の「歴史」とは、大陸的な時間が支配するアクシデントの歴史を、海や群島の原理が支えるインシデントの側から転倒させる、そのような小文字の「歴史」のことです。

私は、沖縄や奄美に行って珊瑚礁を見ると、やはり同じような感触を持つんです。特に沖縄では、土地や海岸にはいまだに戦争による骨がたくさん埋まっています。星の砂だ白い砂だとただ喜んでいるわけにはいきません。そこに、どうしても私は、先祖たちの歴史がモノに具現化されてあることを感じ取ってしまう。書物に決して書かれることのない歴史のことです。ですが、それは重々しい苦悩の歴史である、というよりは、珊瑚のかけらで遊びながら、不意に閃く集合的な記憶に関わるような歴史のことです。こちらの心持ちが少しでも変われば、逃げていってしまうような時間です。本はいつでもそこに読むためにありますが、珊瑚礁はその記憶を自動的に語ってくれるわけではないからです。リンギスは、人間の肉体と自然との間にあるインターフェースを珊瑚礁というものの中に見出し、そこでは、多種多様な人間たちが相互に浸透し合っているというヴィジョンをもっています。人間の個性がエクスターナルワールド（外界）とそこで相互浸透しているというわけです。皮膚の色がアイデンティティを規定するという事実が、いかに政治的なフィクションでもあるか、それをリンギスの思想は、珊瑚礁にインスパイアされながら考えようとしている。

セールも同じです。セールは、「外界＝環境」milieu という言い方をしません。環境が人間にとって外界に隔絶されたものとしてあるのだという認識をもたないからです。外界とはあくまでもその内部世界と融解しあった、まさに混合体としてそこにあるものなのです。だからセールは、「環境」という言葉の替わりに「混合体」corps mêlés という言葉を採用しました。そしてその混合体の深部に、人間と外部世界との相互浸透の世界、そのインターフェースとして、セールは皮膚があるという。皮膚というとふつうは、自己のアイデンティティを守る牙城のように考えているわけですが、それとは全く逆のイメージをセールは提出するのです。

自己が存在して、その周囲には外界がある。これが普通の考え方。だから皮膚は、自己というアイデンティティを外界に表明するための指標となる。皮膚が一種の暴力装置として機能するのは、それが自己の輪郭を示す――外部と差異づける――記号だからです。しかし、たとえば、人間を周囲の自然と相互接触する生命体と捉えるならば、皮膚は混合が起こる一種の界面です。生理的な相互浸透が可能な膜のような存在、内部と外部が接し合う、お互いに（＝con）接触（＝tingence）する面。つまり、偶有（コンタンジャンス）だというわけです。

――インターフェースである接触面が、偶有性という意味に接続する、なんとスリリングな展開！

共－接触 con-tingence（＝偶有性）という問題についてよく例に出すのが、自分自身で両手をすり合わせる時に感じるあの感覚。そのすり合わせている時は、右手の感覚を感じているのか、左手の感覚を感じているのか。それとも両方の手の感覚を、同時に感じているのか。おそらく、そのどれでもなく、しかし、どれでもあるような感覚をもつと思います。まさにこのアンビュギュアス（両義的）な感覚が、共－接触というものであり、コンタンジャンスの経験だと思います。左右に分化された感覚が、皮膚の共－接触を媒介に消えるのです。

そもそも、人間が手を合わせるという行為は、ある種の宗教的身振りです。その意味では、とても深い経験です。単純に外界と内界を分けることによって、あるいは、主体と客体を分離することによって、自らのアイデンティティというものを自覚する――。こういう経験、感覚からは、深い意味での信仰＝帰依の感覚というものは出にくいのです。神という存在は常に外にあり、自己はそれと隔絶したものとして別にある。外と内が明確に切り離されている場合には、宗教的経験そのものがきわめて形骸化するのです。制度的宗教は、往々にしてそうした、聖性の対象化・視覚化を行ってきましたが、キリスト教でも異端と呼ばれたような信仰領域では、常に超自然との身体的・感覚的合一の問題が前面に立てられました。プリミティヴな宗教形態は、常にそこに立ち返るのです。手を合わせる、という行為は、感覚における信仰が芽生える、最もプリミティヴな原形の行為です。対象化された世界を揺さぶり、外部／内部の境界を揺るがすような身振りが、相互浸透の場には必要となるのです。手を合わせる行為は、このコンタンジャンスの経験の必要性から出てきたものであり、それがやがて宗教的な信仰という場の手続きにつながっていったのでしょう。

コンタンジャンスの経験は、先程お話しした皮膚の記号性、すなわち、きわめて政治的な意味合いの強いアイデンティフィケーションの指標を、まさしく内側から破壊するような、一種の啓示として機能します。そうした記号性が単なる政治的なフィクションであることを、自らの経験として感じ取る。そういう働きをコンタンジャンスはもつ。偶有性というヴィジョンを皮膚から考えると、アイデンティティ・ポリティクスの隘路をまったく別の方向から突破できるかもしれないのです。

――限りなく外界に近いところにある皮膚が、じつは、内部の最も深い出来事とつながっている。しかも、そこに偶有性が深く関わっているというのですから。確かに、面白い。

『群島‐世界論』（岩波書店、二〇〇八／水声社、二〇一七）にも書きましたが、「うら」という言葉があるでしょう。古い日本語で「うら」というと、内側の一番深いところで起こっていることを示す。決して表にでない、永遠に隠されていること。「心」という字は、古くは「うら」と読んでいました。また、地理的には「うら」といえば「浦」すなわち入り江のことを指します。列島の人間は一つ一つ入り組んだ入り江の奥に住みついて、最初の集落をつくりました。あるいは、「うら」は占いのうらでもある。人のこころの真意を質すような、さらには、人の行く末を見通すような時にも、「うら」という言葉が使われる。心の「うら」、浦の「うら」、占いの「うら」、裏側の「うら」、どれもじつはみんな同じところから生まれた言葉なのです。しかも、ここが最も重要なところですが、ここでいう「うら」は、「おもて」と常に接触し合っていることです。裏と表は、切り離されているにもかかわらず、共‐接触しているのです。言い換えれば、裏と表は、常に反転する可能性をもっている。そして、物事の生成とは、こうした裏／表の反転から起こる出来事なのです。

裏と表が、それこそ瞬時で反転する、そういうヴィジョンとじつは偶有性は深く関わるものではないでしょうか。そういう反転可能性のヴィジョンが可能になるそのことが、偶有性だと言い換えてもいいかもしれません。固定化されない表裏一体の関係を、ウラとオモ（テ）という対概念が示している。常に起こりうる、その不意で偶然の反転こそが、「偶有性」の表れなのです。

――そして、近代社会は、そうした裏と表の反転を許さない、隠すべき裏側は永遠に裏側のまま、光の当たる表はずっと表のまま、そういう外と内、客体と主体が絶対に入れ替わることのない世界として固定されてしまったというわけですね。

偶有性など入り込む余地のない世界ですね。だからこそ、この「うら」と「おもて」の反転現象が面白いわけです。

偶有性をいかにして呼び出すか

私が、このところずっと奄美に通い詰めているのはご存じですよね。私は、奄美に行くと必ずこの共－接触、コンタンジャンスの経験を意識的に試みるようにしています。奄美に行くと、とにかくさまざまなものに触り、触れ、掴み、いじりまわし、その感触を楽しんでみる。それは、私にとって共－接触、コンタンジャンスの感覚を確かめる作業でもあります。

私が奄美で三線に出会ったのも、たぶんこのことと深い関係があると思っています。もっとも、三線はいわゆるフレットはないし、蛇の皮と黒木《くるつき》と呼ばれる黒壇の木の芯を使った棹でできている、それ自体生態的で肉体的な、機械的操作がむずかしい、つまり無限の偶有性を孕む楽器だといえますから、出会うべくして出会ったのでしょう（笑）。

三線というのは、私に言わせれば、先ほど言った混合体をつくり出す楽器なんです。左手は弦と棹に触れています。右手は、細くしなるバチを持って、弦と蛇の皮を張った太鼓という反響板に触れている。また、腹は太鼓の部分を裏側で支えていますから、ここにもからだと楽器の接触があります。三線を弾くことそのものが、指や手、腹、つまり、さまざまな身体の共－接触によって成り立っているのです。三線の音は、いわば私の身体が、皮膚が拡張されたものともいえるわけです。人間の身体、皮膚と楽器の身体、皮膚が共－接触することによってつくり出すものが、三線の音なのです。私と三線という楽器のコンタンジャンスがつくり出す混合体、そこにミクロコスモスとしての音世界が生成する。

そうしてつくり出されていく三線の音に、今度は、歌が絡み、融合する。奄美の島唄は、三線と歌の混合体であって、さらに踊りも加わると、それ自体音の身体といってもいいような複合的感覚世界が形成されていきます。音の珊瑚礁です。それもこれも、発端は接触から始まったものです。指と弦の接触、からだの一部としてのバチと蛇の皮をもつ太鼓との接触、さらには、私のからだの中心である腹と反響板の接触。そうしたさまざまな接触が、さらにあらたな接触を引き起こしていく。接触によって、世界への通路のようなものが開かれていくわけです。この通路は、しかし、知覚可能な空間性も時計の針が刻むような時間性もなく、いわゆる物理的な次元を悉く欠いている。ですから、過去に溯ることもあれば、未来を先取ることもできる。そういうコンタンジャンス的世界への入り口が、三線の音、歌、踊りがゆるやかに一体化して島唄と共に開かれる。ただ、残念なのは、そうした島唄は、徹頭徹尾一回性の出来事としてしか現れることがないということです。再現性がない以上、二度と同じことは起こらない。生起するもの・ことは、常に一回きり。しかし、だからこそ、かけがえのない、二度と経験することのない瞬間として記憶に刻印される。ある種の奇跡を体感することになるわけです。逆にいえば、同じ興奮や快楽の経験を繰り返したいという欲望は消えてゆきます。毎回毎回が、別種の昂揚として、それぞれに単独の価値をもつからです。

こうしたさまざまな接触によって、コンタンジャンスの世界が開かれていくわけですが、じつは、もう一つコンタンジャンスの世界を呼び出す方法を、今、試みているんです。偶有性というのは、何か全くデタラメなことをやっていれば起こるということではないことはいうまでもありません。身体と世界のさまざまな接触がそうした偶有性を呼び出すことになったとしても、そこには、コンタンジャンスの世界が開かれる条件のようなものがあるはずです。冒頭で言われたように、偶有性は、全くの偶然のことではないからです。必然と偶然の混合体が偶有性であり、したがって、ただ口を開けて待っていても、そういう瞬間を体現できるという保証はないのです。ある種の予言性、そういうメッセージのようなものを感じ取り、あるいは、偶有性を呼び出すための方法を見出す必要があるのです。

奄美大島の写真家、濱田康作は、それ自体は使い古された方法ともいえますが、二重露光という撮影手法によって、まさに、今言った意味での偶有性の瞬間を掴まえようとしています。そして、それはみごとに成功している。彼は、自らの二重露光の方法を「ヴァイタル」と名付けています。二重露光は、通常二つ以上のシーンを一コマのフィルム上に重ね合わせることから生まれる写真技法です。たとえば、私が三線を弾いているシーンと汀に立つ巨大な黒い大岩（奄美では「立神《タチガミ》」といいます）の映像が、同じカットの中で重なるように撮られる。すると、ときに大岩の腹に孔が開くようにして、私が三線を引く姿が重なる影像が出現する。私の顔は、珊瑚岩に開いた小さな穴で、海綿状のスポンジのように見える。二つの全く異なるシーンが同一のフィルムの中に、ハレーションを起こすように、あるいは微妙なバランスで溶け合いながら写し出される。二つのシーンは、意図的に選び取られたわけではありません。同じフィルムロールを一度撮り終わってからふたたび装填する、という手法ですから、二つのイメージの重なりは全く偶然の産物です。ですが、だからといって全くデタラメにシャッターが切られたわけでもないのです。映像を重ねる感覚の中で、なにかが撮影者の心（＝ウラ）に働きかけている。こう言ってよければ、写真家である濱田康作さんの、偶然を無意識に呼び込むことのできる直感の中で、二つのシーンが共 - 接触しているのです。

その写真をどんなに凝視しても、その二つのシーンを同時に選んだ意図のようなものを見出すことはできません。その意味では、像の重なりは全くの偶然の産物です。しかし、だからといって、そこになんら根拠が見出せないというわけでもないのです。何か、それこそ集合的な無意識のようなもの、戦争でも病でも家族の結婚でも季節の到来でも、なんでもいいのですが、そうした出来事に由来するある種の予兆を孕んだリアリティが、かすかではあるけれども、ほのかに、しかし、確実にそこには顕現しているのがわかるんです。おそらく、写真家の指先が、世界とたまたま接触する瞬間があって、写真家はその瞬間、迷うことなくシャッターを切ったのだと思う。二つの全く異なる世界が、濱田康作さんの身体、指先を媒介して、接触した瞬間です。この瞬間こそ、コンタンジャンスの世界へ開かれた時であり、あえて言えば偶有性に接した時なのでしょう。

——その瞬間というのは、最初にお話しされたインシデントと言い換えることができそうですね。

もちろん、そうです。だから、そのインシデントを逃さないためには、待たなければならない。そう、この待つこと、待機するということが、とても重要になってくるのです。決定的瞬間、という言葉が写真表現においては常套句になっています。フォトジェニックな絵を撮るためにひたすら待つ。しかし、濱田康作は、それとは全く逆のやり方をするんです。決定的瞬間を絶対押さえるぞという気負いは、彼には全くありません。先程の言い方で言えば、アクシデントとしての出来事には、全くといっていいほど彼は反応しない。彼が待つのは、まさにインシデントの一瞬です。些細な、ほとんどの人々が気にもとめないささやかな出来事が起こる、その一瞬、思いがけないほど精確に、彼のシャッターは切られているのです。無意識の待機といっていいような時間を生きながら、偶有性が呼び出されるその瞬間を掴まえる。すると、そこには驚くべきコンタンジャンスの世界が現れるというわけです。アレクサンドル・ソクーロフ、トリン・ミンハ、ル・クレジオ、セバスチャン・サルガドといった人たちが、奄美を訪ねた折に、この濱田康作的コンタンジャンスの世界へと入っていきました。そこで生み出された偶有性に満ちあふれた驚くべき写真群を、いつかまとめて紹介する機会があれば、と思います。

Vital 1「アレクサンドル・ソクーロフ in Amami」Photo by KOSAC

Vital 2「今福龍太 in Amami」Photo by KOSAC

コンタンジャンスの世界へ接触するためには、技芸《アルス》の力が必要なんだと思います。濱田康作という写真家は、その意味でまさにアルスによって、近代の個人的以前の古い技芸によってそうした世界に接触することができたのだといえます。私もまた、カメラではなく、三線という偶有性の楽器と一体化することで、このコンタンジャンスの世界の一端に接近できたのではないかと思っています。

――今福さんのおっしゃる恩寵というか僥倖というか、そういう瞬間を感じることが確かにあります。濱田さんの二重露光や今福さんの三線にしても、ある通路が開かれて偶有性に出会えた時というのは、クリエイティヴなものが誕生した時だと思います。だから、それをどうやってつくるかですね。

以前、私は『アーキペラゴ』（吉増剛造との共著、岩波書店、二〇〇六）の中で、コンタンジャンスについてこんな比喩で説明しました。ここに一つの小さな島を描いていく。先ほど入り江の話をしましたが、そういう入り江がいっぱいある島を想定します。入り江が連続した海岸線＝輪郭線を輪として閉じれば当然島になる。つまり、島という形に完結する。しかし、それを反転させたらどうか。つまり、入り江の内側と外側の輪郭をひっくり返してしまうんです。すると、陸と海が一瞬のうちに反転する。輪郭は何かを枠づけ、画定するために働く場合は確かに暴力装置になる。しかし、輪郭自体はどちらにも反転しうるものなのです。どちらの可能性ももっている。そういう自由があるんですね。そして、言うまでもなく皮膚も同じなんです。だから、皮膚をそうした反転可能性として捉え直すことで、私たちはコンタンジャンスの世界へ一歩近づくことができるのです。

しかし、この反転が、今、社会の中でできなくなっているんです。輪郭を描き始めた時から、すでにそれは閉じるものと思ってしまっている。輪郭を描くこと自体は問題ではない。輪郭の反転性を思考や実践の作法の中に取り入れることができなくなっていることこそが、じつは一番大きな問題だと思うんです。

輪郭を閉じること、あるいは閉じさせようとすることが近代のシステムかもしれません。だから輪郭ギリギリのところで輪を閉じずに、反転可能な開放体として留まること、留まり続けること。思想的にも日常的な実践行為においても、完結させるために閉じることをしないということが重要ではないか。それが偶有性を呼び出すための、究極の作法であり、最も確実な手法なのです。

III 〈知のヘルメス〉の作法——山口人類学の「詩と真実」

詞華集《アンソロジー》の精神のもとに

　万葉集、おもろ、エッダからカレワラまで、書物の始まりの形態の多くが「詞華集」（歌謡集）であることはとても示唆的である。西欧でふつう「アンソロジー」anthologyと呼ばれるこの形式は、語源的には“anthos”（ギリシャ語で「花＝華」）を集成（logia ＜ lego ＝集める）したもの、と解されている。日本語でいう「言の葉」はここでは葉ではなく花となって、言語が書物としてかたちをなすはじまりの時に、咲きみだれている。百花繚乱の光景に見立てられて編まれたことばの豊饒な響きあいは、形式であるというよりは書物の精神の表現であり、その意味において、書物の原型はアンソロジーにあった、ということはけっして的外れな断定ではないだろう。

　しかも詞華集にあふれる花々は、たんなる観賞物ではなかった。それらはみずから語り、歌いだしたのである。それ自身の声と抑揚と韻律とをもって。書物がアンソロジーとして生まれたのは、まさにこの花々のあげる多彩な声を対位法のようにひびかせながら、複数の思考と感覚と情念の交錯のなかに「知」の一形式を浮かびあがらせようとする人間の原初的精神のはたらきによるものだった。

　花と歌の合体のなかに詞（＝詩）の起源を認識するような感性は、ひろく世界の伝統文化のなかに見られる。とりわけ興味深い事例は、中米のアステカ王国の言語であったナワトル語の場合である。一五世紀、ネサワルコヨトルなどの優れた詩人を輩出したことで知られるアステカにおいて、「詩」はナワトル語で「イン・ショチトル・イン・クイカトル」in xochitl in cuicatl と呼ばれていた。これは「花」という単語と「歌」という単語の併置によってできており、この二つの概念の連合が、「詩」という概念を生みだしたのである。メキシコの言語学者アンヘル・マリーア・ガリバイは『ナワトル語提要』のなかで、一つのモノや概念を二つの名辞的要素の結合によって表現するこうしたナワトル語特有の語彙形成の手法を「ディフラシスモ」と呼んで注目している。ディフラシスモは、言語学的な特徴であるばかりか、アステカ人が事物を把握する思考のなかに、概念を固定化する以上に、概念を流動化させ、二元的・多元的な結合のなかに対象を浮かび上がらせようとする認識論的なヴィジョンが潜んでいることをも示唆している。こうして「身体」は「手－足」となり、「町」は「水－丘」となる。身体を「手－足」と呼ぶのは部分によって全体を表す方法であり、これはふつう修辞学的な概念では「提喩《シネクドク》」にあたる。町を「水－丘」と呼ぶ感覚はこれとはちがう。水も丘も、町をとりまく環境として町という概念の連続性の領域にあり、こうした隣接概念によって実体を表現するのは修辞学上の「換喩《メトニミー》」にあたる。そして詩をあらわす「花－歌」。ここでは歌は詩の同義語であり、花は詩のいわば「陰喩《メタファー》」となって、この二者の修辞表現の合体が「詩」という概念の豊饒な内実を指し示していることになる。

こうしてみると、アステカのディフラシスモのなかには、言語のほとんどすべての修辞的作用がすでに埋め込まれていることになる。いわばそこで、語彙は複数の概念を結び合わせる精緻なアレンジメントの思考を通して、創造されていった。そしてこの言語的アレンジメントの思考は、もっとも本質的な意味での「編集」（編み集める）という方法の原型でもあった。ナワトル語に限らず、人類文化において、言語表現の造形の端緒にこうした編集の精神が働いていたことは疑いないことのように思われる。そしてだからこそ、書物の原初形態が「詞華集」であることには意味がある。そこで人間は、無数のことばの花々を丹念に蒐集、分類、配置、編纂しながら、知が開花し実を結ぶためのもっとも原型的な庭園を造形しようとしていたからである。

＊

山口昌男の手がけた最初の書物が、自著ではなく編著として纏められたアンソロジーであるという事実の重要性は、これまであまり指摘されたことがなかった。『未開と文明』と題され、「現代人の思想」シリーズの第一五巻として一九六九年に平凡社から刊行された書物は、山口の本質的なアンソロジスト（詞華集編纂者）としての編集の思想を、余すところなく語っているように私には思われる。(1)

レヴィ＝ストロース、エリアーデ、今西錦司、石田英一郎、ヴァン・デル・ポスト、マックグラシャン、江藤淳らによる計一〇編のエッセイ・論考を三部にわけて収録し、巻頭に渾身の長編解説「失われた世界の復権」を掲げて纏められたこの本は、人類学的思考なるものをもっとも本質的かつ広義にとりながら、人類文化が神話と象徴作用を通じて維持してきた「始原」への通路を、近代の一元化された世界観にたいしてつきつけることで、豊饒で全体的な世界観の回復を夢見ようとする知的衝迫によって特徴づけられていた。そして、こうしたヴィジョンを実現するために山口が採用した方法が、アンソロジーであった。自身による解説をも含めた一一編の文章は、それぞれの時代背景と知的文脈を独自に抱えながら自立しつつ、山口が夢想する「始原」への入口をそれぞれのやり方で指し示していた。『未開と文明』が真の意味でアンソロジーであるのは、収録されたテクスト相互間に序列や体系を想定することなく、それらの自由で干渉的な響きあいを創造的に受容しながら思考しようとする、知の発生現場のみずみずしい包容力と闊達さがここに示されているからにほかならない。この点が『未開と文明』を、教科書とも、講座とも、網羅的論文集ともちがう、そうした近代の教育制度やアカデミズムに依存する書物の形態とはまったく異なった、すなわちもっとも原型的なアンソロジーの精神に近づいた書物として受容しうる、真の理由なのである。

そのように考えたとき、アンソロジーの思想はその後の山口の著作を終始貫くヴィジョンとして生きつづけていたことに気づかないものはいない。『本の神話学』(一九七一)は、書物を切り口にした近代の思想文化史とも、また膨大な引用をちりばめたユニークな読書案内とも解釈されてきたが、この著作自体を、山口の語りのなかに組み込まれて編集された一種の詞華集的なドラマトゥルギーのもとに読み直すことは、十分に可能である。『未開と文明』において着手した真のアンソロジーの具現化の試みを、山口は自著である『本の神話学』においてより創造的なかたちで追求していったともいえるからである。ワイマール文化のもっとも魅惑的な果実だったワールブルク文庫をめぐる思想史や、二〇世紀前半のユダヤ的知性の示した通分野的な関心と方法論にたいする、山口の特異な執着は、とりもなおさず知の「蒐集」「編集」行為の原型的な姿を描写しようとする強い欲求の自然な反映である。エイゼンシュタインのモンタージュ技法も、デーブリンの小説における「編集」(モンタージュ)的構成も、エドゥアルト・フックスの蒐集精神も、さらにはユダヤ神秘主義に依拠するボルヘスの「世界の本」への夢想も、山口の関心においてはすべて「知」をその発生の端緒へと引き戻した場所に生まれる、ことばと事物と概念の併置、連関、干渉にかかわる問題であった。それはすなわち、アンソロジーとして誕生した書物のもっとも本質的な精神をうつしだす、自由で闊達な想像力の作用のことでもあったのである。

その意味で、『本の神話学』が切り開いたヴィジョンも、またその読後感も、すぐれた詞華集の与える刺戟や存在感とふかく通底している。山口にとって、書物の外形的な形態として、それが断章的テクストの集成であるか、あるいはひと繋がりの連続した物語(=モノグラフィー)であるかは、それほど本質的な違いではなかった。アンソロジーの精神が、書物という知の源泉の形式への遊戯的・身体的な省察として示されるさまざまな可能性をこそ、山口のテクストは広く示そうとしていたからである。

*

山口の本質的なアンソロジストとしての系譜を歴史的にさかのぼったとき、アフリカニストとして出発した山口が偏愛したはずの二冊の詞華集につきあたる。その一つが、ブレーズ・サンドラールによる『黒人詞華集』(2)である。サンドラールほど、知と創造の領野を文字通り遊動的な身体と精神によって生き抜いた人物は近代において少ないだろう。一九世紀末のスイスに生まれ、十代で両親の家の二階の窓から家出し、革命前夜のペテルブルグで宝石仲買人、ロンドンのミュージックホールで手品師、ブリュッセルでは喜劇役者と転々と生業をかえ、パリを経て辿り着いたニューヨークでついに詩人ブレーズ・サンドラール(「燠= braise」、と「灰= cendre」を組み合わせた筆名で、異邦の旅に燃え尽きたのちの残り火の力がみずからの詩の源泉にあることを宣言している)として自己を再誕生させた風狂の単独旅行者。放浪の半生で吸収したあらゆる風物と物語とを体内にみなぎらせて二〇年代パリのアヴァンギャルド運動の核心へと飛び込んだこの詩人は、周囲のアーティストたちが自己表現の革新性を孤独に彫琢することにかまけるあいだ、ビザンチン小説からバルザックのパリ小説に至る二〇〇巻にもおよぶ文学叢書を企画したり、造形美術だけが突出して人気を博していたアフリカの、部族言語と口承伝統に文学的な光をあてる画期的なアンソロジーをまとめたりして、知の世界への編集的な介入をいちはやく実践していった。この後者のアンソロジーが、『黒人詞華集』として、その後のアフリカ民譚集の先鞭をつけることになった書物だった。

『黒人詞華集』は、フロベニウスによる先駆的なアフリカ民話集成『アトランティス』(一九二一―一九二八)の精神と軌を一にし、民族学者によって蒐集されたアフリカ諸部族の物語を文学的な想像力によってアレンジしながら、「宇宙開闢」「呪物崇拝」「トーテミスム」「呪術」「死」「愛」「ユーモア」といった章立てのもとに編纂されていた。それはフランス語に置換された民話の集成でありながら、アフリカ的詩学の本質を西欧読者に向けてはじめて部族の声によって語らせようとする熱気を孕んでいた。民族学者がそれまで収集していた神話や民話が、学問のなかで閉鎖的に消費される研究素材でしかなかったとすれば、サンドラールはおなじ文献を持ち前の細部にわたる考証癖によって詳細に検討・引用しながら、そこから詩学一般にむかう創造的な霊感の源泉をアンソロジーという形式のなかであきらかにしようとしたのだった。アフリカ詩学を現代に創造的に招喚しようとするこうした流れは、フロベニウスを嚆矢としてサンドラールやダダイスト詩人トリスタン・ツァラに引き継がれ、さらにアメリカへと渡ってエズラ・パウンドにもっとも深くその影響を刻み、さらにその先に「エスノポエティクス」という特異な民族詩運動を生み出した。その運動の創始者であるジェローム・ローゼンバーグは山口とまったく同世代の多産な詩人であるが、同時に彼が当代随一のアンソロジストとして刺戟的な編著を送り出しつづけてきたことも特筆すべきだろう。部族詩の詞華集としては『聖性の技師』『カボチャを鳴らす』が特に知られており、またヴィーコやブレイクからV・ターナー、スナイダーまで七〇編以上のテクストを文化の詩学的構成へのパノラマ的視点によって編集した大著

『全体性の饗宴』（一九八三）（ここにはレヴィ＝ストロース、エリアーデ、マックグラシャンなども収録され、山口の『未開と文明』所収の著者との驚くべき一致が見られる）は、アンソロジーという形式の新たな可能性を提示する画期的なものだった。さらに近年、ローゼンバーグは『書物の書物』（二〇〇〇）という編著において、人類文化の詩学的想像力の源泉として象徴的・神話的な力をもってきた「書物」そのものへの省察を、古今東西の書物論、文字論、書籍プロジェクトを渡り歩く驚嘆すべきアンソロジーとして提示している。山口の『本の神話学』の精神がアンソロジーとしてあることの隠された意味を、このローゼンバーグの本は見事に解き明かしているともいえるだろう。

山口とのかかわりでもう一冊触れておきたい詞華集がレオポール・セダール・サンゴールの『ニグロ・マダガスカル新詞華集』(3)である。サンドラールの『黒人詞華集』から二十数年後に刊行された本書は、フランス語によるアフリカ黒人詩のはじめての集成であり、サルトルの著名な序文「黒いオルフェ」を巻頭に掲げることでネグリチュード運動の精神的支柱を形成するアンソロジーとして位置づけられてきた。ある意味で、部族の民話集としてあったアフリカを舞台とする詞華集の概念が一つのサイクルを終え、長い植民地化を反映する西欧語による現代黒人詩人の登場が、彼ら自身によるこうした新たなアフリカ・黒人カリブ海アンソロジーの出現をうながしたことになる。セネガルの初代大統領にして詩人サンゴールの諸著作が山口に与えた霊感は大きく、「アフリカの知的可能性」（一九六八）をはじめさまざまな論考においてこの詩人哲学者の言葉が引用・考察されているが、それはとりもなおさず、始原的な宇宙形成力によって「存在」の本質をとらえようとするアフリカ哲学への山口の一貫した共感に裏打ちされている。

パリのシュルレアリストのサークルにも深くかかわり、黒人による反植民地化闘争においても絶大な思想的影響力を持ったマルティニックの詩人エメ・セゼールの詩編も多く含んだ『ニグロ・マダガスカル新詞華集』がアンソロジーとして示す一つの特質は、それがことばを編み集めるときに発揮される覚醒した政治的な身振りを、ラディカルに孕んでいたことである。サルトルは序文「黒いオルフェ」で、冥界まで下降して妻を奪還しようとするギリシャのオルフェウス伝説の不可能な試みになぞらえながら、アフリカという魂の内部へと下降しつつアフリカ的精神性を探るサンゴールやセゼールらの詩的自己探求の姿を「黒いオルフェ」たちと呼んだ。黒人詩人たちの苛烈な自己探求が、植民地主義のもとで抑圧された一つの知的可能性の奪還に向けての政治的闘争でもあったことを、このアンソロジーは西欧人に鋭く突きつけたのである。そしてその叛乱の形式が詞華集であったことは重要である。山口の多くの著作が示すように、本質的なアンソロジーの精神とは、知の端緒を形成する編集の技の反映であるとともに、制度化された思想や知の流通する権力空間を切り裂いてゆく、新しい文化政治学的ヴィジョンの提示でもあったからである。

*

「詞華集《アンソロジー》」という形式とそこに込められた精神を媒介にして山口昌男の仕事の原型的な方法論を考えてきたいま、あらためて『本の神話学』という、山口の書いたテクストすべてにたいして「原‐物語」(＝神話)として振る舞うかに見える著作へと立ち戻るべきだろうか。無数の引用をちりばめ、一見キラキラした博覧強記の成果として見えるこの本の背後に、終始低いトーンで鳴り響きつづけるたった一つの透明な声が、ヴァルター・ベンヤミンのものであることを否定するものはいないだろう。「この仕事は、引用符なしで引用する術を最高度に発展させねばならない。その理論はモンタージュの理論ともっとも密接に関係している」(『パサージュ論』)と書いたベンヤミンを想起しながら、長編エッセイ「エイゼンシュタインの知的小宇宙」のなかで山口は、「引用だけからなる本を書きたいと言ったベンヤミンのことをひと事ではない、と私は密かに思ったことがある」[4]と思い入れたっぷりに書きつけている。エイゼンシュタインもまた引用に取り憑かれた書痴として山口の思考と方法論の至上のモデルであったが、ベンヤミンがモンタージュという映画用語を使いながら、この「全線」の映画作家＝映像理論家の技法と彼の思考との親縁性を示すとき、そこには次のような想像力が感知されている。すなわち、事物や概念をその日常的・歴史的な文脈から切り離し断片化して「思考の細片」として利用することによって、そのものが他のものとのあいだにもつ類似性や共鳴関係のなかから本来の隠された意味を救済しようとする蒐集家のヴィジョンである。そして山口がそうしたヴィジョンをベンヤミンと深く共有していることは疑いない。

『本の神話学』のなかの「ユダヤ人の知的熱情」の章で山口は、ドイツ表現主義の作家デーブリンの方法論を「編集」(モンタージュ)として分析するベンヤミンの論評を共感をもって引く。ベンヤミンはそこで、『ベルリン・アレクサンダー広場』の作家が作品のなかに組み込んでゆくさまざまな小市民的な新聞だね、醜聞、事故、広告といったものが、小説の構成と文体をモンタージュし、そこから文化のあらたな叙事的な記述の可能性が開かれることに注目している。この引用による編集的な技法は、新聞記事や聖書の詩句、統計、流行歌の歌詞といったものによって叙事的な事象を権威づけているが、ベンヤミンによれば、こうした近代社会の庶民的なアイテムは、ちょうど古代の叙事詩における定式的な詩句の立場を占めるものとされている(「小説の危機」)。古代叙事詩がもっぱら詞華集という形式のもとで書物として成立したという冒頭の私たちの主題にひきつけていえば、ベンヤミンがいう叙事的な記述の可能性がひらくヴィジョンとは、まさに近代の引用的、アンソロジー的な知性が獲得する夢の方法論でもあることになる。

『本の神話学』の最終章は「物語作者たち」と名づけられているが、これはとりもなおさずベンヤミンの「物語作者」と題するエッセイを創造的に引用・変奏しながら行われたベンヤミン思想へのオマージュである。ここでは「物語る精神」が、東欧のユダヤ人の口承的な世界への想像力を介して、人間の口から口へと伝達される透明な声の受け渡しとしてイメージされている。山口は次のように書く。

> 物語には一種の透明性がある。というのは、口から口へ伝えられた体験というのは、その原体験が遠い時代か遠い地方に発しているという点で、聴き手の日常生活から一見離れているように見えながら、その実選びぬかれた状況と体験が語られているということにおいて最も内密なものでもあるという二律背反を「語り」そのもののなかに潜めているからなのだ[5]。

こうした感受性を、ベンヤミンは「物語作者」のなかで、あらためて「叙事的形式」と言い直して論じている。叙事的な物語作者は、彼が語るものを経験から引きだしてくるが、それは自分自身の経験である場合もあれば、また誰かから口伝えに聞いた経験の場合もある。そして彼はそれを語ることによって、伝達される経験を、彼の話に耳を傾ける人々の経験へと変えるのである。近代小説が示す孤絶した個人性のメッセージではなく、誰かによってすでに語られた事柄が、無意識の叙事的な通路をつたって近代の人間の固有な日常性に鋭く表面化する瞬間を、ベンヤミンも山口もとらえようとした。

こうした、叙事的な「遠くからやって来る知らせ」の諸断片をあらたに組み直しながら物語として内化してゆく伝統に対し、ごく身近な事項に手がかりを与えてくれる安易な「情報」という形式が近代の市民階層の想像力を貧弱にしていった過程をベンヤミンは批判的に対置させる。高度資本主義下のマスメディアのニュースが代表するこうした「情報」は、それ自体で理解できる完結した情報能力を持っていなければならず、その要請によって、それが事実であるかどうかは別として、つねに首肯しうる「本当らしさ」のコードを分泌する。そのような本当らしさを付与するための「説明」によってあらかじめ文脈化され、実証的な手続きのなかに自閉した「情報」の普及とは、すなわち社会における物語能力の衰弱と深くかかわっている。叙事的形式によって、人間の神話的原‐物語が遠くの人々、遠い地域同士を結びつけていた物語の伝統を近代性のなかでふたたび奪還するために、ベンヤミンは蒐集と引用の技法をつうじて、アレゴリーの断片のなかに知の通路を探りあてる冒険に踏み出したのだった。それはすなわち、情報を説明から解放し、再話によって事物の隠されていた連関を取り戻すための不可欠の手続きでもあったのである。

こうした感受性にもとづいて再話された近代の「原‐物語」の断片を集成した至高の「自己アンソロジー」こそが、ベンヤミンにとっての『パサージュ論』であったことは、もはや言うを俟たない。ベンヤミンはそこで「蒐集」の本質についてこう書き記している。

蒐集において決定的なことは、事物がその本来のすべての機能から切り離されて、それと同じような事物と、考えうるかぎりもっとも緊密に関係するようになるということである。この関係は、有用性とはまっこうから対立するものであり、完全性という注目すべきカテゴリーに従っている。この「完全性」とはいったい何であろうか。それは、単なる客観的存在という事物のまったく非合理なあり方を、特別につくり上げられた新たな歴史的体系のうちに組み入れることによって、つまり蒐集することによって、克服しようとするすばらしい試みである。(……)最後のおののき(取得されるというおののき)が駆け抜けるあいだに、事物の一つ一つは凝固する。この凝固によって事物の各々を一つの魔圏のうちに封じ込めることこそは、蒐集家の行うもっとも深遠な魔法である。彼の記憶、思考、意識のすべての対象が、彼の所有物の土台となり、枠となり、台脚となり、錠となる。[6]

現代のアンソロジーとは、この蒐集家の情熱によって、「情報」を「物語」の世界へともう一度還してやるための秘儀的な技法なのだ。そう考えれば、近傍の諸事をもっともらしく「説明」し、その分析そのものに「権威」を与えて自足するような学問のあり方から、山口がもっとも遠く離れてあることの道理はあきらかである。「遠くからやって来る知らせ」を口伝えに伝えながら、他者の声に自分の声を重ね合わせ、この透明な声の連鎖のなかに、人間の歴史の隠された消息を感知すること……。こうした物語作者の身振りを書物によって再現することの夢に、山口は取り憑かれていたのだともいえる。

山口にとって、そうした「遠き声」の持ち主であった作家カーレン・ブリクセンの物語アンソロジー『ノルダーナイの洪水』に触れながら、山口は想像力の助けによって人間の生活世界から物語の断片を手に入れてゆく可能性について、こう書いている。

生活はそこで、人が〝何もの〟かと出遭うきっかけを与える場なのである。カーレン・ブリクセンは、何処かで〝出遭い〟を持った、そして、われわれが見聞き、触れる世界の底に、われわれが見失った世界に至る道を示す断片としての状況を丹念に採集して、これを織り合わせて行くことによって、そういった世界を恢復することも不可能ではないことを自覚したのである。そこで彼女は状況の収集家となったのだ。[7]

状況の収集家＝蒐集家、という表現に、「知」を文脈化された「情報」によってではなく、思考の端緒において立ち現れる「遭遇」の苛烈な強度によって組み上げてゆこうとする山口の意思がみごとに伝えられている。

遠くからの声が、近傍での慣れきった日常を切り裂いて、世界との本源的な出遭いを人々に自覚させる。声は、咲き乱れる花々のように華麗な混沌と交響のなかで、ときに鈍く、ときに輝かしく閃きあいながら、隠された世界の道理とヴィジョンとを編み、語りはじめる……。その意味で、山口昌男の「人類学」は、この「遠くからやって来る」者の透明な声を獲得するための、冒険的な実践でもあったのである。

ジプシーの精霊の声を聴きながら

　ある夜半、私が運転する車中でふたりで歓談しているとき、カーステレオから流れるギターの音に不意に反応した山口が、これは……、とひとことつぶやいたまま想念を宙にただよわせる姿にひどく印象づけられたことがある。ギターは、死の前年に録音されたバーデン・パウエルの、溌剌とした装飾音がしずかに畳みかける名演であったが、アフロ・ブラジルの詩神にするどく反応した山口の耳の繊細さに驚く以上に、彼の瞬時の沈黙が指向する認識の淵の深みを感じとって、私はわずかな街灯だけが照らしだす夜の道に、始原へのほの暗い通路が忽然と出現するような感に打たれた。

　山口の耳はそのとき、音の調子 tone ではなく、響き timbre をとらえたのだ、と私はすぐに直感した。音の高低（ピッチ）によって分節化された楽音によって認知される「調子」とは、いわば時間軸にそって「旋律」をつくりだす音楽の基本構造をなしている。結果として「調子」による音の受容は、人間感情や心理の情緒的な類型化へとたやすく横滑りしてゆくことが多い。悲しい音楽、楽しい音楽、不気味な音楽、といったように……。音楽はこうして、あらかじめ日常世界のなかで形式化され固定化された情緒を追認し、それを比喩的なモデルへと流用するだけの従属的なものへと貶められる。

だが、音を「響き」（あるいは「音色」）において受容することに習熟した耳が聴いている世界は、これとは大きく異なっている。まずそれは、旋律や拍子といった音楽の外形的な構成要素の外部にある、不思議な領域である。記号的な記譜法にはけっしてあらわすことのできない、音の非テクスト的な地平である。雑音や倍音、反響や揺れなど、音の物質的な特性をけっして聞きのがさない、明晰で自立的な耳だけが、「響き」「音色」によって出現する世界の深みを感知することができる。ブラジルのギタリスト、バーデン・パウエルは、ギターという楽器を、そのような響きの創造のためにだけ活用した稀有の音楽家の一人であり、山口の鋭敏な反応は、まさに彼の耳がバーデンの音のそうした特質を直感的にとらえた証でもあると、わたしには思われた。ピッチとテンポによって音楽を構造化する西欧的記譜法からまったく自由な、ブッシュマンやアメリカインディアンの耳と同質の、音色の微細な揺れと響きだけを音楽のエッセンスとしてとらえる山口の耳が、あの夜道に始原への回廊を出現させたにちがいない、と私は確信した。

＊

音の旋律的な帰結ではなく、その響きが生まれる原型的な場、音という現象の端緒を探ろうとするかのような山口の本能的な身振りが、歴史を語る山口の言葉遣いと重なって見えるのはそのような時である。音の受容を歴史への態度に置き換えてみたとき、通時的な時間の流れを前提としてそこに出来事を（その事柄の事大主義的な評価によって高低のアクセントを与えながら）配置してゆく因習的な歴史学の構図は、音楽でいえばまさに「調子」への感情移入によって支配された歴史観である。時系列的な因果関係によって説明されるそうした歴史の表情は、そこにいかなる波乱万丈のドラマが隠されていようと、最終的には歴史記述の首尾一貫したディスクールの構造へと回収されて、平板な日常意識のなかにその居場所をあてがわれるしかない。

だが音楽を構成する音の定立をはじめから疑い、その複雑な響きと揺れに耳をそばだてるような感性にとって、歴史は出来事の通時的な連続性のなかにはけっして浮上することのない何かである。すべての音が、その始原の響きをかかえて単独に屹立しているのだとすれば、歴史はかならず、その始原的な場を「いま」に呼びだすための通路を胚胎している。それは因果関係によって支配された通時的な直線上の通路ではなく、われわれの現在時に過去の原型的な構造を一気に甦らせることのできるような、共時的・神話的な仕掛けをかならず内蔵しているはずだからである。

歴史をとらえるときの、この通時的なるものと共時的なるものの相互関係については、メキシコの詩人＝批評家オクタビオ・パスが『弓と竪琴』（牛島信明訳、岩波文庫）のなかで説得的に論じている。パスは、詩人の言葉がある時代の言語に帰属する歴史的なものであると同時に、あらゆる日付に先んじた絶対的な始まりをも示している、としながら、刺激的にこう書いている。

われわれがギリシャと読んでいる諸々の状況の全体がなかったら、『イリアッド』も『オデュッセイア』も存在しなかったであろう。しかしまた、そうした詩作品がなかったなら、ギリシャという歴史的現実も存在しなかっただろう。詩は完全に日時を付すことのできることばで織りなされた布でありながら、すべての日付に先行する行為である（……）。詩的言語は、相補的で不可分な、そして矛盾する二つの意味において歴史的である。つまり、社会的所産であるという意味と、あらゆる社会が存在するための前提条件であるという意味において。[1]

日付を持った歴史的時間に依拠しながらも、その言葉が過去にではなくつねに現在時に属しているという詩の言葉は、パスにとって、たえず現在時を喚起しつづける指向性としての、新たな生成としての時の一範疇であった。そうした視点をふまえて、パスは決定的なフレーズを書きつける。「歴史とは、詩語が具現される場所」である、と。

パスはここで、いわば「詩」(詩作品＝ポエム)の背後にあって時の先端を浮遊しつづける、もうひとつの「詩」(詩法＝ポエジー)について語ろうとしている。作品として個別化され結構を与えられた「詩」(「詩作品」)の受容が、「調子」による楽曲の理解に対応しているとするなら、「詩」(「詩法」)の探求とは、音を「響き」や「音色」のテリトリーへと微分化することによって始原へと遡及することにまさに対応する。だからこそ、詩語が具現される場所としてのこの深層の「歴史」世界への接触が、日常意識のなかに埋没した人間精神に新たな統合と全体性を回復させるための秘儀的な行為となるのである。

*

山口が、『歴史・祝祭・神話』(一九七四)の巻頭を、スペインの詩人フェデリコ・ガルシア＝ロルカの詩法について論じることからはじめた理由は、この点とふかくかかわっている。『ジプシー歌集』(一九二八)から『ニューヨークの詩人』(一九三〇)へと至るロルカの詩的言語の遍歴とその深化をあとづけながら、山口はここで、まさにロルカの詩法がたえず参照点としてたちかえる始原のイメージが、生と死の弁証法的な原理を内蔵した、現実世界にたいするモデルの供給源であることをくりかえし説いている。スペイン南部グラナダに生まれ、ジプシーという流民の生活原理のかたわらで成長したロルカは、『ジプシー歌集』において忍び寄るスペイン警察隊のイメージを媒介に時代の権力が指し示すファシズム的暴力を予兆し、『ニューヨークの詩人』ではアメリカ・カリブ海の黒人世界を知ることで、黒人たちの置かれた危急の現実が二〇世紀社会の新たな異端審問の対象として浮上しつつある状況に覚醒する。そのとき詩人のなかに生じた決断は、ジプシーや黒人たちに連なりながら、みずからの個人的危機を時代の生贄として供するという、シャーマン的な選択であった。現実に進行する「政治」の世界に対して、詩人はことばによってこうした原型的な神話形式を呼びだすことで、皮相なる歴史を足枷として与えられた人間の生感覚に跳躍の契機を保証することができるという点を、山口はロルカを通じて深く確認しようとしたのだった。

そのとき、スペインの民俗世界が伝統としてはらむ「死」や「反秩序」との親和性が、始原のモデルへと絶えず回帰する力を養ったことは重要である。山口は、イスラムの支配から脱したスペイン・カトリック文化が、矛盾を内包したその国土回復の過程を町をあげての演劇的祝祭として例年反復・反芻するという形式で知られるアルコイの祭り「ムーア人とキリスト教徒の戦い」を例にあげながら、竜(ムーア人の象徴)を退治する聖ジョージ(キリスト教徒の表象)の神話を鋳型にして演じられる犠牲と鎮魂の祝祭を、つぎのように意義づけている。

鎮魂とは、このように、人を無に対面させる混沌《カオス》のエネルギーと直面させる行為であり、歴史的世界において、人を行為に駆りたてる原動力もつねに、このような破壊さもなくば自己破滅への意志を内蔵しているのである。歴史的世界がその核において祝祭の世界にとり込まれるのは、そういった状況においてなのであり、逆に民衆はこういった祝祭における正負の弁証法というモデルによって歴史を彼自身の小宇宙にとり込むのである。いうまでもなく、ロルカが詩的源泉に仰いでいたのはこういった世界であった。二十世紀のスペインには、歴史の神話的原像を想わせるすべての要素が出揃っている。その原像を、グラナダという土地を通して描きだしたのが、ガルシア・ロルカであった。(2)

山口が、詩人ロルカやスペインの民俗的祝祭をつうじて語ろうとしていたのは、民衆が過去との連続性の感覚をいかにして維持するかという観点から「歴史」をとらえ直されねばならないという問題意識にほかならなかった。歴史の文献学的なアプローチによっては接近することができないこのテーマが、祝祭や説話や叙事詩という形式を通じて示された深層の歴史へと遡行することで浮上するという確信を、山口は「歴史と身体的記憶」のなかで、つぎのように語っている。

われわれは、民衆的なレヴェルで、過去が民衆の世界の一部に組み込まれる形式としての「歴史」において、事象と説話の間に明確な境界はなく、歴史的な事象の像は常に流動的で高い可塑性を示しており、ある事象が民衆の歴史像の中に定着するために経過しなければならない民俗的認識論《フォーク・エピステモロジー》が、神話・説話・叙事詩という形式《フォーム》で表現されているという具体的な過程を再現することができるのである。(3)

こうした指摘は、山口のなかで認識されている「歴史」というものの可変的でダイナミックな諸相をよく示している。パスがいうように、「歴史が詩語の具現される場所」であるとするならば、その詩語=詩法とは、実証的な文献史学が捨て去って久しい、神話的・説話的な構造にたえず回帰するような、すなわちことばの意味やロジックではなく、その響きや音色の出自をみきわめようとする歴史的感受性によってのみ実現されるのであろう。『歴史・祝祭・神話』をはじめとする山口の探求は、まさに歴史の世界から響いてくる、楽譜に載らない音を精緻に聴き取ろうとする、刺激的かつ独創的な試みであったことになる。

＊

山口が、ロルカ的な歴史の感受性にもっとも深く共感する場に、口承的・身体的世界との親縁性の意識がたえず呼びだされていることも指摘しておかねばならない。まだ十代の若きロルカが詩を書くためにサクロモンテの丘にあるジプシーの岩屋をしばしば訪ね、手土産のお菓子や食べ物と引き換えに彼らの歌や踊りを所望し、時を忘れてそれらに見入り、聴き入っていたというあるジプシーの老女の回想を引きながら、山口はジプシーと深く交感するロルカの姿に、人類学者が異文化において他者と遭遇するときの本質的なコミットメントの理想形を見いだしている。ジプシーという、「己の未知の部分を秘める他者」によって誘惑され、洞窟にひきこまれてゆくロルカの心性のなかに、山口は声や身体を媒介にしてのみ奪還しうる、制度的「歴史」が放逐した秘儀的な時間の甦りを感知した。

スペイン、アンダルシーア地方の民俗世界において、民衆が芸術的創造の霊感源としてみなす神秘的な力「ドゥエンデ」。ロルカによれば、このドゥエンデの精霊は「奥まった血液の小部屋」で目覚めさせねばならず、それはまた死によって昇華される生の究極の昂揚と深く結びついている。ロルカは、みずからの詩法をこうした民衆的叡智に託して解説したとも読める講演「ドゥエンデの理論とからくり」のなかで、次のように書いて、ドゥエンデという力の口承的・身体的具現化について強調している。

あらゆる芸術にドゥエンデを受け入れる余地がみられますが、より一層大きな領域が見いだされるのは、当然なことですが、生きた媒体を必要としている音楽、舞踊、詩の朗詠の中でありります。なぜなら、これらは絶えることなく生と死を繰り返し、その輪郭をほかでもない現時点にあらわすタイプのものであるからです。(4)

音楽や踊り、朗唱といった行為を媒介に、生と死の輪廻を繰り返しながら、つねに「いま」に甦る原型的なヴィジョン……。それは声や身体を通じて維持される深層の「歴史」の姿であり、山口が「始原」と呼びつづけた、日常性に埋没した自己と世界の蘇生にとって不可欠な認識の領野なのであった。ロルカがドゥエンデの理論をつうじて語った、つねに「現時点」によみがえる歴史的叡智の伝承について、山口は「垂直」とか「瞬間」とかいった、因習的歴史学によっては想像しえない概念によりながら、つぎのように書いている。

それは、始源的なものが自然的時間を遡った果てにあるものでなく、内的時間の存在様式を「垂直に」たどることによって、開示される、すなわち各々の瞬間のなかに生成として姿を現わすものであるということである。(……)二十世紀における始原性＝根源性への復帰の衝動は、そのまま世界に再び生の意味ある中心としての「聖」なるものをもたらそうとする運動であったといえる。(5)

世界の再聖化というプロジェクトは、二〇世紀の芸術運動においてはシュルレアリストたちによってもっとも激烈に試された企図であったが、山口にとってもまた、ロルカや、あるいはアルトーやブルトンによる始原への遡行は、失われた世界が復権する「瞬間」を求めて表層の歴史を離脱しようとする山口の自己を賦活する、大いなる力の源泉であったことになる。

ブルトンの死の直後に追悼の意を込めて書かれたエッセイ「アンドレ・ブルトン、あるいは始原の探求」において、オクタビオ・パスもまた、シュルレアリストの探求が神聖化と冒瀆の両極を揺れる苛烈な実践であったことをふまえながら、「瞬間」という用語によって歴史が現われだす別種の時間について、こう刺激的に書きつけている。

〔詩的な瞬間を生きたものは、〕ブルトン自身が何度となく強調したように、夢と覚醒の、生と死の、時間と無時間の現在の境界は流動的で漠然としたものであることを知っている。死とは本当のところ何であるのか、それが自我の終り――牢獄の終り――であることを除いて、われわれは知らない。ブルトンは幾度もその牢獄を破り、時間を拡張あるいは否定し、尺度のない瞬間を通じて〈別の〉時間と一体化した。その生と思索の核であるこの体験は、傷つけることも触れることもできない。それは時間の向こう側に、死の向こう側に――われわれの向こう側に――ある。それを知ることがわたしを、彼のこの度の死との、すべての死との和解に導いてくれるのだ。(6)

ここに述べられたヴィジョンと同質の感受性のなかで、まさに山口は『歴史・祝祭・神話』においてトロツキーやメイエルホリドの被った暴力と死の運命を、歴史の忘却された淵から救い出すことに成功したのであった。

ロルカやブルトンやパスといった、詩法のマスターたちを導き手として、山口はジプシーの精霊や黒人のトリックスター神が小声でささやきかける歴史の洞窟へと入り込んでいった。そこでの身体的な遭遇がもたらす苛烈な生と死の交錯の経験から、山口は彼自身の歴史学を、言語と認識の端緒に立ち返って構築しようとしたのであった。

そのとき、精霊たちも民衆の神々も、再聖化された世界をめぐるそれぞれのヴァージョンを繰りだしながら、近代社会が一元化した「歴史」の姿を無化しようとする試みに連なりはじめた。スペインの民俗世界、ジプシー、ムーア人、そしてカリブ海黒人、アフリカの部族社会……。山口の探索するフィールドには空間的境界がなく、そこにはまた通時的に一定の尺度も与えられてはいない。だがまさにそのことによって、山口は、もっともアクチュアルなこの「瞬間」のなかに、歴史と祝祭と神話の三和音《トリアーデ》を、楽譜のはるか彼方に響かせることができた。

ロルカがグラナダにおいてたっぷりと呼吸した「イスラム」の存在を排除した幻影の「歴史」の完成にいそしむ独善的・好戦的な指導者が独り歩きする二一世紀初頭のこの世界において、グローバリズムの標語のもとに平板で退屈な社会像と価値観が私たちの周囲をとりまこうとしているいま、私たちに本質的な他者と向き合わせる機知を備えた歴史の精霊を、歴史の天使をいかにして廃墟のなかから奪還することが可能なのか？　この危急の問いかけに真摯に応答するために、山口の思考は私たちにとって本質的なよりどころでありつづけるだろう。

＊

自己風刺の描線

山口昌男の独創的な「道化論」の出自についてあれこれ考えをめぐらせていたある日、突然豊饒なイメージが目の前に現われた。セルゲイ・エイゼンシュタインの旅先でのデッサンである。一九三〇年暮れ、メキシコに撮影のためやって来たソヴィエトの映画作家は、一七カ月間この神秘の大地に滞在して、のちに『メキシコ万歳』(未完)として知られることになる二四万フィートにものぼる映像を撮影したが、そのかたわら、長いあいだやめていたスケッチの習性にふたたび目覚める。土地土地の民俗的風景や民衆の表情、古代遺跡に刻まれた碑文の文様などを憑かれたように即興的にデッサンしはじめたエイゼンシュタインは、現実を見る自らの本性としてのグラフィックで形態学的なセンスを、このとき素描に託して再確認しようとしていた。メキシコ先住民の世界をエキゾティックな風習の残る世界として写実的に描き出すのではなく、人間の日常生活のなかに表明された深遠な感情の統合と官能的な恍惚の姿を、彼は単純な筆致のなかで、大胆な省略と奔放なデフォルメによって見事に切り取っていったのだった。

セルゲイ・エイゼンシュタイン「さまざまな人物像」

　これらのエイゼンシュタインの素描を眺めるうちに、山口によるフィールドのデッサンとの疑いなき類似に、私はあらためて強い興味をかきたてられた。いうまでもなく、山口自身が、ソ連時代のエイゼンシュタインのエッチングに魅了されていたことは、彼の素描集『踊る大地球』（晶文社）のなかでも告白されている。だから、エイゼンシュタインのデッサンの線と山口のそれとが似ていること自体は、ごく表面的なかたちの影響関係として説明がついてしまうと思われるかもしれない。

　しかし、私が抱いた興味とは、そうした外面的な類似のことではない。むしろ、山口のエイゼンシュタインの素描への関心は、描画の線が生み出されるときにはたらく「目の祝祭」という側面に注がれていた。空間やかたちや、そこから立ち上がる感覚的な気配を、めくるめく線の軌跡としてとらえ、それを即興的な遊戯性とともに視覚的な図像として生成せしめること……。目がとらえる一瞬の快楽を、そのままにペン先の饗宴として描きあげること……。こうした行為を「目の祝祭」と呼ぶ山口は、エイゼンシュタインのデッサンのなかから、視覚の祝祭のひとつの至高のモデルを見いだして、そこに自らの目を重ね合わせていたのである。

　目から手へと伝えられるこの身体の祝祭的な通路において、山口はエイゼンシュタインと決定的に出遭った。エイゼンシュタインの伝記作家の一人であるマリー・シートンによれば、メキシコのフィールドで紙と鉛筆を手にした彼は「自分自身のなかの無意識が頭をもたげようとする前にひどくすばやく描い」たとされているが、まさに心理的な動機づけを含む「無意識」や「解釈」が入り込む以前に、目と手のあいだに即興的で祝祭的な通路を通してゆく軽快なデッサンの方法論において、山口はエイゼンシュタインの正統な後継者であったといえる。

わたしは絵を描き始めた。失われた楽園が、ふたたび見いだされた……。

エイゼンシュタイン「メキシコのダンサー」

山口昌男「舞の所作」

エイゼンシュタインはメキシコでふたたびデッサンの鉛筆を握ったときの昂ぶりをこう書き残しているが、少年時代から素描の才を見せ、あらゆる経験をまず線画として表現することを得意としてきたエイゼンシュタインは、映画『全線』や『戦艦ポチョムキン』の成功によって、突如映画監督としてフィルムを通じて視覚的現実を処理してゆくキャリアのなかになかば不可避的に入り込んでいったともいえる。だが彼は、ほとんど生まれながらにして、映画作家であるよりも前にまず素描家であった。メキシコでの素描との再会は、だから彼にとって、ソヴィエトでの映画制作に忙しかった一〇年近くのあいだ失われていた楽園の回復であり、もっとも簡潔かつ厳密にリアリティの意味を形態として捕捉する至上の方法論への悦ばしき帰還であったことになる。

山口にとっても、素描家の資質は、研究者・著述家山口にはるか先行するものだった。『踊る大地球』の冒頭、「線にする記憶」と題された序文を「ぼくにとって大切なことは、描くという意識にとらわれないということなんです」と書きはじめた山口は、彼の素描が、ほとんど幼児期からのもっともあたりまえで、ほとんど自動化された身振りに属していたことを語りながら、彼の線画の生まれてくる道筋についてこう印象的に語っている。

空間を描くというのは、自分の意識の内側を通すでしょう。自分の思いが出てくるわけで、そこには線の力がある。たんなる外界を写実してのリアリズムとは違うと思います。線における、内的なリアリズムなんですね。ぼくは、それを自然と持っているじゃないかと思うこともある。(……)ぼくを読書だけの人だと思っている人は実に多い。確かに本を論じたことはありますが、国外の調査を含めて移動しているとき、ほとんど本なんて持っていないんです。動きのとれるあいだ、まあ、いまでもぼくは、年中、日本の内外を歩き回っていますが、情報を自分の内部に沈殿させようとすると、形や線を蓄積する方法としては、やはり絵なんです。[1]

もっとも本質的なフィールドワーカーとしての山口にとっての「情報」というものが、本のなかに文字として定着されたものである以前に、自己の身体と意識を瞬間的に通過する「形や線」の記憶として意識されているという事実を、こうした発言は見事に示している。そしてそのような「目の祝祭」のメカニズムによって透過された描線の軌跡は、エイゼンシュタインにおいてもそうだったように、かならずどこかで、写実信仰の相対化・内面化のプロセスを通じて鋭い「風刺」を分泌する。目の祝祭とは、ほかでもない、まさに道化的な相によって特徴づけられた視覚の祝祭であり、素朴なリアリズムからの適正なディタッチメントによって特徴づけられたデッサンは、かならずカリカチュア（風刺画）の相貌を宿すことになる。

＊

私が、山口道化論のダイナミックな射程が生み出された根拠のひとつを、素描画家としての山口のほとんど先天的な資質に帰そうとする理由も、またそこにある。しかもこの素描画家は、西洋的な絵画や造形の伝統をくつがえし、すべてを即興的な「線」の閃光に賭けようとする第一級のカリカチュリスト（風刺画家）なのであった。このことを語るために、あえて少し回り道をして、山口の著作自体が持つ、図像的な特性について考えておきたい。

一九七五年に単行本化され、函入りの美しい装幀で刊行された『道化の民俗学』（新潮社）は、山口のすべての著作のなかでも、おそらく最も鮮烈な印象を残す傑作のひとつだった。それまでの「人類学」が、現場の調査研究を基礎にしたフィールドサイエンス（野外科学）としての素朴実在論と実証主義に立脚して自らの方法論をいまだ深く疑うことのなかったこの時期に、山口は歴史学・神話学、さらには演劇・文学・映画・音楽等の異分野にまたがる自在で横断的な想像力を武器にして、「道化」という戦略的概念によりながら、新たな人類学をたった一人で創造しようとしていた。それは異質な事象のあいだに隠された文化的なつながりを見いだす知の「発見法」としての人類学の本質を開示しようという、きわめて主知主義的な人類学理論でもあった。六〇年代後半以降に知的形成を遂げた者は、「既知」の事実を説明するのではなく、文化の「未知」の可能性を自己の知性の初発の地点に探り当てようという、この理論と方法にたちまち魅了されたのだった。

だが、いわゆる「山口理論」が、たんに学的「理論」としての新しさを持っていたというだけでは、私たちのあの熱中は説明できなかった。『道化の民俗学』をはじめとする道化論の著作が魅惑的だったのは、「道化」という文化史的なテーマを、知識人や芸術家のもっともラディカルで刺激的なあり方として称揚する思想へと高めてゆくその語りのなかに、まさに「道化的」としか形容しようがない機知とユーモアと、冷静な自己対象化の意識がはっきりと感じられたからである。イタリアの民衆喜劇やシェイクスピア劇の道化、あるいはチャップリンやキートンを論じ、これらの道化が、人間の文化的表現が持つ「道化」というスタイルを、徹底した他者への風刺とともに、根底的な「自己批評」としても活用し尽くしたという刺激的な視点を示しながら、そのことを語る山口の言葉そのもののなかには小気味よいほど軽快な「道化的」自己対象化の姿勢が込められていた。学的理論にありがちな、自己への問いを捨象した「一般化」の性癖から、山口の仕事は軽やかに自由だったのである。

この印象を増幅するのが、山口の著作にちりばめられた図版類である。すでに『道化の民俗学』のなかにも、フランスの画家ジャック・カローらの戯画的な素描や版画がたくさん使われていたが、さらに後年になってくると、山口は自らの本の表紙や挿画に自分で描いたフィールドのデッサンや戯画的な「自画像」を使うようになる。自著の「挿し絵」以上の意味を持たされたそれらの素描は、いわば山口の人類学が隠し持つ「自己風刺」という志向性を指し示していた。大理論家のように、自らの理論を大いなる「真実」として提示して揺るがない、という権威的な志向性ではなく、刺激的な「発見」を随所で開陳しながら書物や野外のフィールドという舞台上を疾走し、最後に観客と自分とにともに快活なアッカンベーをして舞台から笑いとともに去ってゆくフットルースな(機知に富んだ身軽な)

道化役者の精神が、それらの素描には込められていた。学問的知識が、専門化された権威としてではなく、自己と世界とを根底的な「内省」と「批評」とに巻き込むダイナミックな思考の場であることを、山口はこうした図像の援用によって語ろうとしていたのである。

図像自体の力と、図像的想像力のめくるめく展開によって一気に語られるゆく『道化の民俗学』というモノグラフィーのすべての魅力の源泉は、この、イメージが孕む批評的・風刺的特性によるものだった。日常の現実感覚を超えて、きびしい現実批判と自己対象化の領野に赴くことを、「目の祝祭」として私たちに誘いかける山口は、「道化」と現代人が出会う場所が、浅薄で常識的なリアリズムやヒューマニズムがかえりみることのない、異形のかたちと荒れ果てた風景のなかにあることを、「アルレッキーノ変幻」のなかで次のように書いている。

彼〔道化〕は、人々が捨て去ったイメージ、イコン、アイデンティティの表現形態を、それがどんなにみすぼらしいものであれ、捨て去ることなく拾い集めて歩く。時には日常生活において許された境域を越えた地点に至ることがあっても、彼は少しもひるむことがない。人が非理性とも、馬鹿馬鹿しいとも、瀆聖とも考えるような場へも必要とあらば赴く。この場合、彼のなかには、人々は直接それと見てとることはできないが、それでも確たるものである組織原理が、作りあげられていることを、感受性の研ぎすまされている人なら見逃すことはないであろう。つまり、彼は、未知の現実と日常生活を結ぶ、社会によってけっして公認されることのない司祭なのである。

こういった展望が拓かれて来ると、人は、これまで荒蕪地にすぎないと思った地点が実は肥沃の地であること、理性の終点であると思われた地点が、より包括的な理性への起点であることを、

改めて知る筈である。人が道化と出遭うのはそのような地点においてなのである。(2)

こうした山口の確信の原点に、ものや風景の実相を、祝祭的で批評的な、目から手への即興的連携によって描き出していった素描画家山口がいることは疑いをいれない。山口の素描を見ることは、彼の方法論そのものへの考察をさまざまに刺戟する、無上の楽しみを私たちに与える。西アフリカの調査地にはじまり、後年の調査地であるインドネシア、客員教授として滞在したメキシコやペルー、さらに精力的な旅行者として学会の折などに訪ねた北欧や韓国やブラジルの風景や人物が、『踊る大地球』に収められた素描として、じつに魅力的で簡潔な「線」の印象として写しとられている。濃淡も色も用いないこれらの単線的でシンプルなデッサンは、いわば山口の人類学そのものが持つ「目」の比喩である。風景の輪郭を単純な線として内的な直感によってかたちあらしめてゆくうちに、文化が人間行動や事物に込めた抽象的で知的な「形式」が浮かび上がるのを、山口という目はただ嬉々として紙と鉛筆の造形に託していった。具体的な日常の風景に根ざしながら、そこから一気に飛翔して高度に抽象的な知的思考を要請する山口人類学の秘密の出生地の一つが、たしかにここにある。

＊

山口の素描を眺めるうちに、エイゼンシュタインのデッサンと並んで、メキシコにかかわるもう一人の人物のユニークで奔放な描線が連想されてくるのを私はどうしても抑えることができない。今度は正真正銘のプロのカリカチュリストにして作家、民族学者のメキシコ人、ミゲル・コバルビアスである。二〇代前半から、当時のコスモポリタンの首都、ハーレム・ルネッサンスの風が吹くニュー

山口「バリ島の踊り」

コバルビアス「タイの踊り」

ヨークに出て、「ヴァニティ・フェア」誌や「ニューヨーカー」誌に著名文化人や政治家の顔の風刺画を発表して人気を博していたコバルビアスは、とりわけ彼のはじめての作品集である『ニグロ素描集』（一九二七）において見られるように、街角の黒人庶民の風俗を、民衆の日常的な身体所作への直感的・風刺的なまなざしのもとに、ダイナミックな文化批評的視点を込めて描き出すことのできる稀有な目を持っていた。

　のちに、『バリ島』（一九三七）『メキシコの南』（一九四六）といった浩瀚な民族誌的著作のなかでも惜しげなく披露された天才的な素描家・カリカチュリストとしてのコバルビアスのデッサンには、直感的な線描によって文化の内的な均衡や瞬時の「揺れ」を描き留めようとする、快楽的かつ抽象的でもある、あの「目の祝祭」の要素が、余すところなく示されている。近代理性の想定する「現実」のなかにあった合理的な事物の結合が瓦解し、野性的かつ破壊的でもある身体文化がよみがえる瞬間を、ハーレムの黒人世界やバリ島のダンス、さらに南メキシコの

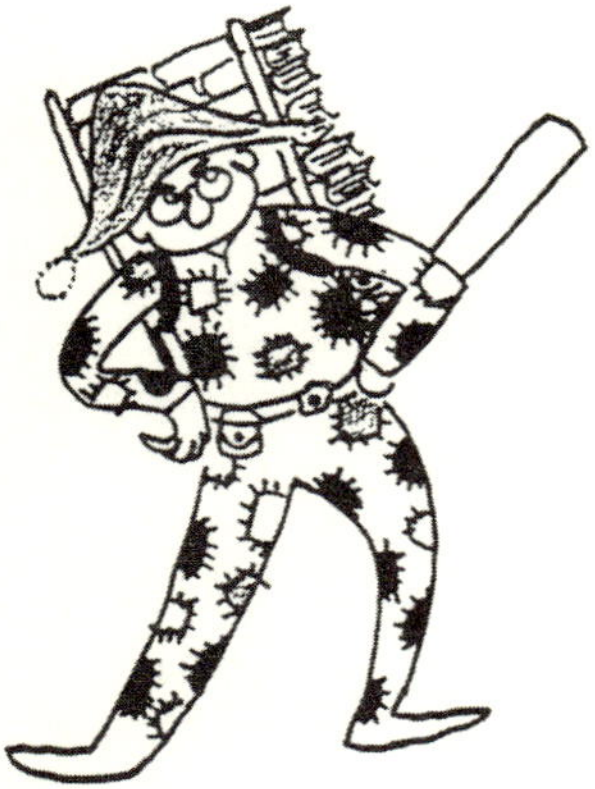

山口「自画像」

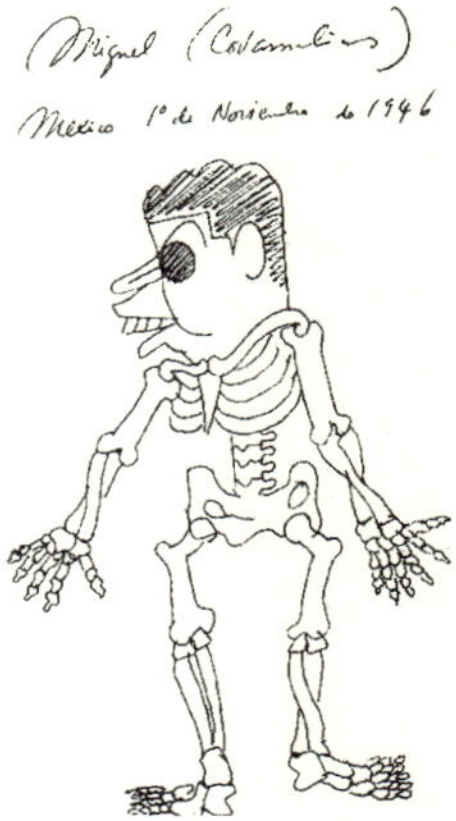

コバルビアス「自画像」

女性原理を保つ民俗文化などに探し求めたコバルビアスが図像を通じて示そうとしていたものも、まさに山口が「道化」というタームによって導き出そうとした、鮮烈な文化批評の方法論とおなじものであった。

　実際、山口自身も、八〇年代初めのメキシコでの長期滞在時に、詩人オクタビオ・パスと連れ立っては、しばしばメキシコ市の画廊にコバルビアスの素描や絵画を見に行くことを至上の楽しみとしていたことを、短文のあちこちで懐かしそうに回想している。エイゼンシュタインとならんで、山口の「目の祝祭」への信仰を支える強力な同志の一人がコバルビアスであったことは、疑いのない事実であろう。目の饗宴に参加するコバルビアス、エイゼンシュタイン、山口、それぞれの「描線」には、一人一人の個性とともにある種の連続的な「線の感受性」のようなものが存在していて、私たちの興味をいっそうかきたてる。

　そのコバルビアスはまた、数多くの自画像、というより「オートカリカチュア」すなわち「自己風刺画」の描き手でもあった。これは決定的に重要なことである。なぜなら、カリカチュアを真に思想的につきつめ

山口「泣き虫少年マサオ」

コバルビアス「悲劇の十歳」

てゆけば、おのずから自己風刺画に行きあたるからだ。そしてコバルビアスとおなじように、山口の「風刺画家」としての自己対象化の過激な方法論も、このオートカリカチュアにまっすぐと向かっていく。風刺画の最終的で最も過激な帰結は、その風刺のユーモアと毒が自分自身に向けられたとき、すなわち「自己風刺」という形式にある。自己を風刺するのに必要な徹底した相対化の視点と、自らの知識や経験を特権化することなく、その意味を再考し見慣れないものへと変えてゆく知的な錆落としのエネルギーこそが、山口の仕事のすべての活力源であることを、この事実は伝えているのである。コバルビアスが、メキシコ民俗文化の民衆的図像における深いパロディの戦略に忠実に連なりつつ、自己を骸骨としてカリカチュライズしたとすれば、山口は自分自身の批評的理想自我としてのアルレッキーノ像を、日本的勤勉さを象徴する二宮尊徳的なイコンへのパロディと混ぜあわせながら、まよわず自画像に選択している。

コバルビアスも山口も、ともに自らの幼年時代の記憶に遡って、自分自身の無意識と理性との境界の時を、

山口「後ろより来るものによって埋葬されかける山口昌男」

しばしばカリカチュアとして考察していることを最後に指摘しておこう。「糞詰まり」と「泣き虫」、という文化的な欠損の記憶のなかに、彼らはいわば「道化」としての自分自身の拠点を見いだそうとする。それはだが、けっして卑下や自己憐愍に行き着く否定的感情の表出ではなく、非理性と無秩序とスカトロジーによって統べられた幼児的時空間の豊饒な地層のなかに、世界の蘇りへの力を再発掘しようとする、きわめてラディカルな態度表明なのだった。

　このラディカルな拠点こそが、「道化」という概念によって山口が名指した、精神の未開拓な領野なのであった。しかもその道化という方法論は、一つの定式にけっして安住することが許されない、自己のそのときどきの戦略的な多様性と代替可能性をきびしく試練にかけるプロジェクトでなければならなかった。『道化の民俗学』の、もっとも感動的な宣言文は、以下のような箇所である。

　人を笑わせるためにも同じ演技を繰り返すことは許されない。常に次に来るべき演技は先行するもののパロディでなければならない。同じ「身振り」で表現しても、賦与される意味作用は全く逆の方向に向いていなければならないというのが、どんな種類の民俗文化においてもすぐれた道化に要求される技芸の質というものである。(3)

制度に漫然とあぐらをかきながら他律的「道化」を演じきって自己陶酔する巷の大根役者にたいし、自己風刺の毒を薬に変えながら即興的で魅惑的な「描線」を生み出しつづける自律的「道化」山口の詩と真実を、これほどラディカルに厳しく、そして美しく宣言した文章は他にみあたらない。

【図版出典】

エイゼンシュタイン　Inga Karetnikova (ed.), *Mexico According to Eisenstein*, Albuquerque: University of New Mexico Press, 1991.

コバルビアス　*Miguel Covarrubias: Homenaje*, Mexico: Centro Cultural Arte Contemporaneo, 1987.

山口昌男「舞の所作」「バリ島の踊り」　山口昌男『踊る大地球』晶文社

「自画像」「泣き虫少年マサオ」　山口昌男『文化と仕掛け』『笑いと逸脱』筑摩書房

「後ろより来るものによって埋葬されかける山口昌男」　著者蔵

彼はティンブクトゥに行った

山口昌男にとっての「フィールド以前」と「フィールド以後」を考えることは、この独創的な著述家の思想的軌跡と方法論を明るみに出すうえで特別の意味を持っている。

時系列的な事実からいえば、山口の最初のアフリカ・ナイジェリア滞在（一九六三―六五）と、その後数年おきに行われた比較的長期の野外調査（一九六七年のナイジェリア再調査、および六九年のエチオピア調査）が、山口のフィールド的思考の基礎をつくりあげる経験であったことはまちがいない。人類学者にとって、フィールドとは彼の思索が生まれでる出生地をあらたに創造する行為に等しく、ふつうその後のすべての仕事は、この経験的に与えられた出生地に深く根ざして繰りだされることになる。その意味で、フィールド以前とフィールド以後は明確な断絶と不連続を孕み、一人の人類学者としてのアイデンティティからみたとき、フィールド以前はいわば理論的・文献学的な修業段階に過ぎないとさえいえるかもしれない。マリノフスキーにとってのトロブリアンド諸島、エヴァンズ＝プリチャードにとってのスーダン、フランツ・ボアズにとっての北米インディアン世界、マーガレット・ミードにとってのサモア……。これらはどれも、それぞれの指導的人類学者の業績を生み出す、まごうかたなき母胎となったフィールドであり、伝統的共同体の詳細なエスノグラフィーとしてまず完成される彼らのフィールドワーク以後の仕事のすべてに、それぞれの土地の文化に本質的に根ざした問題意識が欠落していたことは片時もなかった、と断言することすらできるだろう。

こうした、人類学者の認識論におけるフィールドの決定的な役割は、ほとんど例外なく、伝統社会の固有文化にたいする本質主義的な理解の上に成り立っている。二〇世紀の文化相対主義的なヴィジョンのもとで、特定の土地に帰属する人間集団とその文化の特性を西欧文化に対峙するもう一つの完結した文化体系の現われとしてとらえ、そこに文化的エートスの本質的・内在的な現われを認めたとき、人類学者のフィールドははじめて、彼らの思考に与えられた出生地（ネイティヴ・ランド）となるからだ。近年まで、人類学とはある意味で、先験的にネイティヴな人間たちの住む土地の文化を、経験的につくられた思考のネイティヴな出生地としてとらえてゆく認識のあり方である、と定義することも可能であった。はじめてのフィールドは人類学者に、西欧近代の認識を相対化する新たな世界観の芽を接ぎ木し、そこに文化相対主義のヴィジョンに彩られた最初の果実を実らせてきたのである。

＊

こうしてアフリカのフィールドからこの学問に参入した人類学者は自然にアフリカニストとなり、アメリカ大陸からフィールドワークをはじめた者は当然のごとくアメリカニストとなって、文化の枠組みの地理的な分類項のなかで自らの専門領域を主張してゆく道筋をたどるのが常であった。人類学者とフィールドの関係が、調査者と調査地という職業的な対応関係のなかで終始完結していることによって、彼の学問自体の整合性と格式と権威は保証されたからである。

この構図はしかし、現在の人類学が真摯に自問しはじめたおのれの政治的・社会的位置づけへの倫理的・認識論的議論のなかで、大きな変容を見ていることも確かである。もはや、大学アカデミーの制度に立って「学問」のための調査としてフィールドを完全に掌握することがまったく不可能で欺瞞的ですらあることは、多くの鋭敏な人類学者の共通認識になりつつある。しかしそれは、植民地権力と共犯関係にあった人類学の帝国主義的搾取を調査される部族社会の側にたって告発する、紋切り型で底の浅い議論ではもちろんない。むしろいま焦点となりつつあるのは、伝統文化の意味と真実を、学問のもつ真正性を権威的な楯にして独占する「人類学」の成果物（著作）が、いまや「ネイティヴ」である部族民自身によって批判的に読まれ、そのことによって、一つの文化において、その文化の現在と未来を規定する無数の価値観や解釈の道筋が交渉・干渉しあう状況が不可避的に生まれているという事実である。調査者とネイティヴの素朴な協働的主従関係（「人類学者とインフォーマント」）は解体され、両者のあいだに著作物をめぐっての論争や裁判が生まれるかと思えば、NPO活動のなかで人類学者と先住民とが共同して部族の文化遺産を展示する冒険的な企画が試みられたりもする。部族文化をステレオタイプに閉じこめて見世物化する先住民観光が、むしろ先住民自身のアイディアと組織化によって資本主義社会の表層と手を組む例は、すでに枚挙にいとまがない。このような状況において、もはやインサイダーとアウトサイダーは、見かけの帰属からだけではどちらの立場をも代表（＝表象）しえないほどに入り交じりあい、内部と外部は複雑な連帯と共犯の関係のなかで揺れ動いている。

こうした状況のなかで、旧来の、本質主義的な文化観への信仰は、文化の本質性＝真正性そのものが創造＝交渉される政治・社会的局面じたいを文化の運動性として見なす新しい考え方に、席を譲ろうとしている。文化とはある自律した価値観やエートスの体系として提示しうるものではなく、むしろ社会変動のなかでそのつどつくりかえられていく意匠と自己表象のアセンブリー（組み合わせ）であるという主張がそれである。

ポスト植民地主義の経験を経たアクチュアルな現実の上に引かれた無数の文化政治学の力線を問題視するかぎり、こうした歴史化されたあたらしい視点の有効性はもちろんゆるがない。だが、このような文化認識の大きな転回を前にして、思考する主体は自らの文化的帰属を逆に厳しく問われざるをえないこともまた事実である。「アカデミズム」「知識人」「学問分野（ディシプリン）」「メジャー言語」といった制度自体が無自覚の中立的ポジションを装うことがもはやできなくなった今、責任と権威ある言説を担う主体の自己規定の要請は厳密さを増し、この歴史化された世界において無国籍・無時間の知の旅人でいることはすでに許されなくなりつつある。だがそうした環境で抑圧されるのは、既存の世界をつねに更新するなかに新たな知の展望を探ろうとする非帰属的な思考の膂力であり、純粋に思考し感得しようとする知の快楽であることもまた否定できない。

こう考えると、自ら創造した「文化」概念によりながら「世界」を映しだす媒体となってきた西欧の近代的認識が破綻したあと、学問に吹き荒れる政治過程は、発話の厳密なポジショニングを思考の主体に要求することで、かえって知の未発の可能性を限定する方向に向かっているといえなくもない。いいかえれば、かつての「未開社会」が、ポスト植民地主義的な抵抗と、ポストモダニズム的な文化折衷のはざまでさまざまな創造的矛盾と自己解体を経験しているという興味深い世界の記述が、往々にして記述する「主体」の文化・社会的、言語的アイデンティティの強い規制のもとで行われているのを、私たちは目撃してもいるのである。この矛盾に満ちた行為自体が、現代文化の一つの窮地を示していることはいうまでもない。そして現代の人類学は、そうした窮地に自ら赴く政治的な課題を担わされているという認識もまた、軽んじることのできない真実をたしかにかかえている。

そうしたなかで、フィールド経験そのものは、急速に相対化されつつある。通過儀礼としてのフィールドワークの意義を、文化本質主義の立場から唱えることはもはや時代錯誤ですらある。だが、人類学者が対象とする地域は、それがアフリカであれアメリカであれオセアニアであれ、かえって既存の地図のなかに自らを縛りつけて、その限定的な地政学と歴史的経験のからくりを暴きたてられることに満足しているかに見える。アフリカは容易にアフリカという地図から抜け出すことができなくなり、外部からアフリカを幻想することはエキゾティシズムとして否定され、異邦の土地や文化の表象をアウトサイダーが担おうとする真摯な知的衝迫も、言説の生産をめぐる適切な手続きを欠いた無謀な行為として断罪される……。

このような状況から見たとき、一まとまりの奇抜な、しかし興味深い問いが立ち現れる。山口昌男は、はたして「アフリカ」に行ったのだろうか？　山口は、その「アフリカ」から、学問世界へとほんとうに帰ってきたのだろうか？　彼の仕事のなかに、明確な「アフリカ以前」と「アフリカ以後」は刻印されているのだろうか？

＊

山口の人類学者としての軌跡とその仕事とを総合的に見たとき、フィールドとしてのアフリカを凌駕する別種の「アフリカ」がすでに彼の意識の始まりの時から厳然たる存在を主張していたにちがいない、と私は確信する。そしてその「アフリカ」は、素朴で実証主義的な意味での調査地としてあったのではなく、一つの独立した精神構造として、認識の別種の方法論として、山口のなかで終始とらえられていた。だから初期山口のアフリカでのフィールドワークは、自らの思考の経験的な出生地をつくりだす通過儀礼であったというよりは、むしろ学問世界の「既知」の体系を突き崩す「始原」の力を求めての、すでに知的確信に満ちた巡礼のようなものであったといえる。そこでは、すでに「アフリカ」は地理的な実体として限定づけられた領域をはるかに逸脱した、認識的飛躍のジャンピングボードとして意識されていたのである。

山口のそうした「アフリカ」がかたちづくられることになる端緒をつくった一つの重要な要因が、民族学者レオ・フロベニウスの著作との出遭いであったことは疑問の余地がない。山口の単著としての処女作『アフリカの神話的世界』には、このドイツの碩学によって一九世紀末から二〇世紀初頭にかけて蒐集された膨大なアフリカ民話の数々が引用され、解釈の俎上にのせられていて、フロベニウスの仕事を意欲的に摂取した初期山口の情熱がはっきりと感じ取れる。フィールドとしての「アフリカ以前」において、山口はなによりも苛烈な「アフリカ」が書物の形態として示されているのを、「高次の散文享受体」(ベンヤミン)として直感してしまったのかもしれない。

フロベニウスがアフリカ研究にたいして行ったもっとも重要な貢献は、部族の神話伝承や造形芸術の精緻な分析をつうじて打ちたてられた、アフリカ社会の深層にある神話的構造をめぐる先駆的な業績とともに、彼が創造した「パイデウマ」という概念の喚起力にある。これはフロベニウスによって、ときに「文化」という概念に代わるものとして採用されたものであり、簡潔に言えば、現象を動かしている精神の構造、ものごとの伝承のされ方、経験のあり方といったものを総体的に示す概念である。外界に生起する出来事を法則性の発見によって理解するような機械論的思考法が「文化」概念の基底にあるとすれば、そうした西欧科学の論理的思考法と対極にある、直覚的な認識論の構造、すなわち感受性を結びあわせる全体論的・ホーリスティックな意識構造を、フロベニウスは「パイデウマ」と名づけて、アフリカ哲学を媒介にしてヨーロッパの近代化の問題を逆照射しようとしたのだった。

たとえばフロベニウスは、パイデウマの特徴としての直覚的思考法を、一九二一年に書かれた文章でつぎのように簡潔に解説している。

〔機械論的なアプローチとちがって〕直覚的なアプローチとは構造をひとおもいに着想することにより成り立っている。それは目の前の現象を直感的に受け入れ、全体的な構造のなかで即座にそれに一つの場所を割り当てる。こうして直覚的な観察者は、包括的な理解のもとに、現実のあらゆる変動に対処することができるのである。(1)

アフリカ人の精神構造にたいする深い共感と知識を基盤としたフロベニウスのこうした特異な文化論は、のちに脱植民地闘争のなかでアフリカ的自我を再確立しようとした知識人や文学者によるネグリチュード運動に多大な影響を与えたが、その指導者のひとりレオポール・セダール・サンゴールは、フロベニウスの「パイデウマ」概念が、アフリカの詩や語りや造形芸術のようなアーティスティックな形式のなかで探求されたものであることに特別の注意を払いながら、パイデウマにつぎのような刺激的な解釈を加えている。

生命のエッセンスとは、「他者」の内的な構造によって特徴づけられる。他者の外形、その行動様式、すなわちそのリズムである。他者によるこの自我の「憑依」と、そのときの自我の他者にたいする反応の様式が、芸術家や民族のあいだのスタイルの違いを説明する。……〔パイデウマはこうした、心を揺り動かされる能力、すなわち憑依を受け入れる技法のことである（引用者要約）〕……しかも、舞踊家であれ、彫刻家であれ、詩人であれ、いかなる芸術家もただ他者を生き直すだけでは満足しない。彼は他者を再創造し、それを生き尽くし、それに新たな生命を与える。リズムの受容によって彼は他者を再創造し、そこからより高次の、より真実のリアリティをつくりあげる。そのリアリティとは〔西欧社会が信奉する〕事実を基礎としたリアリティよりも、より強く真に迫る力を持っているのである。[2]

自他の混淆状態のなかに、すなわち自ら制御しえないものの自己内部への侵入（ここでいう「憑依」）を、高次のリアリティへと参入する秘儀的な方法論として称揚するこのサンゴールの視点は、「アフリカの知的可能性」あるいは「失われた世界の復権」において、山口がアフリカ美学・アフリカ哲学に依りながら展開した議論と、見事な照応関係にあることは明白である。そしてフロベニウスの深い影響下から出発してドイツ発のアフリカ哲学を冒険的に開拓した異才ヤンハインツ・ヤーンもまた、この主客浸透的なパイデウマの直覚的思考をそのアフリカ研究に適応するラディカルな立場を山口と共有している。「呪物」（フェティッシュ）といった概念が西欧人の思考のトレードマークに過ぎない、と喝破したフロベニウスの仕事が、その深い部分で、西欧の研究者が捏造・仮託してきた神話の破壊作業になっていることをヤーンは鋭く指摘しつつ、さらにそうした視点を超えて、『新アフリカ文学』のなかでヤーンは、頭脳が西欧化してパイデウマ的なアフリカの叡智を想像できなくなった黒人知識人たちを震撼させるほどの、アフリカの知的伝統の復権作業を強い信念のもとに敢行する。サンゴールも指摘しているように、フロベニウスやヤーンは、イギリスの現実主義、フランスの合理主義に対峙するドイツの神秘主義的傾向が、アフリカ的思考法ときわめて近接した世界観を指向していると、どこかで直感していたふしがある。そのうえでヤーンは、白人としてのドイツ人こそが、かえってアフリカ的精神の現代的継承者になりうるというモダニスト的確信を、彼の言説の背後に込めるのである。

＊

こうした、研究者と研究対象との相互浸透は、いまならば文化的ポジショニングの錯誤として一笑に付されてもおかしくないかもしれない。だが、ポストモダニズム／ポストコロニアリズムの思考を経過した現在の思想の文脈から見たとき、「アフリカ」を黒人の専有物と必ずしも見なさないヤーンの感性は、すぐれて現代的な興味をかき立てる。アジアやアフリカを恣意的に他者化することで西欧が自らの文化を自己確認する制度を積み上げていった近代こそがポストコロニアリズムの主要な批判対象だったとすれば、自分がアフリカ人であるという自覚的な錯誤のもとに思考するドイツ人や、アフリカが体現する神話的思惟の方法論を自己のリアリティ感覚の特権的な賦活装置として内化しようとする日本人の知的情熱は、まさに思考する主体と思考される客体との「憑依」関係として理解することが可能だからだ。

アフリカを通じた思考が、科学的認識論のなかで規定された「自己」や「主体」の溶解の危険性（＝魅惑）を孕んでいることを、フロベニウスの系譜に連なる山口は知悉していた。アメリカの形而上学的詩の伝統のなかにフロベニウスの思想が深く移植されたとき、詩人エズラ・パウンドやウィリアム・カーロス・ウィリアムズらにとっても、フロベニウスとパイデウマの理論はそうした自己破壊の瀬戸際においてとらえられていた。

山口は、イデオロギー化された人類学批判を一掃する起爆力を秘めたエッセイ「調査する者の眼」のなかで、ズニ族の宗教的司祭となることで人類学の客観性の領域を拋棄したフランク・カッシングのなかに、自己崩壊の臨界へ近づかざるをえない人類学の蠱惑を見ている。さらに別稿である「人類学的認識の諸前提」(3)では、アフリカ部族社会の憑依現象を調査するうちにその部族の成員になることを夢想してゆくミシェル・レリスの、観察者としての「四肢分断」の姿を、彼岸をかいま見ることによって此岸に逃走しなければならない人類学のオルフェウス的宿命として、深い共感を込めて描き出してもいる。

そして、山口の「アフリカ」に連なる、もう一人のオルフェウスをあげるならば、二〇〇二年に生誕百年を迎えてブラジルで再評価がなされたピエール・ヴェルジェがもっともふさわしいかもしれない。パリに生まれ、三〇歳の年に事故で家族全員を失ったヴェルジェは、カメラ一台をナップサックに放り込んで故郷を離れて放浪の旅に出る。太平洋諸島からフィリピン、中国、日本、スーダン、トーゴ、ダホメー、ナイジェリア……とアジア・アフリカを踏破し、大西洋を渡って西インド諸島、メキシコ、グアテマラ、エクアドル、ペルー、ボリビアと流れてたどり着いた先がブラジル北東部のバイーア。黒人奴隷が伝承してきたアフロ系文化がブラジルでさまざまな文化要素と混淆して花開いた、アフロブラジルの核心地である。ここで彼の歩みは止まり、写真映像と人類学という二つの表現形態による、彼のアフリカ、アフロブラジル文化接触の秘儀的な深部への探究がはじまる。

一九九六年、五〇年間を過ごしたバイーアで九四才の生涯を閉じたとき、ヴェルジェは、ダホメーのイファ儀礼の司祭として、またアフロブラジルの憑依儀礼カンドンブレのマスターとして、「ファトゥンビ」という司祭名を持つバイーア人の姿で冥界へと送られた。「アフリカ」とそのブラジル的顕現としての「アフロブラジル」とに、知的関心の対象であることを超えて、自らの生存そのものを揺り動かす母胎として沈潜し、帰依していったヴェルジェの情熱は、「アフリカ」を知の未踏の地として探求するオルフェウス的人類学のもっとも苛烈な真実を伝えてあまりある。生誕百年を記念してブラジル全土を巡回したヴェルジェの写真展「ピエール・ファトゥンビ・ヴェルジェの旅する視線」に展示された映像のすべてには、「アフリカ的感性」としか呼びようのない、土地と文化への自他混淆的「憑依」の感覚が鋭く優美に貫かれていて、私の心を打った。

山口もまた、『アフリカの神話的世界』の最終章で、「アフリカ」なる感性の新大陸的な流浪と昇華について論じ、ヴェルジェの仕事を援用しながら、カンドンブレやマクンバといったアフロブラジルの祭祀においてあらわれる神や精霊エシュやオグンへの憑依が、「アフリカ」を人間が体内に呼び込む想像力とまっすぐにつながっていることを、こんなふうに描写している。

> オグンは行動的な点において、本来はエシュと並ぶヨルバ族の戦争の神である。（……）彼の着衣はエシュの衣装に似ているが、色彩は紫色である。彼は屈んだままの姿勢や、一本足でぴょんぴょんと踊る。（……）こういった演技は、精霊《ロア》が信者に乗り移ったときに踊りの形をとって展開される。オグンの神話は、信者が踊りを通して一体化する宇宙的リズムの質を決定する調性の指標の如きものであると見做してよいだろう。（……）オグンのような戦争の神、レグバ神、それにマクンバ祭祀の陶酔を喚ぶドラムのリズムは、一組の世界体験としてアフリカ的感性による、世界の統一感覚を触発するのである。[4]

「一組の世界体験」という用語に注意すべきであろう。自己が、自己ならざる力に触れ、その震撼がもたらす意識の変容と融合によって、セットのように組み合わされて力を増した想像力の統合体が、より全体的な「世界」を透視する認識の通路を開いてゆく……。このメカニズムを、「一組の世界体験」という言い方は巧みに言い当てている。まさに山口の「アフリカ」は、フロベニウスが「文化」

に代わる「パイデウマ」という概念によって探求しようと試みた、律動をともなって土地と身体を自由に刺し貫いて流れる統合されたリズムへの感応がいきつく、知のネヴァーランドにも似たリアルにして想像上の領域であった。

そしてヴェルジェが、あるところで「増幅された内面」o interior acrescido と呼んでいる感性もまた、山口が「一組の世界体験」と呼んだものとまっすぐに響きあっている。

ヴェルジェが生涯を通じて魂の同胞としてつきあい、多くの共同論文を執筆したアフロブラジル研究の碩学にしてフランスを代表する宗教社会学者ロジェ・バスティードも、山口の大きな知的源泉を構成する一人だったが、このバスティードがアフリカやブラジルのフィールドにおいて示す、主客の相互作用への信頼と、機知とユーモアに満ちた対話への情熱を回想しながら、ヴェルジェはアフリカと西欧という二つの文化のあいだを往還するこのフィールドでの視線が、そのまま包容力と飛躍の力を備えた知的ヴィジョンへと結ばれていたことを、つぎのように述べている。

バスティードの著書『北東部《ノルデスチ》のイメージ』は白と黒とで彩られ、そのブラジルはコントラストの大地である。そこにはつねに対話があり、相互信頼があり、不調和や攻撃性はみじんもない。まさにこの原則こそ、彼のフィールド調査が基本としていたものだった。彼は外部から出発しなかった。観察ははじめからその社会の成員の目のかたわらで行われた。知的好奇心によってではなく、共感と情動的対話を通じて。その調査は、増幅された内面をつうじて実現されたのである。(5)

ここでヴェルジェが言う「増幅された内面」が、山口と「アフリカ」とのあいだに成立していたことを、私は疑わない。そしてそうだとすれば、もはや山口の「アフリカ」は、地理的・歴史的な実体を超えた大陸として、世界にあまねく散布された想像力の原型となる。それは、それを論じる主体と客体の厳格なポジショニングの要請をふりきって、知の膂力に満ちた冒険を企てる認識の未踏地となりうる。

山口はアフリカに赴き、アフリカで人類学的な資源を入手し、学問世界へと帰還したのではなかった。山口が赴いた先を「アフリカ」と呼ぶのならば、その「アフリカ」は涯なき知のネヴァーランドであり、帰還を約束されない冥府であり、自己が他者と溶解しながら快活なリズムを刻むフィールドであり、その境域に踏みとどまって土地の真実を伝えようとする声が四肢を切断されるべきオルフェウスの苦渋とつねに触れ合う世界であった。そのような苛烈にして豊饒な「アフリカ」を、山口は人類の世界体験の新たな地平として、みずから創造しようとしたのだった。

＊

晩年の山口が心を寄せた作家・エッセイスト、ブルース・チャトウィンは、まさに現代の放浪とノマディスムの美学が到達しうるもっとも彼方の地平線へと赴いた冒険者だった。サザビーズの美術鑑定士の仕事を放り出してパタゴニア、中央アジア、ロシア、アフリカと流れ歩き、オーストラリアの砂漠の蜃気楼へと消えるように短い生涯を閉じたこの作家は、自己が帰属していると思っていた現実から引き離されることによってしか自分が生きのびる術はないと信じていた。そのチャトウィンが、三五歳の時に書いたエッセイに「ティンブクトゥへ行った」と題するものがある。

旧フランス領スーダン、現マリ共和国の古都にしてサハラ砂漠縦断の隊商貿易とニジェール川の水運による交易で栄えた町ティンブクトゥは、チャトウィンにとっては伝承がつくりあげた神話的なネヴァーランドとしての幻影都市だった。ティンブクトゥ、トンブクトゥ、トゥンビクトゥ、テンブック……。町の呼び名すら、無数のヴァリアントのなかで揺らめいていて定まらない。そのことを論ずるために、チャトウィンは面白い挿話をあげる。砂漠の蜃気楼のなかに浮かぶオアシスのイメージに彩られた西欧人にとってのティンブクトゥへの幻想は、この地名にまつわる独特の英語の意味論を生み出した。すなわち、「彼はティンブクトゥへ行った」といえば、それは「彼は正気を失った」とか「彼は家族を捨てて消えた」とかいった意味になるというのだ。

見知らぬ顔と対面することを旅の内実と信じ、自己の周囲と自己の内部とに、無数の見知らぬ顔を出現させてゆく行為をフィールドとその記述の作業に託したチャトウィンは、あるいはティンブクトゥについに行ってしまった旅人かもしれない。この世からの失踪先としてのティンブクトゥ。そして山口昌男にとってのアフリカも、つねに実体と幻影と神話のあいだを揺れ動く一つの「可能性」としてあるかぎり、それは現実と幻想の両方のティンブクトゥを指向する熱を抱え込んでいる。私たちが感応し、刺戟を受けるのは、まさにこの知のティンブクトゥにかぎりなく接近しようとする、山口の学問の彷徨と沈潜が孕む熱にほかならないのだ。

つぎのようなことばに、山口のそうした熱がもっとも端的に示されている。

アルキメデスは「もし自分が全く現世界の影響の完全な外延にある一点に達することができたら、そこを梃子として全地球を新しい位置に動かすような体系を構築することができる」といったと伝えられている。すべての芸術家、思想家、あるいはまた科学者の求めているものはつまるところこの一点なのではないだろうか。この一点に対して、西欧近代の思想が、必ずしもアフリカのそれよりも近く有利な立場にあるとはいい切れない。そのことがアフリカの哲学が我々の単なる知的アクセサリー以上の何物かとして、我々に対等の立場で語りかけてくることを可能にしているのである(6)。

これを読むかぎり、私はこう断言してかまわないだろう。彼はティンブクトゥに行った、と。想像力の母胎としての「アフリカ」に赴こうとするかぎり、もはやそれは通常の「学問」世界へと無事に帰還することの不可能な、まさにティンブクトゥへの魅惑的で危険な敷居を踏み越える冒険的な行為とならざるをえない。知のティンブクトゥとしての「アフリカ」を探りつづけることで、山口は世界の媒体となるべき人間の新たな統合の像《イメージ》を夢想した。

ティンブクトゥにたどりついた人間にとって、もはや「アフリカ」には終わりがない。山口の仕事のなかの「アフリカ」の永遠の持続と反復を、彼の膨大な著作のなかに探り当てる魅惑的な作業は、こうして新たな読者にゆだねられることになる。

ゴルディウスの結び目を断ち切って

山口昌男の主著『文化と両義性』(一九七五)はいうまでもなく、「周縁」についての論考、いいかえれば文化における「周縁性」をめぐる精緻な探求の書物であった。だがそれは、著作が扱う主題のことだけにとどまらない。『本の神話学』が、山口の思考の「始原」をかたちづくる内奥部におりたたまれた多孔質の襞の集積体であったとすれば、『文化と両義性』によって山口が示したのは、彼の学問世界の行き着く涯《は》てとしての外縁部のダイナミズムが、すぐれて理論的・記号学的な抽象性と形而上学によって裏打ちされているという事実であった。内包された想像力の始原と、思考の遠心力によって開示された未踏の知的フロンティア……。山口の思考の歩みとは、この、内奥と最果ての両地点のあいだの闊達で自由自在な往還そのものであり、その意味で『文化と両義性』は、山口の切り開いた思想自体の可能性としての「周縁」の理論的な姿を、もっとも見事に示す著作でもあったことになる。

社会が中心と周縁との有機的な組織化のメカニズムとして成立していることを、数多くの先行する理論的著作と、民俗的・文学的事例とによって論じ尽くした『文化と両義性』は、その中心的な戦略概念である「周縁」という用語を、フッサール、アルフレート・シュッツ、バーガー＝ルックマン、エドワード・シルズ、ヴィクター・ターナーらの諸著作から総合するかたちで援用している。神話的テクストにおける「文化」と「自然」という記号論的な対抗の図式から書き始め、「中心」と「周縁」の弁証法的関係が宇宙論や詩学の領域に投影される地平を描写して終わるこの著作は、人間の現実世界を構成する知的・感覚的・心理的「情報」が、人間の想像力や無意識と接触する周縁部において、その周縁の異和的な両義性をエネルギーとして組み込みながら生まれていることを、明快に指摘したのだった。

その時に援用された「周縁」という用語は、「中心」という概念とのあいだに成立する緊張関係によって、一般の読者にも大きなインパクトを与えるものとなった。そもそも「中心／周縁」という感覚は、解剖学的にいう有機組織体の中枢／末梢にあたるcenter/peripheryという身体的な対立構造を、われわれが社会環境や社会制度に対応させて意識したとき、はじめて人間の認識のなかで情報化される。だが、それはかならずしも機能的な概念ではなく、ましてや実体的・地理的な概念でもない。それは人間社会や文化の生成を象徴的な次元において操作・誘導する記号論的な仕掛けとして捉えられるべきであろう。中心／周縁は、文化や社会が究極的な価値を置く意識的・制度的な準拠点と、そこから見られた無意識的・異端的な制外領域を示す関係項なのである。そして山口が徹底して論じたように、そこには、公的・中心的価値がインフォーマルで周縁的な価値を差別・排除しつつも、中心秩序がその存続を周縁の渾沌の存在に象徴的に依存するという弁証法的な関係が成立しているのである。

この点からいえば、正しい「情報」と呼ばれるものもまた、つねに周縁としてのエントロピー（情報の欠如）によって規定される相対的な正当性しか持ちえない。論考「文化における中心と周縁」においてタルトゥ学派の記号論を援用しながら山口が説くように、文化とは、究極的には、周縁の「エントロピー」を、中心の「情報」へと変換するメカニズムにほかならないからである。山口が「中心と周縁」という図式から導き出すヴィジョンをこのように整理したとき、『文化と両義性』という著作のメッセージは、一つの驚くべき飛躍をとげることになる。すなわちそれが、学問において概念や用語が使用され、そこに中心的意味論が付与され、そこからアカデミックな情報が生産されるメカニズムそのものへの、大いなる批判を含んでいるという事実が、明るみに出るからである。「周縁」という概念を、新しい知的装置として称揚したアカデミズムもジャーナリズムも、学問が戦略概念をたえず中心化して、理論的周縁を巧みに排除するシステムであることに、自己矛盾を感じることはなかった。だからこそ、「周縁」という用語は独り歩きし、現代思想の領域における知的にファディッシュな概念として、もてはやされもしたのである。だが、山口の思考は、そもそもそうした学問的概念が成立する根拠に、内包と排除をめぐる一つの強固な文化メカニズムがはたらいていることを、決して見逃しはしなかった。自ら議論し、操作する概念に依りながら、そうした概念が生まれ、情報化されるプロセスそのものを、内側から暴き、批判してゆく思考の切り立った困難な稜線を、山口はここでたどろうとしていたからである。

　そう考えたとき、『文化と両義性』において、「周縁」という概念が、他のいくつかの相互に反響しあう類似概念とともに、たえず言い換えられながら論じられてゆくという事実には、より多くの注意が払われねばならない。「混沌」、「多義性《ポリセミー》」、「異人」、「他者性」、「異和性」、「過渡性《リミナリティ》」、「詩的言語」……。これらの用語はみな、「周縁」という用語に隣接しながら柔軟に言及されることで、情報として組み込まれ整序されることを拒んでエントロピー的混沌の領域にとどまろうとする「思想」そのものの未発の可能性自体を示唆している。山口にとって、書物や概念の世界における渉猟とは、知が単一の概念をめぐる平板な情報として自己完結することへのラディカルな抵抗として、エントロピー的な「死」と「再生」の領域へと接近してゆく果敢な冒険でもあったのである。

*

こうして多様な創造的用語によって変奏された「周縁」のヴィジョンを、いま私は、新たな射程のもとにふたたび別の言葉によって言い換えてみる誘惑に抗しきれない。その作業を、未来に向けての思考のプロジェクトとして私に強くうながす導き手の一人が、ヴィレム・フルッサーである。

一九二〇年、プラハのユダヤ人ゲットーに生まれ、ロンドン、ブラジル、イタリア、フランス、と離散的な流亡の生を異邦で切り開きつつ思考し、一九九一年、亡命から半世紀後に講演のため再訪した故郷プラハで自動車事故死した予言的な哲学者・メディア思想家フルッサー。日本では、膨大な著作のうちわずかに三冊の著書が翻訳刊行されているにすぎない。投企（プロジェクト）という概念によりながら、社会空間の新たなデザインの可能性を思想実験として提示した予言的な『サブジェクトからプロジェクトへ』（東京大学出版会）。文字と記号、コミュニケーションの人類史をたどりながら、現代のテクノ画像の氾濫による生の無意味化から映像的真実を再び人間の側に奪還しようという野心にみちた『テクノコードの誕生』（同前）。そしてベンヤミン『写真小史』とバルト『明るい部屋』のあと、ディジタル時代のわれわれが持ちうる最良の想像力にあふれた写真論・写真史論としての『写真の哲学のために』（勁草書房）。これらいずれもが、ドイツ語で書かれ、ドイツ語から翻訳されて私たちの前に差し出された。そのこともあって、いまだフルッサーはドイツ・ヨーロッパ思想圏のなかで、ポスト・ベンヤミン的な、ポスト・マクルーハン的なメディア思想家としてとりざたされることがほとんどである。(1)

だが、それだけでは、フルッサーの思想の風変りさ、独創性の根拠を、誰も説明できない。ギリシャ哲学、ネオプラトニズム、近代の西欧形而上学、とりわけフッサールの現象学、チェコ構造美学、プラハ言語学派、さらにウィトゲンシュタインの言語哲学……。そうした思想の吸収の後に、ヨーロッパを亡命してから三二年にもおよぶ彼のブラジル滞在が、フルッサーの視点と文章に独創的な相貌をつけ加えた。ブラジルという特異な精神的地勢に身を置いて、工場勤務から哲学者としての大学での講義へと至る彼の精神形成の道筋が、フルッサーをディシプリンに囲い込まれた学者のテリトリーからあらかじめ放擲する。彼の思想の背景を構成する哲学的な系譜はたしかに西欧思想の伝統に連なってはいるが、そこから描き出される歴史的・予言的な透視図は、これまで私たちが知っているいかなる哲学の姿にも似ていない。チェコ語、ドイツ語、英語、ポルトガル語、フランス語を渡りながら行われた稠密な思考論理と、不意の飛躍。厳密な概念規定と、詩的・修辞的な比喩。抽象性をつかまえる科学の言語と、モノの感触を伝える日常生活のことば。これら相対する要素が、彼の著作には矛盾なく同居する。

現象学からフォルマリズム、プラハ学派、構造主義へと至るフルッサーの思想的自己形成の背景が、『文化と両義性』における山口の知的渉猟の系譜と、驚くべき対応と反響を見せることを、なによりもまず私は刺戟としてとらえる。そしてそうした思想的資産をかたやブラジルへと散種し、かたやアフリカへと投写した、両者の遊動的で離散的な知的遍歴の共通性にも。

たとえばここに、「周縁」という山口的概念のフルッサー的な延長として、「危機」という概念をあらたに提起してみよう。一九八四年に書かれたフルッサーの刺戟的なエッセイに「クライテリア、クライシス、クリティシズム」(「基準、危機、批評」)と題するものがある。ここでフルッサーは、ギリシャ語の「クリネイン」krineinという動詞をとりあげて論じはじめる。「分ける」「分離する」あるいはは「壊す」といった意味を持つこの動詞は、英語でいえば"criterion"（基準）、"crisis"（危機）、"criticism"（批判）、"criminality"（犯罪）といった単語の語幹を形成している。フルッサーは、「分ける」「分離する」といった語釈のかわりに、「判定する」「決定する」「侵犯する」というような言葉によって「クリネイン」という語の本質的な志向性を翻訳すべきであるという。なぜなら「クリネイン」とは、完結性を切り裂く行為のことであり、単一性の幻影に疑義を呈する根源的な思考をさしているからである。それは首尾一貫した思想の安全地帯に身を置いたうえでの気軽な「疑問」ではなく、新たな判断と決定と侵犯に向けての本質的な疑義の提示である。すなわちそれは、つくりあげられた単一の「基準」そのものを破壊して「危機」に陥れ、その認識論的な「危機」を梃子にして、新たな「批判」の地平を現出させてゆく、ひとつながりの創造的思考のプロセスそのもののことなのである。

こう考えたとき、「基準」「危機」「批判」の三語が、同じひとつの「クリネイン」という語から生まれたことの真の意味があらわれ出る。これらは相互に同じ意味論の言い換えであるというよりは、むしろ相互に乗り越えられるべき対抗的な概念の一セットとして共通した語幹を抱えているのである。そうした理解に立って、フルッサーは「危機」という概念の意味論の新たな構築へと向かう。人やものごとの自己同一性や存立基盤が危うい状況に陥ることを一般的にさすこの概念は、フルッサーによれば「批判的な思考じたいが自らを転換させる」ポイントとして理解される。この決定的なポイントにおいて、人は「クライテリア（基準）そのものをクリティック（批判）」する。そしていうまでもなく、そうした思考の根源的な侵犯行為によって、まさに本質的な「批判」行為が生み出されることになるのである。

こうしたヴィジョンのもとでは、「危機」とは、その名のもとに人心に危険の感情を煽り立て、社会のノーマリティの回復をめざすための体制の隠れ蓑としての修辞学の領域に安住することはもはや不可能となる。日常的現実を理解し判断する根拠としてのクライテリアそのものを侵犯し、批判してゆく創造的な「危機」の領域へと踏み出さないかぎり、現実を自己完結した単一の制度として生きる閉鎖的なヴィジョンから抜け出すことはできない。「クリネイン」としての危機の場が、思想の本質的にして最終的なよりどころであるという確信を込めながら、フルッサーはラディカルな調子でつぎのように書いている。

〔「判断」し「決定」し「侵犯」するという状況は（引用者要約）〕神々が参集するオリュンポス山での出来事ではなく、まさに私たちの現実における具体的な場面で起きているものであり、この個別の状況のなかにこそ危機がうまれる。現在、私たちは三差路のような分岐点にさしかかっている。そこでは決定がなされねばならない。それはまた罪を犯すにも似た、侵犯の行為を身に浴びることでもある。（……）人間の思考や行動や葛藤のなかにある通奏低音としての犯罪性、侵犯への秘められた感情のことを、けっして忘れるべきではない。(2)

フルッサーによって定式化されたこの「危機」という概念を、私は山口による「周縁」の一つの展開されたヴィジョンとしていま透視する。日常的現実の周縁へと赴くことで、制度的規範を支える内包と排除のメカニズムをあばきだし、周縁的混沌を媒介にした異化作用のはてに、世界の多義的な全体性の領野へと近づこうとした山口の『文化と両義性』は、フルッサーのいう「危機」の地平において、ふたたび読み直されねばならない。そのことによって、ここでの山口もまた、習慣的思考を、恐怖（テロリズム）や侵犯や危機を媒介にして乗り越えてゆく徹底してラディカルな思想行為に踏み出していたことが理解されるだろう。

すでに『文化と両義性』のなかで、フルッサーの思考と源泉をおなじくするプラハ言語学サークルの理論的達成に依拠しながら、山口も情報交換のための日常言語の外部に広がる周縁として「詩的言語」の活力について論じているが、そこでの鍵になる言葉が「侵犯」であったことをここで想起してもよいであろう。詩的言語が、「侵犯」という行為によって、日常生活の言語としてのコミュニケーション言語を生気づけるものであることを、山口はムカジョフスキーのつぎのような文章を引きながら強調している。

標準の規範の侵犯、その戦略的な侵犯によって、はじめて言語の詩的な利用というものが可能になる。こういった可能性を想定しなければ詩というものは成り立たない。ある言語において標準化された言語の規範が安定したものであればあるほど、その侵犯の様式は多様であり、その言語における詩的表現への可能性は開けるのである。(3)

「クリネイン」という批判的・創造的な破壊＝侵犯として、山口の定立した「周縁」という戦略概念は、現代の政治社会や文化の文脈のなかであらたなヴィジョンを生みだしうる可能性を胚胎している。フルッサーがいう「通奏低音としての侵犯＝犯罪性」のもとに下される根源的な判断とは、まさに「テロ」や社会犯罪の危険を煽り立てて、制度的・支配的な現実の基準を守り抜こうとする現代国家のコンフォーミズムにたいして、もっとも果敢な抵抗と挑発の出発点となりうるからである。「危機」に対処するのではなく、「危機」を創造することで本質的な批判へと思考を導く知的地平のフロンティアを、山口の「周縁」はめざしていたにちがいないのである。

フルッサーによりながら、「周縁」という概念の延長線上に、もう一つの概念である「ノマディスム」（遊動性＝放浪性）というヴィジョンを最後に重ねてみよう。同じチェコ生まれのユダヤ人としてドイツ語で書いたカフカが、プラハという迷宮都市にとどまってその魔性と対峙しつづけたことを深く理解しつつも、フルッサーはカフカとちがって亡命の道をたどり、無数の家と無数の言語を体内に通過させてゆくノマディックな生を選択することになった。フルッサーのエッセイ「ホームレスのなかに住居を定める」は、人類が一万年にもおよぶ長い新石器時代の放浪・遊牧生活を捨てて定住的居住を選択したときにうまれた「ホーム」（ハイマート、家郷）という抽象的概念の歴史性を相対化しながら、あらためて「家」という物理空間のたえざる交替として、移動のなかの人間の「住む」という経験に光を当てようとする、刺戟的な文章である。

ナチスによるプラハ占領から脱出したとき、フルッサーは彼自身の宇宙そのものの崩壊を経験する。だが、親密なものだけに取り囲まれている環境を自らの世界であると混同する状況から引き離されたとき、彼をむしろ縛りつけていた頑丈な紐は切断され、自らが幻影の「ハイマート」（家郷）から解放されたことを彼は知る。新たに見いだされた自由は、めまいがするほどの深淵と遊動性をかかえていた。ロンドンに一時的に逃れ、「強制収容所」という人間性が直面する最大の恐怖を予感しながら、はじめての「自由」に触れたフルッサーは思考の大きな転機を経験する。すなわち、「何からの自由？」という危急の問いが、「何のための自由？」というより普遍的な問いへと変容しはじめたのである。

＊

彼は確信する。私たち人間は、すくなくとも「何のための自由？」という問いを抱えて移動する者として、みなおなじノマドである。存在の定住的な形式の瓦解を経験した者はみな、このおなじ遊牧民に属している。そうした認識のもとでは、人は自らの「ハイマート」への無意識の没入が、世界への明晰なヴィジョンをいかに曇らせていたかを発見する。個別の家郷への思いが一人一人を思考の袋小路に追い込んでいたことの自覚は、ついには「ハイマート」なる概念自体が人間にとってつねに誤解と偏見の種子として同じ働きを持つという普遍的な原理の発見へと私たちを誘うだろう。フリギアのゴルディウス王が神託によって荷馬車を複雑な結び方によって神殿にくくりつけ、これを解いたものがアジアの王になるだろうと予言し、アレクサンダー大王がこれを一刀両断のもとに切断して難問を解決したというギリシャ神話に拠りながら、フルッサーは亡命の旅程の中でもつれた認識の結び目を一気に断ち切る啓示的な瞬間が次第に彼のノマディスムの思想を育んでいった過程を、つぎのように刺戟的に述懐している。

プラハ、ロンドン、サンパウロと移り住みながら、ゴルディウスの結び目を一つ一つ切断するうちに、それらの土地に帰せられる偏見はみな同等であることに私は目覚めていった。いま私が住んでいるロビオン（南フランス、プロヴァンス地方の小村）にたいする先入観もまた、すでにそこには予見されていたことになる。そしてなによりも私が学んだのは、判断を下し、自分のために決定し行動する自由が、結び目を断ち切るごとに増大してゆくということだった。それに気がついたとき、結び目を切断する私自身の技はどんどん熟練を増していった。プラハからの移住が後ろ髪を引かれるひどくつらい経験であったとすれば、このロビオンを離れるのに必要なのは、おそらく車に飛び乗って走り去るときのわずかな一瞬の決断だけであろう。シオニズムが、心情的には理解できても、実存の問題として私の心を動かさないのは、こうした理由のためなのである。[4]

フルッサーのノマディスムへの覚醒は、人間の自由というものの内実をあたらしい認識の地平へと誘導してゆこうとする衝迫に裏打ちされていた。解けぬ難題を前に、その内在的なメカニズムに拘泥しながら煩悶するのではなく、アレクサンダーの冒険的な機知をもってゴルディウスの結び目をひとおもいに断ち切ることで、人間という主体の判断の究極的な「自由」が保証される……。外部の無定形の力の導入によって、内的メカニズムをより大きな全体性と自由の可能性に向けて更新すること……。こうした認識のなかに、私は山口が「周縁」というテーマの継続的な変奏によって探求しようとしていた真のヴィジョンを想像する。

主体の、認識の、情報の、知の制度がそれぞれにつくりあげた幻想の「ハイマート」から離れる自由な遊動性こそが、フルッサーのノマディスムであり、山口の「周縁」という戦略概念の本質だったのだ。山口の仕事に引きつければ、断ち切られるべき錯綜した結び目としての幻想の「ハイマート」とは、あるときは制度的現実（『文化と両義性』の主たるターゲット）として、あるときは国家の権力空間（山口の天皇制論のターゲット）として、さらには学問的ディシプリン（山口のほとんどすべての著作の潜在的な批判対象）として、徹底した批判の俎上にのせられていった。プラハ学派の思想の系譜を意識しながら、「多重機能」という概念によって、思考主体の根源的な「自由」をいかにして創造し、守り抜くかを、山口自身はつぎのように述べている。

> 主体は様々の機能の生気ある源泉であるから、人間の行為のどの部分も単一の機能に限定されることはない。機能は、それを駆使して主体が廻りの現象の諸特徴を探求する媒体である。機

能をこのように捉えるとき、つまり主体が外的世界とかかわりを持って自らを実現する過程とみるとき、ムカジョフスキーのいう多重機能の持つ意味が明らかになる。(……)こうした多重機能の考え方は、人間の自由の問題を新たに提起しなおす側面を持つ。自由とは、主体が、多様な可能性を同時に持つばかりでなく、多様な可能性自体を創出していくためのイニシアティヴである。多義機能の考え方は、人間が同時に、複数の現実に生きる可能性に対する寛容性を含んでいる。周縁的な現実を一方では分泌しながら、他方ではこの現実を中心的な現実と対等に扱う可能性を残す。(5)

この文章につづいて、山口は『文化と両義性』の最後でこう暗示的に結論づけている。「周縁」の探求は、「文化の構造の中に生きる人間の自由について考察するための方法論的前提を提供する」ものである、と。

詩的言語理論に依拠した文章でありながら、わたしはここに、フルッサーのような現代的亡命者のたどった「ノマディスム」の道程を自ら引き受けようとする山口の「自由への脱出」の意志が書き込まれていることを感じとる。ゴルディウスの結び目を一つ一つ切断してゆくなかで、山口は、「周縁」へと赴く自らの足元で、知と向き合い、知を生み出すまったき「自由」の空間が、そのテリトリーを拡大してゆくことを実感していた。その意味では、『文化と両義性』とは人間にとってもっとも本質的な「自由」についての書物だったのである。

デシナトゥール山口昌男

　山口昌男にとって、素描家としての自己は、学者・著述家としての自己形成にはるかに先行する、ほとんど生まれながらの資質であった。北海道網走郡美幌町で菓子屋を営む家庭の九人キョウダイの四番目として生まれた彼は、小さいときから泣き虫で家に閉じこもり、親が持っていた流行歌のレコードをすり切れるほど聴きながら、ざら紙を束ねた落書き帳に日がな一日マンガばかり描いているような気弱な子供だった。小学校に上がると、マンガだけでなくデッサンにも精を出すようになる。視覚を通じて受けとめた外界の印象を、みずからの意識を経由させたのちに単純な「線」として即興的に書き留めるという方法を、彼は幼少時からほとんど自動的な身ぶりとして習得していたのである。のちに山口は、この方法を「目の祝祭」と呼び、視覚がとらえた一瞬の快楽をそのままペン先の祝祭＝饗宴として描き上げる手法として自覚的に意味づけていった。こうして人類学者となった後も、彼はどこに行くにも画帖を携えて旅することになった。彼の「観察する目」は、言語的理性を呼び出す前に、まずグラフィックで直感的な「描く手」とまっすぐに繋がっていたのである。

　そんな山口昌男が、みずからの素描家＝風刺画家としての来歴を、風変わりな年譜として書こうとしたことがある。それを思い立ったのは、一九六八年のパリのことであったと想像される。人類学者としての修業時代を終え、二度にわたる長期のアフリカ調査も果たして、いよいよパリという思想と書物の聖地に降り立った三六歳の山口は、この頃「道化の民俗学」の連載執筆を始める直前の、大いなる知的充実と昂揚の時期にあった。そのようなときに、彼は知識人としての自己存在を生真面目で幻想的な思い込みから解放し、それを茶化すように、なんと自分のマンガ歴・素描歴を振り返ろうとしたのである。未完に終わった不思議な自筆年譜の試みをここに紹介しよう。大型のスケッチブックの第一ページには、几帳面な筆跡でつぎのように書かれている。

一九五四年　東京大学文学部国史学科修学旅行奈良・京都旅行
　　　　　　東大学生新聞に政治漫画二回掲載
一九五五年　大学卒業　四月、麻布高校講師
一九五七年　東京都立大学大学院修士（入）
一九五八年　青森県下北半島調査旅行
一九六〇年　博士課程（入）、麻布退任
一九六二年　沖縄・宮古島調査　ノートに似顔絵
一九六三年　博士課程（中退）　ナイジェリア・イバダン大学講師
一九六四年　七〜八月、東北ナイジェリア（ベヌエ州）調査開始（ジュクン族）
　　　　　　ヨルバ族の村訪問　途中ヌペ族の村でスケッチ
一九六五年　帰国。東京外国語大学アジア・アフリカ言語文化研究所講師
一九六六年　再びナイジェリアに調査

一九六七年　ベヌエ河畔、ロングダ族の瓢箪のスケッチ六〇〇枚くらい
近くのアンガス族（山地）を訪問　家屋のスケッチ
その一部、アメリカの"Exploration"に掲載

一九六八年　帰国途中パリで偶然ド・コッペと会う
クイヴァーヴィルのド・コッペ別荘に行く　途中出てきて……

（山口昌男の遺稿＝スケッチブックより。傍点引用者）

図1

図2

覚え書きのような自筆年譜はここで唐突に終わっており、未完のままどこにも掲載されることはなかった。畏友のフランス人人類学者ダニエル・ド・コッペの別荘でくつろいでいた山口は、ふと、自分の素描家としての出自を確認しようと思い立ったのであろうか。原稿用紙ではなく、スケッチブックがたまたま彼の前にあったことが、そうした奇想を彼にうながしたとも考えられる。

このメモを、私が山口の「素描家《デシナトゥール》」としての「自筆年譜」であるとあえて意味づけるのも、ここに過剰とも思われるほどのディテールをもって、漫画や素描に関わる自分史が語られようとしているからである。この「年譜」は東大国史学科在学中に行われた奈良・京都への修学旅行の記載から始まっている。その旅行に関しては素描をめぐる記述はないが、私の手元には、このときの旅の手帖として使われたと思われる布張りのスケッチブックがある。この、六〇年ほども前の古びた手帖を開くと、そこに山口による仏像のデッサンが幾枚もあらわれる。たとえば「天人」と題された一枚のスケッチ【図1】は、仏閣の天蓋あたりに彫り込まれていたのであろうか、蓮華座の上で竪笛を吹く天界人の瞑想的な姿が、簡潔で過不足ない手慣れたデッサンの筆致で描かれている。

カリカチュア的な線の冒険はここには見られない。だが、長年にわたる石膏デッサンの修業をたしかにふまえた、仏像の外観とその静かな内的緊張をとらえる端正な鉛筆画から、若い山口の一途な「心の描線」までもが伝わってくる。大学のいわば卒業旅行として行われたはずのこの奈良・京都の寺社巡礼行において、素描家山口昌男が自覚的に誕生したのだ、と言うことはおそらく可能であろう。このときの素描画にたいする鮮明な記憶と思い入れがあるからこそ、彼は奈良・京都旅行を、この特異な「年譜」の冒頭に記そうとしたに違いないからである。

同じ年、大学の新聞に「政治漫画二回掲載」とあるのも、なにか唐突な印象をあたえるほどの記述の細かさである。だが山口は、この事実だけは落とすことのできない自己形成の指標であると信じ、

「漫画家」としての文字通り「デビュー作」の記録を自筆年譜に勇んで書き込んだのだ。それを振り返る一九六八年時点で、山口のアイデンティティのかたちがどのようなものであったかを、この一行は見事に物語っているというべきだろう。大学生時代に描かれたはずの山口作の「政治漫画」はいまだ発見されていないが、彼の二〇歳のときのスケッチ画帖の表紙裏に、戯画化された自画像ともとれる鼻高々の「画伯」のカリカチュア【図2】があることを紹介しておこう。政治漫画もまた、手塚治虫と馬場のぼると小島功のそれぞれの風刺的な線を巧みに吸収し展開した、こんな飄逸で軽快な絵であったにちがいない。すでに彼は、この時点において、端正なスケッチ素描家であるとともに、諷刺の利いたみずみずしいカリカチュリストでもあったのである。

「自筆年譜」をさらに辿ってみよう。するとつぎに、麻布高校講師、とあるのが目にとまる。大学を出て麻布学園に赴任した山口は、自己をまず漫画家として売り出そうとしたフシがあるのだ。麻布学園の当時の生徒たちの証言によって、すでにそのときの「歴史」科担当の若き「山口先生」が、破天荒な教師であったことはよく知られている。生徒の一人であった評論家の川本三郎は、こう懐かしく回想している。

この先生は、はじめから少し、いや、だいぶ変っていた。授業の時に、黒板いっぱいを使って漫画を描く。手塚治虫ばりに、縄文人や弥生人の絵を描く。もちろん想像の絵だが、教科書からどんどん離れていってしまうその自由さが、中学生には物珍しく面白かった。(1)

黒板を、戯画化された歴史上の人物像を描くことで埋め尽くしてゆく「山口先生」の滑稽な勇姿を、私たちはほほ笑ましく想像する。学ぶことの、こわばりを捨てた軽快さ、その自由な快楽の相を、山口はなによりも大切にしていたのだ。大学におけるアカデミーの学問が無意識に信奉する制度的ディシプリンの硬直と不自由さ、厳格であらねばならぬという抑圧を、のちの出世作「文化の中の知識人像」や「人類学的認識の諸前提」において完膚無きまでに批判した山口の思想的矜持は、まちがいなくこの中学・高校の歴史の教室にはじまっているのである。ちなみに川本によれば、このときの日本史の期末試験問題は「縄文時代に生きていたとして、一日の日記を書け」というものだったという。「縄文式土器で朝ご飯を食べたあと、お父さんと一緒にマンモス狩りにでかけました」と書いた川本は、「縄文時代にマンモスがいたか!」と頭にゲンコツを食らったというが、文字もなかったその時代のことを考えれば、山口が期待していたのは、生徒が絵か漫画によって、縄文人の目が見る風景を描いてみるような迷答案だったのかもしれない。いずれにしても、川本たちは幸運でありまた幸福だった。彼らはじつに稀有な歴史教師をもったのである。

大学院に入学してからの山口は、岡正雄の指導のもとに伊豆諸島新島の調査(一九五七年夏)を皮切りに、先の「年譜」にもあるように、下北半島や沖縄・宮古島などの列島の辺境を調査している。いうまでもなく、そうした調査におけるフィールドノートには、調査資料ともなるような数多のデッサンが丁寧に描かれていた。「沖縄・宮古島調査」の項には「ノートに似顔絵」とある。これもまた、ある意味で謎のような記述だが、フィールドノートの余白に、つい衝動的に描いてしまう土地の人びとの似顔絵のなかに、山口はフィールドの経験から人類学という実践が立ち上がるときの、一種の駆動力の根拠を見いだしていたのかもしれない。もちろん、土地の人びとの顔は、それ自体その場所の文化的エートスが精緻に反映された、色艶と撓みと皺をもった一つの複雑で魅力的な「テクスト」である。それをさらにカリカチュライズされた「似顔絵」として描く山口は、もう一つの効用をその行為に込める。それが、土地の人びととの交流やコミュニケーションを円滑に導く方法論に関わるものである。私自身の経験からしても、似顔絵は、いかなる言語的な手段をも超えて、初対面の他者たちと一気に打ち解け、胸襟を開いてもらうための特別の儀式にほかならないのだ。山口は、フィールドにおいて、素描家としての自己の資質を自在に活用しながら、似顔絵をもって他者のなかに入り込み、またその反響によって自分自身の経験を重層化させながら理解する、深遠でエレガントな技法を身につけていったのである。のちのメキシコ、チアパス高原のフィールドでも、山口は多くの似顔絵を手帖に残している［図3］。

アフリカでの初期のフィールドにおける似顔絵の効用を山口はこんな風に語ったことがある。

> ザラ紙にパーッと描くでしょ。それから、何も言わずに描かれた長老に見せると、みんな一回笑う。これで敵意はおしまい。一度笑うと、もう敵意はみせられない。手に芸を持っている奴は悪い奴じゃないということなんですね。芸は身を助けるじゃないが、スケッチすることで、ぼくは大分助けられた。土地の人間と仲良くなる早道だった[2]。

図3

こうした発言を、似顔絵がフィールドでの良きラポール（信頼関係）構築の特効薬であったという実用的な効用をただ述べたものであると表面的にとらえるべきではない。なぜなら山口にとっての素描も、諷刺も、どちらもが認識論的な方法論の根幹にあるものであり、似顔絵とはその両者の結合体として、高度な文化批評的方法論をきわめて繊細かつトータルに実現する行為でもあったからである。重々しい原理で塗り固められた規範を軽みと道化的身ぶりによって素描のように突き放し、硬直化した制度を風刺や諧謔によってまぜっかえすことで、世界の統合原理をより豊饒なものへと更新する「文化英雄」たち。この部族的・物語的ヒーローへの理論的関心が山口のトリックスター論や道化論の本質にあったことはいうまでもないが、その関心はまた、素描やカリカチュアによって実現される風刺的世界との相同性を山口に確信させていたのである。似顔絵の効用をめぐる先の引用は、例えば「文化の中の知識人像」における次のような断片とのあいだの理論的呼応を確認することで、表層的なコミュニケーション論の文脈から離れ、深い哲学的地平を獲得する。

未開人の思惟の中で、(……)儀礼的オリエンテーション(従う事)と日常経験のオリエンテーション(考えかつ創り出していく事)の二元的方向感覚がたどられる。この際、後者を前者につなぐ行動が「文化英雄」に帰せられるとすると、我々はこれが「知識人」に関する最も根元的なイメージであることを否定できないのではないだろうか。我々が意味を求めるところに彼らは姿を求め、我々が実体を求めるところに彼らはイメージを求める。これは我々のなかなか理解することの出来ない神話の逆説である。しかし「文化英雄」のイメージの意味が明らかになった今、我々のもつ「知識人」のイメージがけっして神話的形象のそれを超えるものではない事を知るであろう。(3)

文明社会が定義してきた厳めしいだけの平板な知識人像を、部族社会の「文化英雄」や神話的トリックスターのダイナミックなイメージによって更新しようとする山口の、あらたな思想的主体性樹立の宣言文ともよめる一節である。そしてまさにこの文章のなかで、山口はある意味で、フィールドでの似顔絵を部族的歓迎の気分と交換することで参入しうるあの感触、すなわち身振りやイメージを介して部族社会の象徴的空間へと入ってゆくときの繊細な感覚にたしかに触れているのだ。似顔絵師は、ここでは、ブリコラージュ的なその場しのぎの「芸」(＝手技)を巧みに繰り出すことで、人々の日常経験を神話的な象徴の体系へと橋渡しする文化英雄の役割を媒介的に果たしている。意味ではなく姿を示し、実体をイメージへとすばやく転写してしまう似顔絵師。それこそは、山口のいう「文化英雄」の、一つの世俗的なモデルでもあったのである。彼は、そんな図像的ブリコラージュの産物を無償の贈与のようにして部族の神話的世界観へと媒介する、例外的なフィールドワーカーなのだといえよう。

＊

そのあとの「年譜」に記されたアフリカでのスケッチに関わる記述は、すべてこの「素描」とか「似顔絵」とかいったグラフィックに統合化された軽快な人類学的手法が、山口自身のフィールドでの思考を強力に牽引していった事実を端的に物語るものだといえるだろう。彼は人々の日常所作を一筆書きのように線描画に移し、瓢箪などの日用道具や家屋の構造を詳細にスケッチしていった。そしていうまでもなく、この「年譜」が途切れた一九六八年以後も、山口の素描家としての実践は途絶えることはなかった。彼は思想家＝人類学者としての言語的実践を、即興とブリコラージュによる素描的精神によって裏打ちしつづけたのである。そうした軽妙な手の成果としての厖大な素描群をいま前にして、私が、あらたに山口人類学の認識が生み出される独特の方法論として発見したいくつかの論点を、ここで列挙しながら概説しておくことにしよう。

図4

(1) 慎ましさの矜持

この一枚の、よく描き込んであるスケッチ［図4］は、広島県東城町における比婆荒神神楽の祭礼を山口が調査に訪ねたときのものである。私がこうした素描において注目するのは、例祭のなかでとりおこなわれる儀式を、集団の後方から人々の頭越しに見る山口の謙虚で落ち着いた視線である。私自身の経験からいっても、通常こうした民俗儀礼の場では、研究者や職業カメラマンと称する者たちが、儀礼の正面の場を独占するように包囲していることが普通である。彼らは、専門家＝権威者であるという立場に立って、儀礼の場に微細に張りめぐらされた象徴的・宗教的な空間構造の編目を厚顔にもくぐり抜け、観察や撮影に特権的な「目線」を獲得しようとする。かつてであれば、ばけっして許されなかったであろう、場への敬意を欠いたこうした闖入者たちは、いまでは、祭礼を記録し広く一般に知らせる喧伝者や広報係として一目置かれ、その他所者性や身勝手な行動を大目に見られている場合も多い。

しかし山口は、けっしてそのような零落した民俗芸能空間の現代的避難所に、観察者として無自覚に滑り込むことを潔しとしなかった。祭の儀式を控え目な参列者の一人として人々の肩越しから感じとることのほうが、はるかに祭礼の生み出す聖性に充たされた深い気配のなかに沈潜できることを、彼はよく知っていたからである。そして同時に、この彼の素描画の恭謙な視線が、もう一つの事実を伝える。すなわち山口は、ここで「スペクタクル」を描いているのではない、ということである。儀礼の場の中心で生起する「出来事」だけに視線を奪われているかぎり、その動きが見えない位置に自分をおくことは避けるべき事態となる。そんなとき、ついまわりの人を押しのけてでも正面に出てゆくような身勝手な衝動を、人は顕にしてしまうものである。だが山口はここで、「スペクタクル」ではなく「経験」を描こうとしたのだ。自分自身の身体と意識を通して、出来事が全体的な気配として浸透してくる刺戟と快楽とに、つねに山口の素描する手は反応するからである。

　こうした素描画は、私たちが注視する対象がスペクタキュラーなものである必要はまったくないのだ、という簡明な教訓を示すことで、人類学的な経験というものの慎ましき日常倫理を深く教えてくれるのである。

（2）省略という飛躍

　山口の素描の最大の特徴の一つが、大胆な省略であることは誰も否定しないだろう。とりわけ、舞踊やダンスなどの激しい動きをともなった人物を前にしたとき、彼の省略の技法はとぎすまされる。たとえばこれは一九八七年に山口が韓国を訪問したときの少年少女たちの民族舞踏のシーンを描いたと思われる一枚の手慣れたデッサンである【図5】。これ自体、充分な省略をすでに効かせた、漫画的な傾向さえ感じる線画である。省略され、簡素化された線の大胆な飛躍によって、私たちはここに踊りという文化的所作のなかに潜む、抽象的ですらある美学の核心を、逆に目の当たりにさえすることになる。山口は、漫画における省略の技法を論じながら、こう書いたことがあった。

　漫画は、飛躍を前提としている。飛躍は何かを省略することによって生じる。子供の身ぶりが笑

図5

図6

いを誘うのは、大人の動きのように説明的でなく、一つの欲望から他の欲望に気軽に移って、二つの動作の間に飛躍と断絶があるからである。（……）しかし、こうした断絶または飛躍を共にしたのは道化である。道化は動作の上でも、論理の上でも、脈絡というものを無視して、断絶と飛躍の上に立って演技を行う。[4]

音楽において拍子の一部を弱くしたり省略したりするとリズムが生まれるのと同じように、漫画も省略によって空間のリズムを生み出す技法である。山口は、彼の少年時代に一世を風靡した樺島勝一による細密画やペン画のような、細部まで線で緻密に描き込んである世界のなかからは、それが独自の雰囲気を表象することはできても空間のリズムは立ち現れない、と論じてもいた。山口の線画美学は、省略によって空間に律動を生み出し、その律動を通じて世界を律する秘密に分け入るのだ。

そしてここに、同じ韓国でデッサンされたもう一枚の踊りの線描を置いてみればよい［図6］。これはもう、省略が究極の地点にまで到達した例であろう。頬っ被りした姿で踊る子供の手と足の動きの刹那だけが、瞬間的なペン先の動きによって見事に捉えられている。未完成のスケッチ、と見る向きもあろうが、山口の素描画を「完成／未完成」の軸で見ることほど無意味なことはない。外見を精確に写生するのであれば、どこかに「完成」という段階があるのかもしれないが、すでに論じたように、山口が描くのは、外界を彼自身の意識の内面を通して線として外に顕すという、一つの高度な「経験」の相貌だからである。さまざまな揺らぎのなかで起こる「経験」には完成図も何もない。そして、完成を拒む省略の妙味によって、この幼さの残る空気を写した線画のシルエットは、山口の意識を通した慈愛の感情すら私たちに伝えてくるのだ。この飛躍は、「子供」とか「幼さ」とかいった観念の、いわば凝縮された記号的考察ともいえる。カリカチュアの精神が、ここでは道化的な線の省略と断片化として、見事に達成されているのである。

省略こそカリカチュアの原点である。(5) 省略はさらに、笑いを誘い出す飛躍を生み出し、ある事物が特定のものに帰属していた固定的関係を解きほぐし、接触しなかったもの同士を接触させる表現の秘法でもある。レヴィ゠ストロースに依拠しながら神話的思考におけるブリコラージュの技法を論じつつ、山口はこう書いていた。

事物の関係を固定させようとするのが支配であるとするならば、解放の第一歩は事物を固定している論理に代わる、さらに有効な事物の関係（その中で事物が、前に属していた関係において獲得することのできなかった輝きを帯びるような）を提示することである。(6)

支配から解放へ。これが素描画家《デシナトゥール》山口昌男のモットーである。まさに支配の抑圧をすり抜けて精神の解放へと飛躍するためにこそ、彼は線描の小気味よいほどの省略の思想を深化させることになったのである。

図7

(3) 即時的図像学

一九七四年、東インドネシアの多島海に浮かぶフローレス島に赴いて一年ほどを調査で過ごしたとき、山口がもっとも執心したのがリオ族の家屋の象徴構造を解明することであった。このとき、舟であり母体でもあるという宇宙論的な構造を持つリオ族の家屋の細部に刻まれた装飾模様を、山口は憑かれたように転写している【図7】。人間、動物、鳥、植物の世界が、創世の調和を示すように、家として一つの宇宙を形成している。その図像的反映である木彫の絵柄を、山口はそこに示された思想《イデア》を手でなぞるようにして、丹念に転写していったのである。フローレス島の手帖のほとんどすべてのページは、このときの装飾模様のスケッチでうめられている。

こうした線画を見ていると、山口の方法論の核心に、描きながら考え、分析する、という「即時的図像学」とでもいうべき特異な感受性があることが了解される。彼は無論、ただ絵柄を写生しているのではない。描きながら、その細部の構造を身体的に受けとめ、反復されるパターンの謎に問いかけ、絵柄の細部の破綻やほころびに心を寄せ、描きながらも人々の神話や伝承に思いを馳せている。その結果としてすでに、山口は、描きながら分析し、リオ族の宇宙論をめぐる深遠な道理を、早々と直感しかけているのだ。

写真のような手段による調査では、こうしたことはまず起こらない。絵柄を自分の意識に通す前に、カメラは機械的メカニズムによってすべてを捕獲してしまうからである。描きながら思考する時間はあたえられず、指先も機械に支配されてしまう。そして逆に写真というメカニズムを手に入れてしまった観察者は、対象の微細な模様や構造を、その場で時間をかけて観察すること自体をやめてしまう。それは自宅か研究室に帰ってからの作業でなんら問題ないからである。だが、ここで失われているものの大きさを、山口の方法は私たちに鋭く問い直す。目線を事物のディテールに注ぎ、そこから感得される印象や感覚《センス》＝志向性を手を通じて即時的に描き出すからこそ生まれる瞬間的な理解、文化に内在する智慧の即時的な発見こそ、素描がもたらすかけがえのない果実なのである。こう考えれば、山口的素描とは、たぐいまれな、現場での敏捷な「図像学の実践」にほかならないことが分かるであろう。

図8

(4) 形《イデア》＝観念の全身体的定着

海外での学会やシンポジウムに出かけるときでも、山口はスケッチブックの携帯を忘れなかった。学会での、厳密な言葉がたたかわされる現場にいて、山口はノートを言語的概念によって埋め尽くすかわりに、発言者たちの特徴を一瞬にとらえて、お得意の似顔絵やいたずら書きをノートの端々に書き散らすのが常だった。そんな手帖の一頁に、ニューヨーク大学で行われた「パフォーマンス研究」のとあるシンポジウムにおける参加者の発言をメモ書きしたものがある【図8】。そこでは、批判的物質化、空間の外部、再構造化、二次的洗練、といったその場で議論された概念的でテクニカルなキーワードとともに、発言者の似顔絵がいつものように即興的な機知とともに描かれて、異彩を放っている。よく見れば、似顔絵の主たちは会議の参加者だった映像作家のトリン・ミンハ、演出家のリチャード・シェクナー、脚本家のラウラ・トリッピ、文学者のジーン・フランコといった人々であり、山口は彼ら、彼女らが駆使する理論的タームを直感的に了解しながらも、そうした言葉遣いの自閉的な窮屈さを脱臼させるように、参加者の表情を巧みにとらえた似顔絵をもって、言葉というものの観念性におおらかな具体性を対置させている。

ここでも私たちは深く納得する。シンポジウムのような場で山口が聞いているのが、たんに発言内容だけではない、という簡潔な事実を。山口は、発言や議論ですら一つの「表情」「しぐさ」としてとらえる。そして、理論なるものが示すこの表情やしぐさ自体をスケッチすることで「経験」として頭に定着させる。観念的な言葉に身体の闊達な具体性が肉付けされ、思想のトータルな、全身体的な定着が、こうして図られるのである。このようにして体得された思想とは、強力なエネルギー源となる。概念操作に流れることのない、具体的な内実を備えたものになる。山口昌男の思想とは、素描を通じて、そのような具体的滋養を自らのものにするための、唯一無二の方法なのでもあった。

そのことが、さらに極限までに洗練された興味深い絵がある【図9】。韓国ソウルにおいて行われた、とある国際学会の席でのことであったと思われる。色鉛筆で簡単に彩色まで施されたこの素描画では、韓国の民族衣装を着た西洋人らしき顔貌の男二人が、着物の裾を翻すようにして荒々しく踊りながら、対立的な鋭い目線を闘わせている。踊りのリズムを太鼓で取っているのが、つばの広い笠子帽《カッ》を被っ

図9

た素描家山口の自画像的な人物である（太鼓には「マサオ」と書かれている！）。彼は「オレ！」とスペイン闘牛風の掛け声すら上げて、男二人の儀礼的な闘いを煽っているかのようである。反対側では民族衣装を着た韓国の子供が「いったいなにをしているの？」といぶかしげにこの奇妙なダンスを観察している。一瞬にしてとらわれてしまう、機知に富んだ素描である。

この謎のような即興画は、こんな風に解釈することができるだろう。まずこの韓国での国際学会のテーマは祭や儀礼の「物語性」（ナラティヴィティ）をめぐるものだったと考えられる。その会議のなかで、南米から参加した二人の人類学者がおそらく意見の対立から激しい論戦を展開したのであろう。それが、ここで民族衣装を着せられて競い合うように荒々しく踊るウルグアイ人のオレグ・ビソコランとブラジル人のロベルト・ダ・マッタである。ここでの二人の意見の対立は、山口の素描的機知によってまさに会議のテーマである「物語性」の儀礼的枠組みに移し替えられ、土地の民俗舞踏の示す象徴的な二元論的物語構造を示す踊りのなかで、二者の対立が暗示されている。国際学会での論戦というものの意味が、民俗パフォーマンスの文脈において、刺激的に再解釈されているのだ。

戯画化された素描によるその考察は、ほかにも多くの興味深いコメンタリーを含んでいる。たとえば、太鼓を叩く山口は、二人の対抗的踊りを見ながら「シャーマニズム？　闘牛？　それとも熊祭？」とつぶやいている。ユーラシア大陸から朝鮮半島を経て日本列島へと連なる広範な民俗文化における儀礼的な戦闘や信仰世界の普遍性を、このつぶやきは示唆している。「オレ！」という山口の掛け声が、友人の一人「オレグ」の姓と地口になっているのは山口の専売特許である駄洒落のご愛嬌だろうか。さらに左上に書かれたキャプションのような記述が注目される。山口によれば、この絵は「韓国の郷愁《サウダージ》」シリーズの第二弾であり、それは彼が偏愛する作曲家ダリウス・ミヨーの名作（一九二一年の交響楽「ブラジルの郷愁《サウダージ》」）を踏まえて、その感興をサンバの踊りによって変奏したものだ、というのである（サンバが出てくるのは、もう一人の人類学者で親友のロベルト・ダ・マッタがカーニヴァルとサンバの研究で知られているため）。「物語性」をめぐる、気心の通じ合った人類学者の同僚たちとの韓国シンポジウム・ツアーは、旅の昂揚のなかで、理論的な枠組みを土地の民俗世界へと移し替え、参加者たちをその民俗が示す豊かな象徴構造のなかにおき直すという機知を、山口に閃きのように与えたのだ。

学会のような形式的な場のもつ硬直を、素描的精神を介してたえずずらし、溶解させながら、山口の批評的知性は、このようにしてイデア（思想）を、その原義である形をともなった具体性の世界へとふたたび接続し直す。人類学という思考のスタイルが、フィールド（具体）と机上（観念）のたえざるダイナミックな往還であることを、これほどその相互浸透性の相において自覚化した者はいなかった。山口はこうして、アカデミックな世界を快楽的に遊び、自ら演劇的に演出していくことを欲した。素描は、そのための特権的な手がかりであったことになる。

*

山口昌男の素描家《デシナトゥール》としての、目鼻だちのくっきりとした輪郭を論じ、彼の素描的世界の底流に流れる原理や方法論をこうしてたどってきたいま、最後にあらためて、彼のデッサンやカリカチュアが無から生まれてきた個人的独創ではありえないことを指摘しておくべきだろう。それは、素描画《デシネ》という刺激的な表現形式の文化的伝播・伝承の問題なのだ。なぜなら山口は、彼の前を歩いた、おなじような素描的精神をそなえた先人たちの作品とその背後にある歴史民俗的世界の豊饒さを、なによりも大切な精神の糧としていたからである。

　そのような先人の一人が、ベルギーの海辺の町オーステンデに生まれて屋根裏のアトリエに引きこもるようにして幻想的な作品を描きつづけたジェームズ・アンソール（一八六〇―一九四九）である。「アンソールの世界に出遭うために人は選ばれていなければならない、またはアンソールの作品世界を通過することによって、人は選ばれる稀な機会に恵まれる……」[7]。山口はこう書いて、自らがアンソールによって「選ばれた」存在であることを、素描家としての多少の自負とともに宣言していたのだった。

　アンソールの絵画的世界は、カーニヴァルの原理に貫かれている。彼自身が、故郷オーステンデの町に古くから伝わる民俗的な仮面行列やカーニヴァルの祭を実際に作品に描き込んだことだけでなく、むしろそうした伝統的な民俗信仰や死生観のもとで、仮面や死の表象に特異な表現形態を与えていったことが、アンソールの作品を個性化したのである。とくに、母が営んでいた骨董品店にならぶガラクタが、アンソールの日常の感覚と感情に深い陰翳を落とした。そこには、動物の剥製や貝殻、珊瑚、枯れた海岸植物など、生命の形骸たちが不思議な光を放っていた。海辺用の玩具、異国の民芸品や土産物。カーニヴァルの時季になると、土地の意匠をほどこしたたくさんの仮面も陳列台に並んだ。仮面や死のイメージャリーに憑かれたようなアンソールの絵画や版画は、こうした環境から自然に立ち上がっていった。
風景からうける刺戟を、自己の内奥を通じて素描的に変換しながら作品化したアンソールは、あらゆるものの内部に歴史を見透し、他者の集合的な声を聴く幻視者・幻聴者でもあった。こんな幼少時の、ありえない回想がある。

ある晩、私は灯のついた部屋の中、ゆりかごの中で寝ていた。海に面した窓は開け放たれていた。そこへ、明かりに誘われた一羽の大きな海鳥が部屋に飛び込み、私の目の前で、その翼をはばたき、私のゆりかごを強くたたいた。私は今でも、その突然の出来事をはっきりと記憶している。そして、光を貪る黒い鳥の幻想を強いショックとして今でも心に残している。(8)

誕生まもない幼児の身体を、不可避となった死の影がそっと叩く光景であろうか。アンソールの体内で生きられていたベルギーの海辺の民衆的想像力が、事物や生物の背後に深い無意識と象徴システムを宿した豊饒な民俗世界であることを、こうした回想は語っている。死は、それを手がかりにして、生により統合的な意味を与えるための、決定的な鍵であった。そのあたりの事情を自らの想像力へと引きつけながら、山口はアンソールを論じた文章でこう書いている。

アンソールの世界において死と見られるものは日常生活的現実に衝撃を与えて亀裂を惹き起こす「聖なる腐蝕」に外ならない。それは、本来カーニヴァルにおける骸骨や死の表象がそうであるように本源的生（エロス）の復活の予兆であるのだ。こうしてサーカスの道化は常に死と生を一身に具現することによって、人間にたしかな手応えのある生を約束するのである。(9)

図 10

図 11

「アンソールの影の地帯」、と山口は彼のアンソールへの愛着をひとことで表わしてもいる。その豊饒な闇には、死や仮面だけでなく、カーニヴァルの道化も、喜劇役者も、手品師も大道芸人もみな住んでいた。その独自の影の地帯に自らも住み込んで、アンソールはひたすら仮面をかぶった人々を描き、やがてはその仮面が彼らの顔となり、ついには仮面のような顔だけがあふれる日常の喜劇と悪夢が彼のオブセッションとなっていった。一八八四年のエッチング作品「善き裁判官たち」【図10】は、公吏という仮面をつけた人々の表情から滲み出す偽善と虚飾と打算の空気を、容赦ない諷刺とグロテスクリアリズムで撃った印象的な作品であるが、こうした民衆的表現の系譜の延長線上に、私は仮面やカーニヴァルの踊りを見ながら取り憑かれたようにデッサンする山口の姿を、はっきりと透視するのである。

カーニヴァルの風土に生まれ落ち、その風土の生と死をめぐる深遠な民衆哲学を生涯にわたって探索しつづけたもうひとりの特異な画家が、スペインのホセ・グティエレス・ソラーナ（一八八六―一九四五）であった。彼もまた、素描家山口の偏愛する先人の一人である。ソラーナの、ヴァニタス（生の空しさ）と死の寓意に満ち満ちた陰翳深い世界は、山口も『歴史・祝祭・神話』において深い共感を込めて論じたスペインの同時代詩人フェデリコ・ガルシア・ロルカのあらゆる詩行に流れる通奏低音のようなものである。被抑圧の歴史をくぐり抜けてきたスペイン民衆、とりわけジプシー（ヒターノ）たちの集合的感情を自らのものとしていたロルカは、民俗を素材とした彼のロマンセーロ（歌謡）世界の行きつく先が、夢の彼方に拡がる虚空としての死の世界であることを知っていた。そしてそうした信仰は、「歴史」なるものの真の意味が、死や死者たちとの距離の測定において打ち樹てられるものであることを、ロルカに確信させたのだった。

山口が、彼の人類学的思考をもってとらえようとした重層的な「歴史」も、彼の素描画をもって形を与えようとした深層の「歴史」も、まさにそのような死に裏打ちされた奥深いリアリティをたたえていた。ソラーナの描き出すカーニヴァルも、仮面も、アンソールの場所をへだてた無意識の同志として、歴史という道理を民衆の智慧の世界へと翻訳するための特権的な手がかりだったのである。ソラーナの絵は、具体の風景を凝縮された意味の綾織りへと変え、そこから抽象的な意味の絵柄を導き出しながら、私たちの思考を劇的なかたちで再編しようとする。それはちょうど、山口も引用する、ガルシア・ロルカが民衆の子守唄という民俗の意味を語るときに感知されているものと、おなじものである。

「母親または子守りは、ほとんどいつも夜になると、唄を一つの抽象的な情景に変えてしまい、その情景の中に彼女は——最古のそして最も単純な幕間劇や秘蹟劇のように——簡単な演劇行為を行う一人乃至は二人の人物を登場させる」(10)

ソラーナの絵画も、線描画も、エッチングも、この「抽象的な情景」へと私たちが参入するための特別の通路だった。それは高度に抽象化された情景でありながら、それが民衆的な想像力に根をもっているかぎり、たえず具体的な人物像の姿を借りて、舞台の上に登場するのだった。ソウルで山口が描いた戯画のように、まさにここでも、思想は人間の姿を借りて、儀礼的な舞踏を踊っているのである。山口は、自著『新編 人類学的思考』(筑摩書房、一九七九)の扉絵に、内戦によって凌辱されたスペインの大地を離れたソラーナがパリで描いた最後の作品「腕を組んで踊る二人の仮面」(一九三八)【図11】を、思い入れたっぷりに使用している。素描家としての山口が、どれほど深く、ソラーナが仮面の踊りに託した思いを愛しているかが、この一点だけで了解できるだろう。ここで思想は、反目するかわりに腕を組んで、自らの仮面の背後でうごめく感情を抑えながら、カーニヴァル的死の舞踏を踊っている。それは素描的技法が、省略と飛躍を経て、民衆の真実へと迫ってゆく道程である。

二〇世紀スペイン文学の極北に立つ至高の諷刺家であり、道化的前衛文学の象徴のような詩人ラモン・ゴメス・デ・ラ・セルナは、同時代人のソラーナの特質をつぎのように見事な比喩として語っていた。

ソラーナは自分自身に忠実な芸術家である。ソラーナ鉱石という宝が埋まった無尽蔵の鉱脈から、かれはつねに自分自身の豊かな原料を掘り出そうとした。地下の迷宮を、坑道から坑道へと渡りながら。[11]

山口昌男もまた、この豊かな鉱脈を内に秘め、カーニヴァレスクな迷宮を坑道から坑道へと移りながら、人類社会の忘却された知をより統合的な全体性に向けて奪還するために、自己内部の鉱石をひたすら掘りつづけた。この稀有の素描的精神史家は、その「詩と真実」を、自らのデッサンをもってつねに証言しつづけたのである。

Ⅳ　叡智は隠されている

幻を見る人

いにしえのメキシコ人の思考において最も奇妙な一つの特徴は、自分たちの終焉につながるさまざまな因子を内部に持っていたことであろう。

――ル・クレジオ『メキシコの夢』

この国は、幻視の人々をたえず引き寄せてきた。このミステリアスな大地が発する夢の精気に取り憑かれてしまった異邦人を思いつくままに数え上げてみよう。D・H・ローレンス、一九二四年。セルゲイ・エイゼンシュタイン、一九三〇年。オルダス・ハクスリー、一九三三年。マルカム・ラウリー、一九三四年。アントナン・アルトー、一九三六年。ルイス・ブニュエル、一九四六年。ウィリアム・バロウズ、一九四九年。カルロス・カスタネダ、一九六〇年。J・M・G・ル・クレジオ、一九六七年。岡本太郎、一九六八年……。そしてこの興味深いリストの末尾に、水木しげる、一九九七年、とつけ加えることの正当性には、おそらくなんの疑問もないだろう。それほどに、この幻視の漫画家とメキシコとの邂逅は、世界でも例を見ない混血の風土が準備した、必然的な出逢いと呼ぶにふさわしいものであった。

水木しげるのメキシコ紀行『幸福になるメキシコ』(1)の登場は鮮烈だった。それまで、私のなかで陶酔と痛痒感とがないまぜになったような感覚とともになかなか書ききれないでいた「メキシコ」なるものの実相を、それは漫画家の「幻視的リアリズム」とでもいうべき視線によって、あっけらかんと描ききっていたからである。メキシコ全土にあふれる妖怪や精霊の仮面を求めて憑かれたように土地土地を訪ね歩く水木の旅。それは痛快で、哄笑と風刺に満ち、叙情的で官能的で即物的でもあるメキシコの深い核心にある、ある種の不可思議な熱、素朴な霊気のようなものにたしかに届いていた。水木はまちがいなく彼の傍らに、あの生身の骸骨の霊を呼び寄せたのだ【図1】。それは、オクタビオ・パスの『孤独の迷宮』やカルロス・フエンテスの『メヒコの時間』といったメキシコ論の不動の古典が示す、「死」の遍在のうえにたったこの混血国家の成立をめぐる高度に哲学的な考察を、民衆の日常感覚の地点から裏打ちしつつ、それらとどこかで深く共振する躍動的な思考に貫かれていた。

大正一一年に鳥取県の境港で生まれ、幼少時代から、「のんのんばあ」と呼ばれる巫女のような語り部の老婆に妖怪や精霊の話を聞かされて民俗的な神秘世界をのぞき込み、お盆の行事で死者の霊が日常に降りてくるさまを興奮しながら体験していた水木しげる。そうした出自を持った者が、生と死のあわいに広がる人間の精神世界にたいして鋭い直観力をそなえた現代人であったことは明らかである。水木は自伝的回想のなかで、境港に伝わる土地の妖怪譚や死者の霊の話を、畏れとともになんの疑問もなく受け入れていたことを、たとえばこう述懐している。

夏には、七夕とかお盆とかいった伝統的な行事が多い。これは、雰囲気からして神秘的な感じがした。日頃ノンキにしている寺の坊主があちこち走り廻ったり、町中こぞって提灯をつったり、なんとなくいつもとちがう。やがてムードがもりあがった頃、むかえ火がたかれるものだから、いかにも霊魂がさまよい出るのにふさわしく思われた。何日かすぎると、今度はおくり火がたかれ、それとともに、何もない空間にむかって、のんのんばあが「来年またござっしゃれや」と叫ぶと、僕は、きっと大人になれば見える何者かがいるにちがいないと、ますます信じるのだった。(2)

こんな幼少期を過ごした者が戦争に召集される。南方戦線に赴いた水木は、文字通り「死」と隣り合わせになりながら戦場で人の一生について考え抜くことになる。さらに彼は、戦場となったメラネシアの島の島民たちの信仰する神や精霊の世界と不思議な魂の交流を果たすことによって、極限状況の下でさえ特異な幻視能力を鍛えられてゆくのである。その意味で、水木にとっての「霊性」への直観力は、死を基盤とする民俗的な精霊信仰と、九死に一生を得た過酷な戦争体験（これについては『娘に語るお父さんの戦記』などに詳しく語られている）の両者によって研ぎ澄まされていったと考えられる。

図1　水木しげる『幸福になるメキシコ』より

その水木が、メキシコという、まさに死者が生者の世界に闖入しては踊り歌い、諧謔と哄笑と沈思とを突きつけて去ってゆく習慣を持った、神秘的で呪術的な力を宿す土地と出逢う……。これがスリリングな邂逅にならないはずはなかった。カトリック暦の「諸聖人の日」である一一月一日、メキシコにおいて「死者」のイメージが現実の社会空間にもっとも強烈に滲みだす「死者の日」の祭をめざしてこの国を訪れた水木は、旅をつうじて至福の時を生きているようにみえる。日常における見えざるものの世界への浸透を妖怪という形象を通じて描きつづけてきた水木にとって、現世への死者たちの帰還という儀礼空間に生じたリアリティの亀裂に乗じて無数の妖怪や精霊たちが出現し、街路に魑魅魍魎が跋扈するこの夢幻世界は、まさに感覚の楽園にほかならなかった。

水木がメキシコで見たのとおそらくは寸分たがわぬ光景を、彼とまったくの同時代人、アメリカの幻視作家レイ・ブラッドベリが「死者の日」と題する鮮烈な短編ですでにこう詩的に描いていた。

小さな少年ライムンドは、マデーロ通りを走って渡る。たくさんの教会の朝の香《こう》の匂いのなかを。万という朝食をつくる炭火の匂いのなかを。彼は死の思いのなかを走る。メキシコ・シティは朝にただよう死への思いでひんやりと涼しい。教会の影がある。いつも黒衣に身をおおった女たちがいる。喪の黒衣。教会のロウソクや香炉から立ちのぼる煙は、走りゆく少年の鼻に甘美な死の匂いと感じられる。そして、それが奇妙には思われないのだ。なぜなら、この日の思いはすべて死の思いになるのだから。きょうは「死者の日」なのである。(3)

ブラッドベリ特有の、甘美な死の淵へと息せききって突き進む恐怖の物語は、さらに速度をまして、あたりの風景をこう描きだしてゆく。

頭上の空は上薬をかけた青い陶器だ。彼が円形交差点《グロリエッタ》を走りすぎると、草叢は緑の炎のように燃えあがる。手には五〇センタボをしっかりと握っている。たくさんの砂糖菓子のために貯めたありったけのお金。彼はなんとしても大腿骨や骨盤や肋骨を買って、それにしゃぶりつかねばならない。「死」を食べる日。なにもかもが「死」を露わにする日、そう、今日は「死」を見せつける日なのだ！　彼も、母も、兄弟も、姉妹も！(4)

これは少しも誇張ではない。髑髏の砂糖菓子。骸骨のキャンディ。ミニチュアの葬式台。聖書を抱えた紙粘土づくりの司祭。ボール紙の棺桶。棺桶のなかの白い飴玉の死体……。死と戯れ、死を茶化し、死を露呈させ、死に浸透されることで人間の本性を再発見してゆく者たち。死と深く交流し、死者とのあいだに新たな魂の契約を結び直す生者たち。厳粛かつ滑稽な死のイメージが氾濫するこんなメキシコとの、偶然にして必然の幸福なる遭遇は水木を昂揚させる。死の仮面をつけて陶酔したように踊る民衆たちは、ただちに水木を踊りの輪のなかに誘い込む。水木の身体が発している、妖気への深い共感のしるしを、メキシコ人はただちに認知するからである。

「妖怪博士」としての水木の旅の具体的な目標はメキシコの仮面である。インディオの呪術的な信仰世界がとりわけ生き生きと残る南部オアハカ州やゲレーロ州、中西部ミチョアカン州へと、「死者の日」の祝祭週間をはさんで精力的に旅しながら、水木は悪魔や動物や死霊の仮面のなかに込められたメキシコ民衆の幻視的な想像力のなかを陶酔するように巡礼してゆく。数えきれないほどの民芸品市場や仮面作家の工房を訪ねる水木の情熱とそこでの挙動は壮観ともいえるものだ。仮面の伝統的な古さや形態の正統性などには目もくれず、人間が普遍的に持つ霊的なイマジネーションのダイナミックな発露だけを基準に、水木はわずか二週間の旅程のあいだに一〇〇個を超えるオドロオドロしくもバカバカしい仮面を憑かれたように買い漁る。赤鬼のような山の精霊チャネケ。ユーモラスなフクロウの妖怪。二つの顔が合体した悪魔《ディアブロ》。お多福顔の天使。鳥や花や昆虫の極彩色の飾りをつけた陶製の髑髏面……。これらの収穫に欣喜雀躍しながら、水木は百鬼夜行の仮装行列に紛れ込んで踊りまくり、病気治療のシャーマンの村々を訪ね歩き、ミトラやモンテ・アルバンの古代神殿に刻まれた死神の図像に打たれて沈思黙考する。

生死を包み込むメキシコの魂の奔流にこれほどまでに自然に身体をあずけながらも、覚醒した眼差しで霊的な文化のあり方をひとおもいに看取してしまう水木の眼力に私はあらためて感心する。聖なる生贄の儀礼が行われた古いピラミッドの頂上で眠りながら死と交流しようとするこの七五歳の隻腕の翁は、文明社会の殺伐たる日常を振り切ったところにある、生と死の深いつながりについての感覚を、私たちに向けて覚醒させてくれる。妖怪やキメラや死の形象への純粋な探究心が、私たちが「幸福になる」ための不可欠の手続きであることを教えてくれる。

「死」を日常空間から隠蔽し、その処理を病院と葬祭業の手にすっかり譲り渡してしまった現代の都会人は、この幸福からすでに見放されかけている。オブラートに包まれた死の傍らで、商業主義に毒されたハロウィーンの不毛な狂騒だけが巷を覆い尽くしているのが現代なのである。霊や死の存在をひた隠すのではなく、そのような見えざるもののなかにこそ生きるための秘儀が隠されていると信じ、見えざるものを可視化させ、それと力の限り渡り合ってみること。見えないもののなかにこそ宿された深い真実を発見すること。九三歳でついに己の肉体が消失したのちも、水木は私たちに、この魂の眼力を鍛えるためのイニシエーションを永遠に誘いかけてくる。

ひとつつけ加えておこう。水木は仮面とともに、メキシコにおける動物や虫のかたちをした玩具やオブジェのもつ驚くべき造形感覚に深く印象づけられている。とりわけ、バッタや蚊のような小さな生き物にたいするメキシコ民衆の造形的想像力の飛翔に、水木は特別の関心を寄せる。巨大な蜘蛛や甲虫が顔のど真ん中に脚を広げて貼り付き、赤いタレ目の顔が少し迷惑そうに寂しげに笑っているような奇怪な仮面に水木は魅了される。「メキシコの仮面は、虫をやたらに顔につけていて面白いです。あんなバカなデザインの仮面は世界中に無いですよ。虫が顔にいるなんて！」[5] こう驚嘆しつつ、水木はさらにつぎのようなことを語る。メキシコの人々の蚊にたいする特別の執着には非常に驚かされる。他の国では蚊のような虫を木彫りにすることはない。だが蚊の姿をよく見ることによって、人間もわかるのだ。人間ばかり観察していては得られない知恵である。小動物への関心として、カエルまではよくあるが、蚊はひじょうに珍しい、と。

世界中の珍奇な造形物を渉猟し尽くしたこの水木のことばには説得力があるといわねばならないだろう。ほとんど目に見えない蚊のような小さな虫を凝視し、それを誇張を含めて造形することで、逆に人間への理解が深まってゆくという真実。そこから蚊と人間の混合体としての仮面が生まれる、という事実。これこそが、民俗の叡智の本質であった。

メキシコに限らず、南北アメリカの先住民の神話においても、蚊は重要な存在としてしばしば登場する。たとえば、レヴィ＝ストロースの『神話論理』によれば、北米の北西海岸のベラクーラ族のサケの起源を語る神話のなかに、「人食い女の息子が、母の悪行を知って彼女を殺し、死体を薪の上で燃やして、その灰から蚊を生じさせた」という不思議な物語がある。人食い女は川の流れに沿って移動する習性を持っていたが、それがサケの遡上の動きや、さらには水から発生する蚊の存在と結びついて出来上がったのがこの神話であろう。いうまでもなく、川で生まれたサケの仔魚は上流から流れてくる揺蚊《ユスリカ》の幼虫などを餌にして成長する。蚊への想像力は、サケを主食とする人間にとって、自己の原点への視線をたえず呼びだすものとなるのである。あるいは南米ガイアナ南部のワピシャナ族には「蚊は蜂蜜を吸うと、針で身体を刺すようにと妻に命じた。すると腹から蜂蜜が流れでた」という神話がある。ここでは、蜂蜜の主《ぬし》となる動物が問題となっているのだが、それはときにハト（水をたらふく飲む）となり、ホエザル（喉に餌袋をもつ）となり、ハチドリ（蜜を吸う）となり、蚊（血を吸う）となる。いずれも、肉体器官のなかに蜜をため込むことができるような動物や昆虫への想像力が、それらが蜂蜜の主となれる理由を生むのだとレヴィ＝ストロースは分析している（『蜜から灰へ』）。ここにも蚊が登場し、人間が蜂蜜という「料理以前」の食糧を介して「文化」の側へと移行してゆく重要な過程が語られている。水木は、こうした神話世界において特異な媒介的役割を与えられてきた蚊が、現代の素朴な工芸家によって造形されるときに込められる無意識の想像力を、メキシコで直観したにちがいなかった。

妖怪や精霊の仮面を生み出す奔放で混沌とした造形力の背後には、こうした神話的なイマジネーションが存在している。私たちはそれを幻想、超自然、呪術といった概念におしこめることで、「理性」の領域から分離して安心しようとしてきた。だが水木しげるが彼自身の漫画によって示し、またメキシコの民衆たちがいまも日々実践しているように、こうしたキメラ的・変身的な想像力は彼らの日々の精密な生活哲学や倫理と結びついた、湿しくも繊細な美学の現われなのである。山陰の豊饒な闇から生まれた「妖怪博士」は、そのことを誰よりもするどく見抜いていた。

*

メキシコに引き寄せられた幻視者たち。冒頭にあげた、夢幻世界を逍遥し、幻を見ることのできる者たちのリストを、「北川民次《たみじ》、一九二三年」とはじめることもできたかもしれない。水木しげるのいわば真の先人である。後半生を瀬戸の町で暮らしながら精力的に制作した画家北川民次は、若き時代にメキシコで得た霊感を、一九五五年に刊行された著書『メキシコの青春』のなかで興味深く回顧している。大正末期、修業のためメキシコに移り住んだ北川が、リベラやシケイロスなど最盛期のメキシコ壁画運動に加わった錚々たる美術家たちと交流しながら、現地の美術学校で民衆に絵を教え、同時に先住民インディオの生活と信仰の繊細な機微に深く学んでゆく過程を綴ったみずみずしい青春記である。北川はそこで、インディオのあいだで語られる、「サトラッパ」とか「マリナリ」とか呼ばれる精霊のような化物についてこう述べている。

今日でも村じゅうのどの家の内庭にも、夜なかになると、たくさんのサトラッパ（魔物）がかならず出る。それは小人の化物で、人には害をしないが、ときによると便所へ用たしにいく者をびっくりさせることがある。マリナリという化物の生んだ子どもである、と彼らは信じている。[6]

民次は「マリナリ」についてこれ以上解説を加えていない。おそらくはインディオの信じている精霊の一種であると理解したのであろう。だが「マリナリ」Malinalli とは、ナワトル語で「紐をつくるための草」のことで、その語幹「マリン」Malin は「縒《よ》る」とか「編む」とか「（糸を）巻く」を意味する重要な動詞であった。編んだり縒ったりすることは、物語（神の物語でも人の生涯でも）を発生させる最初の、もっとも基本的な行為であり、その物語を織るための草とはほとんど「意味の生成」そのもののことを指していたからである。しかも、征服者コルテスに身をゆだねたインディオ女マリンチェの本名もまた「マリナリ・テネパトル」であった。テネパトルは、厚い唇をもった者（＝口が達者な者）というほどの意味である。神話的不幸の起源となるこの「紐の草－雄弁な女」。北川民次が「マリナリという化物」の話を聞いた時、彼はただインディオ古来の精霊の話を聴いていたのではなかった。そこにはすでに、征服の歴史をも含み込んだ深く混血的な文化複合体が、インディオの無意識のなかにはたらいていたにちがいないのである。

サトラッパという便所の精霊については、チカーナの作家グロリア・アンサルドゥーアもまた、著書『ボーダーランズ／ラ・フロンテーラ』のなかの「蛇との協約」の章で、女性の視点からこう母親の言い伝えを書きとめていた。

夜明け前のオレンジ色に染まる靄のなか、雄鶏が木々のてっぺんで眠たげにときを告げている。暗いのに外の手洗いに行ってはだめよ、と母はよく私に言ったものだ。しゃがんでいるあいだに何かが体に入ってきたらたいへん。蛇がお前のお尻からすべるように入ってきて、お前を妊娠させてしまうよ。寒いときは温かいところへ行きたがるのさ。蛇は乳首を吸うのも好きだって聞いたわ。お前からお乳をすすりとってしまうよ。[7]

ここでの便所の精霊は蛇の化身である。蛇は強力な「霊力《トノ》」として、メキシコの先住民の信仰においてもっとも重要な役割を持った動物だった。それは人間に攻撃を仕掛ける悪霊のように語られることもあるが、蛇とそうした特別の関係を持つことは、その人間自体がすでに蛇とのあいだに一種の「協約」を結んでいるからだ、とも考えられた。その深遠な協約とは、獣との一体化を許すことであり、この場合の蛇は人間にたいして警告を発する霊であるとともに、人間にとっての力の源泉を提供するアニマなのでもあった。こうした両義的な「協約」によって、人間はおのれの生物界における優位性の認識から自由になった、深い自然の理法への道を謙虚なやり方で手に入れることができた。北川民次は、日本人としてはじめてそうしたメキシコ民衆の深い精霊信仰の世界へと入っていき、それを平易な言葉で伝えようとした先駆者だったのである。

北川の『メキシコの青春』には、メキシコに暮らしメキシコを知ることはとりもなおさずその土地の先住民たちの霊的な世界観に触れることであるという、簡潔で的確な理解が表明されている。北川は混血社会メキシコの民衆的な深みに入ってゆくとき、そこにインディオ文明が育んできた宗教的でスピリチュアルな世界観、その日常への現われをたえず意識した。その点で、古代アステカの宇宙論は、いまのインディオたちやメスティーソたちの精神生活とたしかな連続性をもっているのだった。そのもっとも顕著な特徴が、神聖なものと世俗的なもの、美的なものと日常的なものをことさら区別しない統合的な感性である。近代人が博物館で芸術作品として鑑賞するアステカの神像を前に、博物館に紛れ込んだインディオならばただちにひざまずき、それを日々の信仰心と連続した礼拝の対象とするだろう。北川はつぎのように書いて、芸術と日常の精神生活とが渾然一体となって結びつくメキシコの民衆世界への彼自身の憧憬を語っている。

かれらにとって芸術と宗教は一体であり、美は神の具現であった。もし、芸術家を志す私に、それを会得できるなら、現代文明なんかクソくらえだ。ピラミッドや偶像を見て、私のうける芸術的な感激が、同時に宗教的感動とならなければ、これら先住民の遺物の真の価値が分からないばかりか、メキシコまでやってきた意味がぜんぜんなくなってしまう。だが、インディオたちは、それを私に教えてくれるだろう。(8)

北川民次を自らの故郷瀬戸に縁のある先達として慕い、民次の軌跡を追うようにしてメキシコに渡ったもう一人の幻視の画家が竹田鎮三郎《しんざぶろう》であった。水木しげるのメキシコ紀行において、南部オアハカの地で水木を迎え、水木の仮面への関心を煽り、ほとんど水木と一体化するようにして、メキシコ先住民の精霊や魔術への陶酔を語るのが竹田鎮三郎である。メキシコに半世紀のあいだ定住し、ほとんど先住民の一人へと転生してしまったこの稀有の幻視者の導きによって、水木のメキシコ滞在には一本の太い精神的な筋が通ることになった。

北川民次の『メキシコの青春』をおそらくは東京芸大の学生時代に読んだ竹田鎮三郎にとって、先に引用した民次の言葉は、「芸術」という抽象的な観念にたいする思いがけない場所からの清涼な解毒剤として、強いインパクトを持ったであろうことは想像に難くない。メキシコの民次は、インディオの日常の感情世界の豊かな厚みのなかではじめて、芸術と呼ばれる実践が真に輝きだすことを発見した。抽象化された思想や技法の形式性ではなく、日々の思いの深さと心のさまざまな移ろいこそが、創造をみちびきだす。インディオの文化はそのことを教えていた。民次の後を追うようにメキシコにやってきた竹田は、やがて南部オアハカ州のインディオ文化に魅せられ、インディオの生活圏である小さな村に移住し、その精神世界に深く浸透していった。竹田はそこから、目に見えない精霊の世界を画布に造形する仕事につきすすんでいった。野生との深い連続性の感覚、仮面の踊りのなかで表明される動物のしぐさを模倣する身体の躍動、市場で野菜や果実を売るふくよかな女性たちのイマジネーションのなかで踊る天使や精霊たち。妖怪のような姿をとったインディオの守護霊たちの形象も、竹田の絵のなかで躍動した。

竹田鎮三郎にとって、もう一人の縁ある重要な画家が、壮大な世界幻視者ともいうべき岡本太郎である。一九六八年から六九年にかけて、岡本太郎が「明日の神話」となるべき巨大な壁画をオテル・デ・メヒコのロビーに描くために何度もメキシコに赴いたとき、日系メキシコ人画家ルイス・ニシザワの仲介によって竹田もまた助手としてこの作品制作に深くかかわることになった。

その岡本が、メキシコ体験の後に一気に書き上げた主著『美の呪力』（一九七一）は、まさにメキシコの途方もない自由奔放な風にすっかり感化された一個の精神による、激烈なメキシコ賛歌とも受けとれる書物である。古代テオティワカンの神殿で、生贄の心臓がとりだされて太陽に捧げられる荘厳な儀式を知った岡本の啓示のような叫びは、こう書きとめられている。

私はアッと声をあげた。身体中の血が冷えきる思いがした。これだ、これが本当なのだ。瞬間に全身の血が逆流し、熱くわきあがった。見ていたピラミッドはもうただの石の堆積ではなかった。巨大な人間像、いや、さらにそれを超えた宇宙全体のような強烈なイメージに変身した。(……)たしかにメキシコのこの失われた文化ほど、古代の血の神秘をつきつけてくるものはない。それはわれわれ一人一人の身体から流れ出る、なまの血とはちがう。もっと人間と天体の超自然的なからみあいなのだ。人間生命が透明な流れをもって宇宙のエネルギーと交流している。人間主義という狭い枠の生まれる以前の、呪術的世界観なのだ(9)。

岡本太郎はここで、石と血と太陽との聖なるからみあいによって、人間生命と宇宙エネルギーとが透明な流れのなかで交じりあう瞬間を自分のこととして受けとめている。「呪術」ということばは観念的な用語ではなく、口当たりのよいヒューマニズムの枠組みなどあっさりと凌駕する、壮絶な「生命の祝祭」にほかならないことをメキシコは彼に突きつけてきたのである。芸術家とは、美のための美ではなく、呪術としての美を追求するシャーマンであるという直感が岡本に芽生えたのはこのときだった。

メキシコに深く魅せられ、その本質に触れた北川民次と岡本太郎。だが竹田鎮三郎は、この二人の先人のどちらともちがう独特の言葉づかいによって、彼のメキシコ、とりわけオアハカでの野性的な生命宇宙への賛歌を語っている。私が惹かれるのは、たとえば「日曜日の午前五時半」と題された次のような竹田の一文である。

世界は地の透明な青色と、空の明け始めたあかね色の二色だ。歴史のなかにたたずむ寺院は百姓達の意識、聖者様の前、ロウソクの火と野花が百姓の手にふるえている。世紀を乗り越えて、百姓の夫婦が、赤子を抱いた女が、あるいは老人がひざまずいている。山の民、平原の民、緑の多いところから、荒れ地から、百姓は今朝もやってくる。寺院の内はロウソクの火がゆらめいている。笛とタイコの音が、さわやかな空気と不気味な大地の呼吸をメロディにして、夜明けの誕生を祝う。目覚めなさい。小さな新生児よ。この世界は神妙にして美しいもの。目覚めなさい！
サァ、目覚めなさい(10)！

静謐で慎ましく、対象への深い浸透力を感じさせる、竹田の絵画世界そのもののような風景である。ここには、メキシコ経験を教訓や思想の言葉へと変換する超越的な主体はいない。語る者もまた、インディオの深い精神世界のただなかへと沈潜し、夜明けのあかね色の恩寵のなかに混じりあい、教会の聖人像と蝋燭の前にひざまずいて農夫たちが寡黙に祈りのことばをつぶやく時間のなかに完全に溶け込んでいる。彼もまた村人と同じ帽子を被り、同じ髭をつけ、同じように汚れたサンダルを履いているにちがいない。私にもこうした空間に自己を投げ出していった鮮烈な記憶がある。そこではきっと「コパル」(松脂)と呼ばれる香を焚いたツンとくる独特の臭気が、場の敬虔な空気をさらに高めているであろう。インディオと共に祈り、共に今日という日の誕生を祝福するとき、いつのまにか、私たちのなかにはインディオの日々の歓喜とともに、彼らの征服以来の集団的な苦悩の歴史もまた注入されている。そこでは私たち一人一人が、他者の肉体や血を借り受け、一個の混合体の意識と化しているのだ。だからこそ、竹田のどの絵画作品、版画作品にも、対象へと浸透する深い「共感」と「共苦」の感情がある。それが作品の力となっている。それはまた、水木しげるの漫画世界において起こっていることと、まったくおなじことのように私には思える。

竹田鎮三郎は、ミシュテカ族が「トナ」Tona と呼ぶ聖なる守護霊について印象的に触れている。私が知るメキシコの北部地方では「トノ」Tono とも呼ばれていた、人間の動物的なアニマ（魂）に発する超自然の力、霊力のことである。謎めいたトナの現実へのあらわれを、竹田はこう書いている。

　オアハカ州や隣のチアパス州には、ついこの間まで、こんな風習があった。人は生まれる時、トナと呼ぶ動物が同伴する。子供が生まれると、呪術師がその子のトナを両親に告げる。「この子のトナは鹿だ」。そして彼ら農民は、それぞれのトナを、その人の一生の精神的な伴侶として大切にし、敬う。トナは隠された存在。ちょうど昼の太陽に、夜の闇があるように、彼らは、その生命の輝きが明瞭である理由を説明しない。トナが村人の口から語られる時、恐ろしい、バケモノばなしであることが多い。誰かが虎に変貌する、豚に変貌する、イグアナに変貌する[11]……。

ここにもあるように、妖怪や化物はけっして人間にとっての異物でも他者でもない。むしろ人間が人間であることの深い消息が、そうした動物の姿をとったバケモノにおいて示されているのである。だがそれは、声を大にして語られるようなものではない。昼の明るさが夜の闇によって保証されているように、人間の生命もまた死と隣り合わせになったキメラのような化物に蔭で支えられている。神話、伝説、妖怪、精霊、そして仮面のような民俗工芸品。それらは、こうした繊細な想像力のなかで一体化し、ついには人間と動物との奇怪なハイブリッド、混合《ハーフ・ブリード》体を造形するのである。竹田は村の古老から聞いたこんな不思議な実話を紹介している。

　夜な夜な村を騒がす怪しいものがいる。恐る恐る見ると、巨大な豚が鼻を鳴らし、足を踏み鳴らして、村の路地から路地へと駆け回っていた。ある夜ふけ、村人一同で相談して、このバケモノ豚をつかまえて縄で木に縛りつけて寝た。翌朝、行ってみると、縛られていたのは裸の老婆、当の村の住民だった。[12]

図2 竹田鎮三郎「トナ（守護神）」

現代の合理世界が「見えない」幻影として捨て去ったものを、インディオたちは心の兆候が示すまぎれもない真実として意識に留める。そこからトナが出現し、現実世界へと浸入する。民衆は、この霊的な力の日々のはたらきかけによって、美や歓喜から恐怖や絶望にいたる、あらゆる感情生活の豊かさを与えられる。見えない野生の力が、混淆的なエネルギーとして人間のなかに流れ込むとき、人々の生の充足は絶頂に達する。

この名指しえない、自己と森羅万象との深いつながりにかかわる「トナ」について、竹田は自らの願いを込めるようにかつてこう語った。「いつの日か、自分のトナに気付いた時、ぼくもいっさい自然物と解け合うのです[13]」。

竹田の真に独創的な傑作「トナ（守護神）」（一九八六）や「マリアは何処へ行くの?・」（一九八四）といった版画作品は、鷲や蛇やイグアナや薔薇やトウモロコシをそれぞれトナとして抱くインディオたちの慎ましくも逞しい姿を描いて、人間の尊厳というもののもっとも深く純粋な造形表現を達成している。「トナ（守護神）」の、ハイブリッドな「羽ある蛇」の形象化である、アステカの創造神ケツァルコアトルを思わせる蛇と鷲の混合体のような守護神が身体に巻きついた、やや様式化された緑色の人物像［図2］。それはインディオの身体へと合体した果てにあらわれる竹田の自画像のようにすら見える。そこでの彼は、鱗をまとい金色の髪をたなびかせた、水木の描く蛇女のようでもある。

「いつの日か、自分のトナに気付いた時……」と竹田は彼の願いを未来形で書いていた。書かれたのはもう三〇年も前のことである。であれば、水木しげるという山陰地方のトナに憑かれた幻視者をメキシコに迎えた時の竹田にはすでに彼自身の見出されたトナがあったのであり、その部分において、この二人は深く交流しあえたのであろう。妖怪の仮面を求めてメキシコにやって来た漫画家の深い真意を、竹田は直感的に理解しえたのであろう。

図3　水木しげる『幸福になるメキシコ』より

オアハカの山中にあって、竹田はいまもトナとともに日々を生きている。日々の喜びも、悲しみも、苦悩も、沈黙も、トナの自己発見とともに、より深みと陰翳と輝きを増しているであろう。喜怒哀楽すべては野生の日々を生きるための糧であり、そのことを彼の幻視的な作品はつねに証明してきた。そして、この目に見えず、言葉にもならないトナとはインディオだけの占有物ではない、ということを竹田の絵は私たちに告げているのだ。竹田の作品に触れ、それと深く交感することは、私たちに自らのトナを探し求めようとする夢をかきたてる。

それは決して不可能な夢ではない、と麦藁帽の竹田鎮三郎があかね色に染まった平原の片隅でにこやかに私たちに語りかけてくる。傍らには冥界から蘇った水木しげるがいて、幻覚性のキノコを手のひらに載せ、それが与えてくれるであろう清明な陶酔に心奪われながら、彼方のピラミッドがささやきかける人身御供の秘密に聞き耳をたてようとしている【図3】。

＊

「死者の日」の祝祭もかならず終わりが来た。街路にあふれていた骸骨の砂糖菓子もパンも、いつのまにか幻であったかのように店先から消えていった。髑髏の仮面とともに忘我の踊りを永遠につづけることもまた、いまの私たちにはできない。夢が疎外されることによって日常の生が獲得されたのだ。そして人間の魂のなかにこそ、存在の混合体《ハイブリッド》へと転生したいという究極の夢が宿されているのであれば、私たちの世俗の日々の肉体とは、魂を奪われた抜け殻のような空洞にほかならない。

社会学者真木悠介が、メキシコやブラジルの民衆的精神世界との鮮烈な接触を経て書いた、魂の自立共同体（＝交響するコミューン）を求める思想書『気流の鳴る音』（一九七七）のなかに、こんな一節があった。

炸裂するサンバの響きと雑踏のほこりにまみれて、踊りつかれた青年、少女、老人、子供、母親が死体のように眠る。そのいくつもはじっさい死んでいる。カルナバルの最後の夜が明け、リオデジャネイロの東の海が紫から朱、黄金色から緑へとうつり変わる時刻を、ファベーラに住む人びとは、とりわけ女たちはさめざめと泣く。（……）やがて熱帯の白い日ざしがリオの石畳を焼きつける時刻、この年の祭りの中で死ぬことのできなかった男や女が、空腹と疲労をかかえて、魂をおいてきた肉体の陽炎のように、ゆらゆらとその労働の日々にたち上がる。(14)

「祭りの後」、このポスト・フェストゥム（＝宴の後）の空洞を、現代社会に住む私たちは不可避の宿命として生きてゆかねばならない。「魂をおいてきた肉体の陽炎」だけがたちのぼる、この日常の、果てしなくつづく空洞を。死霊も、妖怪も、化物もいない、あまりにも散文的で皮相な、精神の瓦礫によってしきつめられた白昼の回廊を。

だが、このポスト・フェストゥムの空洞、この魂の消失した瓦礫の風景を生き抜いてゆくための力の源泉こそ、失われたものたちへの強い執着になければならないはずだ。そのためには、朽ちて消えてゆく祭りの遺物を、しっかりと凝視しなければならない。世界が、何を滅ぼそうとしているかを、心に留めておかねばならない。魂をおきざりにした陽炎のような肉体が、ほんとうにもぬけの殻とならないためには、この消えてゆくものを見通す眼力が不可欠である。

レイ・ブラッドベリが書いた、おそらくもっとも見えざる恐怖に満ちた傑作短編「つぎの番」The Next in Line。この作品もまたメキシコが舞台だった。そこでブラッドベリは、心の危機を抱えたままメキシコを旅するアメリカ人夫婦の「死」への恐怖と不可思議な誘惑とを描きながら、その分裂した精神の光景を、「死者の日」が終わったメキシコのとある町の「ポスト・フェストゥム」の空気のなかに漂う妖しい気配として鋭敏にすくいとっている。ブラッドベリが描写する「祭りの後」の風景は、たとえばこんなふうである。

もう一度見まわして、死のお祭りの名残りの品を発見した。そのときともしたローソクから、獣脂の小さなかたまりが、墓石の上にしたたり落ちている。しおれた蘭の花が、ミルク色の石の上に、踏みつぶされた舞踏グモのように、赤むらさきの花を横たえて、無気味なほどセクシュアルな感じをあたえている。サボテンの葉、竹、アシに、野生のアサガオの花をいろどりにして、まるい輪がこしらえてある。ガーディニアとブーゲンヴィリアをつかっているのもあるが、これはすっかり枯れきっていた。墓地のなかは、熱狂的な踊りがすんだあと、踊り手がのこらず去って、テーブルはたおれ、コンフェッチ、ローソク、リボン、深い夢を残している舞踏室を思わせた。(15)

祭りは終わり、町にはすぐに荒廃の兆しが漂いはじめる。町の地下墓地で、苦悶の表情を浮かべて一列に並んだミイラの群れを夫に見せられたあと、おのれの死への恐怖に取り憑かれ、命の滅びへと突き進んでゆく女マリー。その恐ろしい過程、その目には見えぬ精神の奈落の風景が、ブラッドベリの小説では市場で死者の日の砂糖菓子の残りを売りさばく混血女性たちの姿として、暗示的に描かれる。

市場では女たちが、貧弱な台の上に、《死の祭り》で売れ残ったどくろキャンディをならべていた。女たちは黒いヴェールをつけて、おとなしくすわりこんで、ときたま、ひとことふたこと、隣の女と話しあう。台の上は、あまい砂糖の骸骨、サッカリンの死体や、白いキャンディのどくろ――どのどくろの上にも、金色の飾り文字で、ホセとかカルメン、ラモンとかテナ、あるいはギエルモ、ロザといった名前が浮き出ている。値段は安かった。《死の祭り》が終わってしまったからだ。ジョゼフは一ペソを払って、どくろキャンディを二個買った。(16)

すでに役割を終えた髑髏たち。だがこのポスト・フェストゥムの残骸のなかに、死をめぐる秘儀はもっとも見事に書き込まれている。萎れた花々。融けだし、形の崩れかけた砂糖菓子。美しく、甘いものの背後に隠された滅びの予兆。

もう多くを語る必要はないだろう。幻視の人々は、このポスト・フェストゥムの空洞をも、鋭敏な直観力とともに理解している者たちなのだ。ブラッドベリの物語の主人公の夫は、買い叩《たた》いた砂糖菓子の袋を開け、いやがる女の前で、崩れかけた髑髏にガブリと一口かぶりついて見せる。髑髏にぽっかりと空いた眼窩の部分が男の口のなかに消えていった。女は顔をそむけた。髑髏の頭部には毒々しい金色の砂糖で名前が書かれている。ブラッドベリの小説では、その名は女と同じ「マリア」(＝マリー)というのだった。

非情のユートピアニズム

魔術はおそらく魔術師が作るのではない。魔術をあらかじめ帯電した世界があるとき、それがたとえばなんでもない異郷人のような材料のまわりに凝集して、魔術師を結晶させるのだ。

——真木悠介『気流の鳴る音』

言語以前の〈ことば〉を聴くこと [19]

トトラ葦でつくられた浮島が漂う青い水面を揺らすさざ波の傍らで、著者は永劫のような午後をすごした。宇宙へと連なる蒼穹と水のはざまを抜ける始原の風の低い唸りのなかで、無音のなかに充満する「しじま」の音を聴きとろうとした。ペルー・ボリビアの国境、標高三八〇〇メートルの高地に高貴な姿をとどめて横たわるチチカカ湖の畔。真木悠介著『気流の鳴る音』（一九七七）が生まれ出る原風景である。

人間の肉体器官としての耳の、この新たな調律は、いうまでもなく意識の耳の調律へとまっすぐにむすびついていた。言葉をもっておこなう学問という営為が、おのれの引きずっているあらゆる制度的・近代的条件を相対化し、のりこえ、言語として聴こえることばの彼方にひろがる、沈黙を含み込んだより繊細で強度ある音響世界に耳をそばだてようとする試み、そこに交響するコミューン（＝精神の自治共同体）を聴きとろうとする試みである。一九七七年。いうまでもなく、この試みは六〇年代末から七〇年代にかけての、世界の底流に潜伏しながら智慧の峡谷や洞窟や細流をつたって各地にあふれでた思潮と感性の運動と、まちがいなく連帯していた。

この時期、トトラ葦の湖で著者が聴きとった永遠とも思われる水と風の音とおなじものを、私もまたチチカカ湖からは遠く隔たったパツクァロ湖の小舟の上で聴いていたのだったろうか。トトラ葦の近縁種であるカヤツリグサ科の湿生植物トゥーレが湖岸に密生するパツクァロ湖の周囲は、インディオ・プレペチャ族の静謐なテリトリーだった。『気流の鳴る音』、そしてそれが憑依するようにして語るカルロス・カスタネダの著作と鮮烈に出会い、熱した頭で再読三読していた七〇年代の日本をふり切るように後にした私は、沈黙が森羅万象を統べるメキシコの土地に誘われるように流れ着いた。「ヤキ族」の「ドン・ファン」へのナイーヴな世代的幻想を「人類学」という明晰性の神話もろとも打ち払おうとする、身分ではなく精神の上での「人類学徒」だった私は、プレペチャ族の祭へと飛び込み、それを知のミメーシスの実践として自らの内部に移植しようとした。だがこうして人類学という学問の自閉的な躾から離脱すればするほど、私はかえってドン・ファンの存在に捉えられている自己の分身を発見することになった。私は部族のシャーマンへと近づき、幻覚性のペヨーテやオンゴ(キノコ)の拓く感覚世界を知り、彼らのダンスと音楽のなかに凝縮されている、言語を超越した世界知の核心に、無鉄砲にも踏み込もうとした。それが未知の全体性を世界に蘇らせ、自然の自律的存在をめぐる理法がすみずみまで行き渡った共同体ヴィジョンを示唆してくれることを希求しながら。

その点で、『気流の鳴る音』の著者と私がともに、その青いさざ波の上で沈思黙考していた二つの湖は、人類の夢の意識の地図の上では、うたがいなく隣り合っていた。

われわれの耳は言語へと疎外されている [50]

目(視覚)の支配によって、森羅万象が交響する「世界」から疎外されている近代人。著者は、ドン・ファンが彼の弟子に「見ないで聴く」レッスンを課す部分に注目した。鳥の鳴き声、梢をわたる風の音、虫の鳴き声。これらの自然音をカスタネダはしだいに聞き分けられるようになっていく。そして目の支配を脱した耳がいったん世界に拓かれれば、その知覚がおよぶ階層はどんどん深くなってゆく。鳥、風、虫の区別を聞き分けた耳は、こんどは、四種類の異なった鳥の声、三種類の異なった葉擦れの音、無数の異なった虫の声をそれ自体として聞き分けるようになる。そしておそらく最後には、ひとつの種類の鳥の鳴き声にも朝と夕で、雄と雌で、夏と冬で、微細な違いがあることを感受しうるようになるだろう。耳を調律するための分節階層がどこに置かれるかによって、世界を「聴く」ことの深度が測られるのである。著者が世界に分け入ってゆくときの知性の運動も、おなじような意味で、より深く繊細な知覚と了解が実現される階層を追い求めようとした。ひとつの知的階層の奥に、さらに深い分節的理解の階層が隠されてあることを探ろうとした。それは学問がいまだ本気で試みたことのなかったことだった。

私もまた、著者から五年ほど遅れて、インディオの住む火山高原で、風の低い咆哮と、風が震わす一面の茅がたてるミニマルな交響楽にひたすら耳を澄ませた。音を感受する耳が、彼方の地平線まで引き延ばされてゆくような感覚があった。自分の耳が世界を覆い尽くしたようでもあり、また世界が自分の耳のなかにまるごと降りてきたようでもあった。しかも「風」はナワトル語では声門閉鎖音を含む「エカトル」(/eʔekatl/)である。喉を閉じて一瞬ののちにふたたび開く「エ」の音のなかで、息=風が通り抜けてゆく。言語を生成する喉が、すべての風の変異を宿しながら、空気を風として体内から外に送りだす。風は聴き取るだけでなく、息として吐き出すものでもあったことを私は発見する。ふと気がつくと、傍らに立つ聖樹アウェウェトルの鬱蒼たる葉影で、耳をピンと立てた梢のフクロウが夜の到来を待ちかねたように喉を震わせ、しわがれた声でコホーコホーと鳴いていた。目によって疎外されていた知覚世界が、耳と喉のはたらきによって静かに蘇ってきた。

研ぎ澄まされるのは聴覚だけではない。私が知っていたプレペチャ族の司祭は、儀式のときにコパルと呼ばれる固化した松脂を燃やして薫香とした。琥珀色に鈍く輝くコパルの細片は、焚かれると青褐色の煙を出し、その繊細な香りは場を聖別化し、私たちの嗅覚を現実からはるか遠くへと飛翔させた。シャーマンは、個々のコパルがメソアメリカの山林に自生する四〇種類ほどの松のどの種類の樹脂からとられたものであるかを、香りによって即座に言い当てることができた。繊細な嗅覚言語とでもいうべきものがそこにはたらいていることを理解するのに、時間はかからなかった。

生態音響や香りのなかに、言語的意味への抽象化を拒むことばの原質を探り当てたとき、私たちが対面する世界はまったくことなった相貌と質感を示しはじめる。私をメキシコの先住民世界へと誘いだしたいくつもの本のなかでも、とりわけ大きなインパクトを与えてくれたのが作家J・M・G・ル・クレジオによる『悪魔祓い』*Haï*（一九七一）だった。移住ブルトン人の末裔としてモーリシャス島に生まれ育った親のもと、偶然南仏ニースに生を受けたル・クレジオは、近代世界が属領的に引く国境線から本源的に疎外された、いわば「世界」からの難民であり逃亡者であった。一九六八年、パナマの密林でエンベラ族、ワウナナ族のインディオと出会い、精神の平穏のなかに鋭利な呪術的思考を宿した世界観に震撼し、その地点から、マテリアリズムと合理主義に毒された西欧文明に呪詛の言葉を投げつけたのが『悪魔祓い』である。そこでは、近代において途方もない増殖を続ける言語の生産活動の牢獄からの脱出が企図され、インディオの「いくつもの声を聞き分ける沈黙」を学びとることへの限りない夢が語られていた。「それにはわたしの中から言葉を取り除かなければならない」。ル・クレジオはこう書いて、言葉を沈黙に満ちたものへと還してやるための秘儀を探究した。

カスタネダの著作が現われるころ、ル・クレジオはパナマの密林のなかでシャーマンの媒介によって幻覚性のダトゥラを体験し、高次の意識のなかで経験される自我と言葉の消失を身体に刻み込んでいた。この秘儀的体験は『瞳孔拡大』および「精霊ダトゥラ」というテクストとして一九七三年に公刊されたが、私がプレペチャ族の高原で偶然知りあうことになったル・クレジオ本人は、すでに一〇年前の自己の幻覚体験の記録を、彼岸体験を此岸での目的のために一方的に自己盗用したものとして、批判的にとらえていた。現世の言葉を使って表現する作家という者のギリギリの倫理の地平で、言葉の臨界を超えることへの配慮を、彼が勇敢に守り抜いていることは疑いなかった。言語からの全的解放を自制する、その知的忍耐の姿を、私は自分自身の意識の中に重く受けとめたのだった。

そんな頃、ジョン・ケージの著書『空っぽの言葉』*Empty Words*（一九七九）を、平原の茅の斜面で読み耽ることもあった。ヘンリー・ソローが遺した二〇〇万語の単語によって書きつけられた「日記」の言葉を断片化し、易経を媒介としたランダムな配列によって編み直し、物質的（デッサン的・音響的）テクストとして再生させたものである。英語を内側から解体し、全世界をおおう流体の感覚によって再構築したジョイスの『フィネガンズ・ウェイク』の、ケージによる新たな変奏の試みといってもよかった。私たちの明晰化された「世界」を作りだしていた言語の「意味」は霧散し、ことばは音へと還り、自然音やノイズと合体し、そこから安直な感情移入を排した、マテリアルで決然とした音響のユートピアが出現しているのだった。「ソローの目と耳はいつでも開放され、空っぽだったので、彼が生きている世界のすべてを了解し、聴きとることができた」。ケージはこう書いていたが、『気流の鳴る音』がカスタネダを介して希求する、物質言語に向けての聴覚の新たな調律の可能性を、音楽の側からケージは柔らかく支持しているように私には思われた。ケージの深いオプティミズムは、ウェウェトルの大樹の蔭で一夜を過ごして目覚めた私の曙光の意識に、いわれのない希望を与えてくれた。

人間のからだは輝く繊維からできた繭のような卵だ［51］

私がメキシコに住みはじめた一九八二年、カスタネダの著作の浸透の力と、カスタネダがはからずも開けてしまった知のパンドラの箱が飛散させたあらゆる主題が、世界のさまざまな汀に波及していた。

私はメキシコに、フロリンダ・ドナーという、UCLAを中退した新進の女性「人類学者」が書いたインディオ・ヤノマミ族の民族誌『シャボノ』*Shabono: A Visit to a Magical World in the South American Rain Forest*（一九八二）を持ってきていた。のちに、ドン・ファンの弟子グループを形成する「女呪術師」の一人となるフロリンダ・ドナーは、ベネズエラ奥地での魔女との交流をつうじてその呪術的世界の深みを描き、カスタネダ以上の筆力によって対抗世界の女導師《グル》になりかけていた。だがこの本には、アカデミックな専門人類学者から、先行研究の調査報告のパッチワークであり、実証的な内実をともなわない捏造書だとして容赦ない批判が浴びせられていた。対抗文化をめぐる知の探究は、そのスタイルにおいていかなる形式的前例をも欠いていたがために、仮構を通じて真実への道を探究する方法論自体がはらむ困難を、あらかじめ抱えていたのだった。だが私は、カスタネダ＝ドナーの著作を「捏造」「まがい物」「悪戯」として切って捨てる権威の側につくことはまったくできなかった。そこには疑いなく、言語理性を媒介としない「世界知」を求めようとする鮮烈な真実の声があった。

ジル・ドゥルーズとフェリックス・ガタリによる『ミル・プラトー』（一九八〇）の衝撃もまた、メキシコでのことだった。独裁権力と内乱で政争の続く南米諸国からの若い亡命者たちで当時のメキシコシティはあふれていたが、そうした友人の一人がコロンビア、メデジンからやってきたアンドレスだった。メキシコの国立人類学学校にとりあえず籍を置いたボヘミアン学生アンドレスは、パリのミニュイ社から出た白い簡素なカバーの浩瀚な『ミル・プラトー』をいつも小脇に抱えて私のアパートに遊びに来た。そこには、ドゴン族の宇宙卵の図像が大きく掲げられ、この途方もない強度をはらんだ卵にきざみつけられる絵柄から生まれる「世界」の深度についての扇動的なほどに魅力的な言葉とともに、カスタネダへの重要な言及が行われていた。そこでは、カスタネダ＝ドン・ファンの提示する世界は一つの思想実験としてとらえられ、『気流の鳴る音』も注目したナワールとトナールの霊力をめぐる相互作用が、「器官なき身体」として主体の固化を溶解し、強度ある流体、輝く繊維、情動の結合体、風の切片となって飛翔することへの夢が語られていた。『ミル・プラトー』は私に、メキシコやブラジルをはじめとするラテンアメリカが、近代なるものへと世界を成型したひとつの動因を内に宿したまま、失われたコミューンの可能性をいまに突きつける社会にほかならないという事実を、未来への可能性として新たに意識させた。その可能性の地平を、カスタネダ＝ドン・ファンは先頭に立っていまも歩んでいるように私には思えた。学的信憑性の議論など、私にはまったく筋違いであるように思われた。ドゥルーズ＝ガタリは書いていた。「カスタネダの本を読んでいくうちに、読者にはドン・ファンというインディオの実在が疑わしくなり、他にも多くのことが疑わしくなる。しかし結局それは、まったくどうでもよいことだ。カスタネダの本が民族誌学というよりは諸説の混沌とした記述であり、秘儀伝授についての報告であるよりは実験の定式であるとしたら、なおさらである」。専門的権威《オーソリティ》＝典拠と作者性《オーサーシップ》にかんする制度的疑わしさこそ、私にはかえって思想的な革新と言語表現の希望に思えた。

　コミューン論としての夢のヴィジョンに向けて、『気流の鳴る音』の著者はカスタネダ＝ドン・ファン世界に限りなく接近した。著者が本書に収められた諸篇を書いた一九七五、六年ごろにおいては、カスタネダの「ドン・ファン」シリーズにたいする毀誉褒貶の動きはまだほとんど知られていなかった。『ドン・ファンの教え』（一九六九）『分離したリアリティ』（一九七一）『イクストランへの旅』（一九七二）『力の物語』（一九七四）と立て続けに刊行された初期四部作は、アメリカの公民権運動やウッドストック期の政治的・社会的アクティヴィズムと対抗文化の潮流のなかで水を得た魚のように遊泳していた。それが専門家の評価ではなく、大衆的支持だけを得ていたとするのは正確ではないだろう。人類学者が書いた、メキシコの薬草文化とシャーマニズムをめぐるフィールドワークにもとづくノンフィクション的学術書とも読める体裁で刊行された著作は、『孤独な群衆』で著名な社会学者デイヴィッド・リースマンの息子である人類学者ポール・リースマンによる「ニューヨーク・タイムズ」紙の書評において、「カスタネダはドン・ファンの教えを通じて世界が真にどのようなものであるかを語ることに成功している」といった文言を含む絶大な賛辞をも得ていたからである。ポール・リースマンはオートヴォルタ（現ブルキナファソ）の半遊牧民フラニ族の研究で知られた人類学者で、「内省的民族誌」Introspective Anthropologyという新しい方法論を提唱して、人類学の実証主義的な中立性を破る調査者の自己省察的な記述のモードをいちはやく導入した興味深い人類学者である（真木とまったく同世代のこのラディカルな学者は、その思想的深化を結実させる前に一九八八年にわずか五〇歳で亡くなってしまった）。

カスタネダの著作の内容が、ドン・ファンという「ヤキ族の」シャーマンの実在も含めて、学術的な調査と実証の手続きを欠いた作者の想像力による捏造であり、よくできた「フィクション」に過ぎないという議論が過熱するのはアメリカの社会学者リチャード・デミル（映画監督セシル・B・デミルの甥にして養子）が「カスタネダの旅」（一九七六）を書いてドンファン・シリーズの化けの皮をはがす試みを始めてからである。デミルの編著『ドン・ファン・ペーパーズ』（一九八〇）の登場は、カスタネダ神話の破壊のとどめとなるものだった。そこでデミルは、四七頁にもわたる詳細な用語解説を掲載し、そこでドン・ファンの言葉が、哲学者ヴィトゲンシュタインからオカルト主義神秘家ヨギ・ラマチャラカ、そして『ナルニア国ものがたり』で知られる作家C・S・ルイスにいたるさまざまな思想家・作家たちのテクストから写し取られた「盗用」にほかならないことを「実証」してみせた。この時点で、権威世界は、カスタネダによるドン・ファン・シリーズを、アメリカン・ニューエイジにかぶれた成り上がり指向の亡命ペルー人による「捏造＝フィクション」として葬り去ったつもりでいたのだった。

だが、アメリカ合衆国のマイノリティ世界においては、まったく異なった動きが生じていた。チカーノの第一世代の詩人アルリスタが、チカーノ運動の盛り上がりのなかで、瞠目すべき第一詩集『アストランのフロリカント』を刊行したのが一九七一年。そこでアルリスタは、冒頭にカスタネダの『ドン・ファンの教え』から、戦士が克服すべき「恐怖」に関する教えを引用してエピグラフに掲げていた。アルリスタの赤い鮮烈な装幀の第二詩集『民族の子供　赤い羽根』（一九七二）においても、彼はおなじドン・ファンの「明晰さ」をめぐる教訓をエピグラフに配し、南米ペルーからの離散者として カリフォルニアで知的形成を遂げ、のちに自らの根っこを探しにメキシコのインディオのもとへ走ったカスタネダという存在に、いわば原型的「チカーノ」としての戦闘的象徴性を付与していた。アルリスタというチカーノの自己意識、そして集団的民族意識のなかに真正に憑依したカスタネダ＝ドン・ファンについて、私はメキシコでの体験を踏まえてのちに「意識のダイアロジック」（『荒野のロマネスク』所収、本書再録）というカスタネダ論を書くことになったが、その論旨を敷衍すれば、二一世紀になった今でも、アメリカという圧政社会においてチカーノが置かれた状況は変わることがない。カスタネダ＝ドン・ファンは、いまもチカーノの戦闘的な魂にまるごと憑依し、彼らとともに闘い続けていると断言することはまったく誤りではないだろう。

容赦のない文明の土砂のかなた［29］

『気流の鳴る音』の著者は、ユカタン半島の密林のなかにあるマヤの遺跡ウシュマルのピラミッドからの樹海の光景を印象的に書きとめている。

視界のつづくかぎり、ほぼ同じ高さの緑のジャングルの地をおおう中を、ピラミッドだけが突出している。それが人間に視界を与える。ピラミッドとはある種の疎外の表現ではなかったかという想念が頭をかすめる。幸福な部族はピラミッドなど作らなかったのではないか。（……）ピラミッドではなく、容赦のない文明の土砂のかなたに埋もれた感性や理性の次元を、発掘することができるだろうか。［29］

石積みの伽藍の上に立てば、慎ましくも豊かな情感に満たされるべき民衆の生活は樹海の下に隠れて見えない。ただ、権力の象徴であり宗教的犠牲の空間としてのピラミッドの頂だけが、波立つ緑の海のなかに浮かんで見えるだけである。この景色は、じつに簡潔に、歴然たる力の構図を示している。それは大多数の民の疎外を前提とした権力構造であり、同時に統治者を世界から遊離させて孤独のなかに幽閉する自己疎外のシステムでもあったのである。著者は、ピラミッドのなかに、この二重の疎外を見た。

ピーター・バーガーの『犠牲のピラミッド』*Pyramid of Sacrifice*（一九七四）を私が読んだときの印象も、こうした思考に連なっている。『現実の社会的構成』（一九六六、ルックマンとの共著）によって現実なるものの主観的な生成にかんする目も覚めるような洞察を示してくれたバーガーが、メキシコ・ペルー・ブラジルといったラテンアメリカの民衆社会の置かれた窮地を基盤として、人間の社会改革と共同体倫理を模索する著作を出したことは私を昂揚させた。それは『気流の鳴る音』とほとんど同時代の共鳴現象として、私が学的世界における乖離としか思えなかった厳格な分析性とユートピア的想像力とを、融合させるヴィジョンを示唆してくれた。それについて、メキシコのピラミッドの頂上で考えることができる特権に、私は感謝した。

オクタビオ・パスが「ピラミッド批判」を書いたのが、『ドン・ファンの教え』の刊行とおなじ一九六九年のことであるという符合もまた、偶然とは思われない。アステカの征服によってその支配の思想もろとも破壊されたはずの「ピラミッド」とそのイデオロギーが、歴史の深層において、その後のスペイン植民時代の封建的な権力構造へと暗に引き継がれ、革命後の近代政治においても独裁的大統領のなかに生きつづけてきたことを、ピラミッドという深層の抑圧的神話として暴き出したこの刺激的なエッセイ。それは、直接的には一九六八年のメキシコ市トラテロルコ地区の広場での、民主化を求める学生たちへの警察と軍による鎮圧・虐殺事件にたいする応答として書かれたものだったが、その真意は時評的な批判とは位相を異にする、メキシコ人の自己意識の暗部にある隠蔽の構造と権力的無意識をえぐりだす、深い歴史批判の試みであった。そこでパスはこう述べていた。

> われわれの時代では、想像力こそが批判となる。たしかに批判は夢そのものではないが、われわれを夢見へと導き、悪夢のなかの妖怪と真実の光景とをはっきり見分けることを教えてくれる。批判は、幻想から目覚めて世界の現実に向き合おうとする、想像力の鍛練の第二段階である。批判は、偶像を始末しなければならないと告げる。われわれ自身の内部で偶像を溶解させるのであ

る。われわれは空気へと、自由な夢へと変身することを学ばねばならない(1)。

こんなパスの熱した言葉を、わたしはドン・ファンの台詞でもあるかのように読んでいたのだったろうか。たしかにあのころ、ドン・ファンは遍在していた。そしてドン・ファンの遍在の感触のなかにのみ、私は夢を感じていた。私のプレペチャ族の友人であり、地方の民俗学者、宗教学者にして西田哲学の研究家でもあったアグスティンは、私がアメリカで購入したての『イーグルの贈物』(一九八一)の原著を彼に贈ると、狂喜乱舞してその世界に没入していた。いくつもの文化と言語のはざまに橋を架けながら思考し、行動する一人のインディオ学者にとっても、カスタネダは、自己内の偶像を溶解させ、自由な夢へと飛翔するための特別の翼でありつづけていたのである。

魂をおいてきた肉体の陽炎 [162]

『ドン・ファンの教え』、一九六九年。バックミンスター・フラー『宇宙船地球号操縦マニュアル』、一九六九年。そして石牟礼道子『苦界浄土』、一九六九年……。

フラーが提唱したテンセグリティ Tensegrity(Tension 強度+ Integrity 高潔さ)の思想は、カスタネダ亡きあと彼の思想を伝承しようとするクリアグリーン・グループによって引き継がれつつも、忘却の霧のなかに沈みかけている。水俣や三里塚の社会運動が示した想像力も方法論の可能性も、権力の情報操作的な大衆テクノロジーの濫用のなかで、現実変革の力を見出せないでいる。

半世紀近くが経ち、人間は高次の魂の救済と自足的コミューンの創造において、より勝利したというよりは明らかにより敗北した。それが勝ち負けの問題ではないにしても。メキシコの平原からも、チチカカ湖の葦の汀からも、そしてリオデジャネイロの苛烈な陽光を照り返す石畳道からも、瞬間の祝祭のなかで死ぬことがかなわなかった男女が、ゆらゆらと立ち上がって日々の労働へとかりだされていく。魂を彼岸へと置き去りにしたままの肉体の陽炎の群像。それがいまだに「現在」をうめ尽くしている。その群像たちの長い影は、人類文明の黄昏への切迫した予感に引きずられるように、辺境の荒野や密林の縁まで、すでに届きかけている。

私たちはたんに夢を見ていたにすぎないのだろうか？　いや、現実において、自らの生と死とに真にわたりあうことを避けてきたのは、むしろ皮相なる覚醒に驕り高ぶる日常社会の方であった。生死との真摯な渡り合いの努力は、苛烈な夢の卵を私たちの未来に孵化させた。こうして私たちはたしかに、無数のドン・ファンの教えを真正面から受けとめ、「夢見」の技法を学ぼうとした。「世界を止め」、効率主義のなかで成型された「自明性」の罠を突きやぶり、「しないこと」の奥義を学びとろうとした。「目の独裁」から脱し、聴覚や嗅覚を研ぎ澄ませ、味覚や触覚の純粋な快楽を抑圧しないことが世界の全体的な感知をより豊かにすることを知った。

夢見の思考実験は私たちを強くした。私たちの想像力を柔軟にもした。夢見の世界の手前にとどまり、夢見への陶酔的な感覚を深く受けとめながらもそれを放擲し、貧血性に陥ったおのれの「世界」のあり方を実践的に変革する道をたどることを教えた。この放擲とは、排他性のない所有と同義である。「どこにいようと大地のおかげで生きてゆける」とカスタネダに言ったドン・ファンの文言通り、それは大地をともに自らのもとに引き寄せることである。『気流の鳴る音』の著者が、本質的なコミューン論のヴィジョンに向けてカスタネダを解読していったとき、ついにたどり着いたひとつの地平、すなわち「世界獲得の疎外態としての私的所有」をいかに止揚しうるか、という問題を、私たちは「いま」もなお至上の命題として抱きつづけている。

私は、いま回顧的に、『気流の鳴る音』と並び立つ、いくつもの書物について書いてきたように見えるかもしれない。だが、これはそれらの同時代をたしかに共有した書物の読書体験でもなければ、ましてや知識や情報との出会いやそれらの習得の経験でもなかった。私はここにあげられた書物を「読んで」いたのではなかった。「読む」ことから離反し、「論述」し「説得」し「解読」する言語から遠く離れて、書物によって与えられた思念と情動のこだまを、メキシコの山や谷や湖沼や砂漠に向けて反響させていた、といったほうが正しいだろう。

これらの書物は、知識とはちがう別の道を指し示し、その音と臭いと感触に満ちあふれた別世界へと私の身体や感覚をいざなう道標にほかならなかった。私はこれらの書物を飲み尽くし、むさぼり食べ、それが不意に拓く想像力の絨毯に飛び乗り、熱帯の山野や砂漠の上を北へ南へと飛翔した。カラスのように、鷲のように。

ピーター・バーガーは、『犠牲のピラミッド』のなかで、"hard-nosed utopianism" という言葉を使いながら、私たちの政治的・社会的エシックスのあたらしい展開の可能性を示唆していた。私がカスタネダに、そして『気流の鳴る音』の思考と文体のエレガンスに感じるのも、この「非情のユートピアニズム」である。「非情」とは人間的な感情の不在をかならずしも言うのではない。それはむしろ感傷的でないこと、情に流されないこと。大地に座す、草木土石のような、断固たるユートピアニズム。学問が、学問であり続けながらそれを宙づりにし、透徹した夢見の世界へと入ってゆく一つの可能性を、「非情のユートピアニズム」というヴィジョンは示している。そのユートピアでは、世界を排他的に所有しようとするいかなる権力も存在することはできない。

だからこそ、ドン・ファンによって提示された世界のリアリティを、学問が所有することもまたできない。『気流の鳴る音』。この交響する声に満ちあふれた本を、「学」の彼方へと放擲しなければならない。

＊　本エッセイ中のゴシック体の小見出しは、すべて真木悠介『気流の鳴る音』（初版、筑摩書房、一九七七年）のテクストからとられたものである。小見出しおよび引用のあとの［　］内の数字は、その字句があらわれる同書のページ数を示している。

カチーナの顕現

カチーナの啓示

午後の斜光に、葉山の海が淡い桃色の柔らかな液体のように染まっていくのを眼下に望む広々としたギャラリーで、私は七九体のカチーナ人形が色彩豊かなアウラの光を発するのを感じて静かに興奮していた（神奈川県立美術館・葉山、「アンテスとカチーナ人形」展）。現代における特異なプリミティヴィズムを推進するドイツの画家ホルスト・アンテスが、プエブロ・インディアン（とくにホピ族）の精霊をかたどったカチーナ人形の世界有数のコレクターであることは知っていたが、一九世紀後半に製作されたものを含む古カチーナを中心とする今回の展示は、過剰な装飾を取り去った簡潔にしてエッジの利いたカチーナの造形の力をあらためて認識させてくれる、魅力的なものだった。

アンテスという画家＝彫刻家は、北米インディアンのみならず、南米アマゾニアでインディオの羽飾りを収集・研究したり、オーストリア・アボリジニの宗教世界の探求を続けたり、と、部族社会に伝承されてきた精神的叡智とその造形感覚とを再発見し、現代に引き継ごうという意思を明らかにしてきた例外的な芸術家の一人である。こうした人類学的な世界にたいする彼のアプローチは、客観的なポジションに立った学究的な方法よりはるかに沈潜的・介入的なもので、アンテス自身の内部にひそむ部族文化にたいする融合的な意識を想像させる。アンテスの部族芸術への情熱は、いわば現代人としての自己再発見の衝動に突き動かされているようにも見える。じっさい、美術史家の酒井忠康は、同展のカタログでこう述べている。

> ブラック・エルクは、いつも自由に空を飛ぶことができましたし、人間の耳では聴き取ることのできない距離の動物たちの声をキャッチしたように（……）、おそらく、アンテスは、自分のなかにも、そうした能力が蓄えられていることを知っているのにちがいない。これはすなわちヨーロッパ近代がつくってきた文明文化の表層の下にまったく隠されてしまった層に結びつく創造力なのです[1]。

それにしても、すでにアメリカ南西部のインディアン文化を観光的に表象＝代表するまでに通俗化した「カチーナ人形」が、そうした消費的で表層的な意味をすりぬけるようにして、アンテスを媒介に、ある種の聖性をもったアウラを抱えたまま私たちの目の前に出現したことは驚きでもあった。アメリカ南西部に自生するコットンウッド（ハコヤナギの一種）の根の部分の木材を使い、それを彫った本体に着彩し、さらに羽根・布・植物などで飾って作られた、手のひらに載るほどの素朴な立像。無名の作り手の身体的な癖と手わざがそのままに刻み込まれ、彼らの日常に展開する宗教的・儀礼的空間とまっすぐに結ばれ、それらの持ち主だった通過儀礼前の幼い少女たちの体温までが残っているかのような木片から、インディアンの信仰する自然や祖先の精霊がゆっくりと立ち上がってくるのが感じられる。しかもそれらは、異境の部族文化の神秘のヴェールに包まれてある、というよりは、はるかに私たち自身の深部で息づいている失われかけた何かに直接触れてくるアクチュアリティをたたえている。たとえばホピ族のカチーナの一つである、「泥頭」と呼ばれる道化コイエムシの奇怪にしてユーモラスな姿は、粗暴と狂騒を演じるこの精霊の渾沌とした力が、世界の蘇生を促す呪力の根源であったことを思い起こすに十分な存在感を示している。

周縁的な部族文化が伝承し続ける心性の核心部とそれを形象化するオブジェ。忘れ去られた頃に、現代人の知識や関心のマージンへとある時ふと浮上してくるこうした形象のイメージとその意味に、私たちは注意深くあらねばならないだろう。地理的辺境が、中心的世界から見て「取るに足らない世界」であるとして思考の辺境へと放擲されて顧みられないままであれば、現代の物質消費的・記号消費的な社会はその再生力を急速に失ってゆくことだろう。カチーナの啓示が、いまあらためて私たちの前に必要とされているにちがいない、と私は、人形の羽根飾りの背後でゆるやかに波打つ葉山の暮れてゆく海を眺めながら確信していた。

ホピ族のカチーナ。左はコイエムシ(泥頭)，右はデュシャン旧蔵の古カチーナ，ヘムソナ（髪を愛するひと)。ともにホルスト・アンテス財団蔵

裡なる辺境

我々をとりまく状況は、辺境こそいまや中心に移行しつつあり、中心は辺境にならなければならないという自覚を我々に強いつつある(2)……

こう力強く宣言する一節を含んだ山口昌男の長編論考「甦るアメリカ・インディアンと道化の伝

統」が季刊『辺境』第二号に掲載されたのは、一九七〇年九月のことであった。のちに、七〇年代の知的風景を一変させるほどの起爆力を持つことになった山口の傑作モノグラフ『道化の民俗学』（新潮社、一九七五）の最終章に収録されることになるこの論考は、六〇年代末から七〇年代初めにおいて世界的な同時並行現象として起こった道化およびトリックスターというマージナルな文化形象が示す可能性のヴィジョンを日本においてはじめて力強く提示した一つの思考の成果として、いまだに多くの示唆に富んでいる。

アメリカのインディアン文化を現代人が見つめる風景を、「我々の裡なる辺境の相貌」であると喝破したこの論考は、近代世界が伝統的部族社会をまなざすときに陥っていた従来の収奪的なエキゾティシズムの暴力や帝国主義的なノスタルジーの病から完全に自立した、新たな創発的な文化ヴィジョンによって輝いていた。周辺文化を自己同一性から切り離して客体化して理解するのではなく、まさに周縁的なるものを媒介に、自己の知られざる無意識や可能性へとダイヴしようという知的衝迫こそ、七〇年代の文化理論を主導した最前線の思考の共通した特徴であった。

アメリカ・インディアン文化における儀礼的道化の意味と役割について多くの事例を挙げながら論じたこの論考における山口の基本的な立脚点は、現代世界の世俗的な価値が形成される構造（＝秩序）じたいを「異化」することで日常の秩序を改変しうる認識の力を人間が担保するための、新しい知的戦略をめぐる展望であった。道化というマージナルな文化形象を媒介にして行われるこの異化作用は、政治＝経済化された社会の公的領域の怪物的な席巻のなかで、多様な「現実」を想像・構想する代替可能性を奪われた現代人にとって、そこから脱出するための必要不可欠の手続きであると考えられたのである。

こうしたポジションにおいて、山口は前掲論考のなかで、プエブロ・インディアン諸族に広く分布する道化の伝統を考察してゆくが、そのなかにズニ族のカチーナやコイエムシ道化への言及が重要な部分として登場する。山口の一節を引こう。

これらの神話的形象の化身であるコイエムシ道化たちは怖ろしく飾り立てられた仮面と黒いスカートおよびスカーフを被る。彼らは人々を嘲笑し、あらゆる種類の冗談――たとえそれがどんなに卑猥なものであろうとも――を飛ばしても咎められることはなかった。(……)道化の役割は一貫して禁制の侵犯であり、彼らは禁制を破るが故に強力な呪力を得ると考えられて怖れられ(た)。(……)道化は日常世界からそれを越えた、人間のノーマルな意識の識閾の彼方に投ぜられた文化の自律的な探知器のごときものである。(3)

周縁の力が、人類学でいう「儀礼的侵犯」ritual agression というかたちで日常に導入される精妙な文化的仕組みを、コイエムシ道化の事例は見事に示している。世界の精神的・知的疲弊とは、もっぱら中心的価値のみが称揚されることをつうじて代替可能性を失った共同体の閉息によってもたらされるが、そのときの突破口こそ、矛盾や対立を含み込むより大きな宇宙を蘇生させるための、マージナルな力の日常への侵入(導入)にほかならなかった。山口が刺激的な語法によって指摘するように、人間はおのれの常識やノーマリティ、規範の尺度を超えた識閾の彼方に「自律的な探知器」を投ずる文化的方法論を、たえず呼び出し続けてきたのである。それは、外部世界における地理的辺境の発見である以上に、人間の裡なる辺境の啓示的な再発見への強い衝動と深くかかわるものだった。

カチーナとモダニズム芸術家

儀礼的侵犯としての渾沌とした暴力性やエネルギーの発露をアメリカ・インディアンの部族文化、とりわけカチーナの姿から直感したモダニストの先駆は、一九二〇年代以降のダダイスムやシュルレアリスム、さらにドイツ表現主義周辺の芸術家たちであった。カチーナの形象が西洋美術の作品のなかに登場する一つの嚆矢は、ドイツ辺境北シュレスヴィヒに生まれた特異な表現主義の画家エミール・ノルデによる「エキゾティックな人形 II」（一九一一）である。ここでノルデは、当時、あらたにベルリン民俗博物館の収蔵品となった世界各地の未開民族の工芸品のなかからホピ族のカチーナ（階段模様の「雲」のシンボルをともなったカワイカ・カチーナであると思われる）をモティーフとして選び出し、ペルー・インカ族の織物の図柄からとられた猫と並べて、比較的写実的に描き出している。ピカソやマティスらによって大胆なデフォルメをつうじて呼びだされるプリミティヴィズムの絵画作品における未開文化のオブジェとちがい、ノルデの油彩画におけるカチーナは、それ自体の静謐でかつ境界侵犯的な存在感を直接写し取ったもののように見える。ヨーロッパの視線に飛び込んできた、部族社会の造形のマージナルな迫力を真摯に受け止めようとする一人のアーティストの感覚的飛躍の契機を、ここに読み取ることができるだろうか。

ダダイズム周辺では、ジャン（ハンス）・アルプが一九一七年に妻のためにカチーナ人形を模してデザインした衣装がよく知られているが、ダダイズムの革命の核心部には、むしろ造形芸術への関心以上に、部族文化における神話や物語、歌のような言語的実践への強い関心が存在した。そうした関心を代表するのが、詩人トリスタン・ツァラであり、ツァラが一九一八年のダダ宣言以前のチューリヒにおいて、自ら翻訳したアフリカやオセアニアの部族詩を朗読し、その音声的な渾沌から呼び出される言語的マージナリティの力を自らの詩作の核心に据えようとしていたことは重要である。というのも、こうした言語実験の場における部族文化のこだまは、後に七〇年代のエスノポエティクス運動を生成させる直接のきっかけとなるからである。

カチーナに戻れば、近代アートの前衛作家たちの中でカチーナが特権的なものとなるのは、アンドレ・ブルトンがカチーナ人形の収集をはじめたとされる一九二七年ごろのことである。さらにシュルレアリストのサークルにおいてマルセル・デュシャンやマックス・エルンストがこれにつづき、カチーナの膨大なコレクションを持つに至る（じっさい、今回のアンテス・コレクションのなかには、デュシャンおよびエルンスト旧蔵のカチーナが数点含まれていて興味深い）。ブルトンはついに一九四五年八月にはホピ族の居留地を訪ね、さらにエルンストは、大戦中の亡命によってアリゾナに移り住み、ズニやホピの土地の傍らで一〇年ほど暮らしてさえいる。ブルトンの次のようなエルンスト作品への自動筆記的オマージュが、シュルレアリストにおけるカチーナの霊感をまっすぐ伝えている。

ニューヨークのマックス・エルンストと彼のズニ族のカチーナ・コレクション（1942）

この人間の頭は、自分の思考の上で扇のようにひらかれ、はためき、とじられる頭は、髪の毛の上にもレースの枕の上にもかしげられている頭は、嘘とまことのあいだでバランスを保つ不安定で重さのない頭は、ニューメキシコの人形たちに見るような青い銃眼をもった頭は、（……）マックス・エルンストが周囲をめぐっているこの頭は、堤防に出くわすことのない大河のようなものである。ドランの帽子のやわらかさを競っていた合理主義と神秘主義とは、マックス・エルンストの足の下にあるのだ。(4)

こうした記述から私たちは、カチーナの造形的霊感がシュルレアリストのサークルにおいていかに特権的なものであったかを知ることができるだろう。

もう一例だけ、挙げておきたい。表現主義周辺の画家として特異なポジションを占めるパウル・クレーの油彩作品「恐怖の仮面」（一九三二）も、カチーナを援用するそのやり方において特筆すべき特徴を備えている。美術史家のウィリアム・ルビンによれば、このクレーの作品はベルリン民俗博物館所蔵のズニ族のカチーナ（戦争の神）に直接の霊感を得て描かれた。それは、ノルデのケースのような写実的な援用からはほど遠く、一見したところカチーナの絵画化には見えない。だが、モデルとなったと考えられるカチーナと並べて相互の特徴を比較してみると、その顔の造形にはいくつかの驚くべき類似が認められる。細長い顔の輪郭と、とりわけ細長い鼻、口の不在。頭頂にある上を向いた不思議な矢印のような形。細長い鼻の尖端に描かれた鼻孔のような線は、まさにカチーナの鼻先に揺れる羽根の転写である。さらにいえば、カチーナの顔の下に飾られた数枚の羽毛は、クレーの絵では四本の足に変形されてさえいるのである。

ここにモダニズム特有の抽象的な造形感覚への転移を見ることは容易い。だが問題は、クレーがカチーナ人形の形態的特徴をいかに変形したかにあるよりは、むしろ、カチーナのような部族的造形、マージナルな文化からの形態的刺激が、近代芸術家の内部にある「忘れられたイメージの貯蔵庫」を呼びだすために利用されたという事実の方であろう。

エスノポエティクス、あるいは周縁の称揚

カチーナという形象を通じて二〇世紀初頭のモダニズム芸術の最前線に流れ込んだマージナルな力は、その後芸術家個人個人の仕事においてそれぞれ評価・検証されてはきたが、マージナルな部族文化に新しい視点で接近した人類学的実践と、モダニズムの芸術行為との交点における豊かな副産物が何であったかについての考察は、なおざりにされてきた。そうした検証の作業がようやく本格化したのが、六〇年代末から七〇年代における文化運動においてであり、すでに述べた道化論やトリックスター論といった文化理論の台頭のなかで、プリミティヴィズムの本性は歴史的に意味づけられていった。こうした、文化におけるマージナリティを自覚的に宣揚し、アメリカにおいて、インディアン文化の造形表現や言語文化をあらたな世界ヴィジョンのために不可欠の霊感源として称揚した画期的な文化運動が、一九七〇年に始まるエスノポエティクス運動であった。

詩人ジェローム・ローゼンバーグと人類学者デニス・テッドロックを中心に、雑誌『アルチェリンガ』（一九七〇年創刊）を舞台にして推進されたこの「民族詩《エスノポエティクス》」運動は、カチーナのような造形的実践や儀礼的ダンスのようなパフォーマンスもふくめ、北米インディアンの広い意味での口承的・身体的伝統から全面的に学びながら、現代における「詩」の実践を、文化的な思想行為として高めていこうとする野心的なものであった。

そこでは、詩の音声的側面がとりわけ重視され（ダダイズムの現代的再現）、さらに具象的な形態としての詩の図像的側面が再評価され（コンクリートポエムの実践）、また詩を朗読する身体的なパフォーマンスのあり方にも力点が置かれた（ビートの継承）。そして、そうした詩的表現の革命のなかで、人類学によって深く記述・経験された部族文化の遺産が精緻に点検され、同時に、レヴィ＝ストロースの

神話分析、フーコーの非理性研究、ドゥルーズ＝ガタリの『アンチ・オイディプス』、デリダのグラマトロジー、エドゥアール・グリッサンのクレオール哲学、フレドリック・ジェイムソンの後期資本主義批判といった七〇年代に芽生えた、マージナリティをめぐる現代思想のさまざまな成果が、大胆に援用されたのである。

一九七五年には、ウィスコンシン大学で、このエスノポエティクス運動の全面的な展開を宣言する最初の国際エスノポエティクス・シンポジウムが開催され、数多くの詩人・人類学者・思想家が集結した。その報告は、機関誌『アルチェリンガ』のシンポジウム特別号（一九七六）としていま読むことができるが、編者の一人、ミシェル・ベナムによる巻末の総括論文には「マージナリティを讃えて」なる表題がついている。そのなかの象徴的な一節を引こう。

アメリカ合衆国とカナダは、オーストラリアと南アフリカを除けば、いまだ顕著な部族生活を維持しつづける文化領土をその内部にかかえた唯一のポスト産業国家である。ヨーロッパ文明のオルターナティヴを求めて人々が北アメリカの大陸を彷徨ったのも、その意味でうなずける。メキシコのタラウマラ族のなかのアントナン・アルトー、ホピ居留地のアンドレ・ブルトン、ユカタン半島のチャールズ・オルソンといった人々がすぐに頭に浮かぶ。だが部族社会の存在によって現代人の想像力が強く広範なかたちで喚起されたのは六〇年代末になってからのことだった。（……）エスノポエティクスは、文明という形態そのものに真剣な疑義を表明する。歴史という過程、西欧の歴史とそれが非西欧文化にもたらした結果、さらに「未開文化」への侵略の過去、そうしたものへの自覚こそが現代の詩人にとって最重要なものであり、それによって詩人は感覚のマージナルな観察者／批判者／革命家になることができる。未開という概念は再定義されねばならない。(……)エスノポエティクスはわれわれの歴史の現段階への、直覚と研究を通じた批判である。直覚とは、すなわちわれわれの文学における「裡なる野生人」をたえず生かしつづけること――黒人としてのランボー、ケルト人としてのブルトン、タラウマラ人としてのアルトー。研究とは、ボアズやレヴィ゠ストロースからラディン、サーリンズ、ダイアモンドに至る、未開なるものの再評価を宣揚する人類学の書物を渉猟すること。さらに言えば、人類学の成果と並行するように、マージナリティへの強い指向性が哲学の、とりわけフランスの脱構築的な哲学のなかから生まれている。西欧の内部から、西欧文明を批判・更新しようとするこうした諸傾向にたいし、エスノポエティクスは予想外の方向からの連帯感を表明したい。(5)

七〇年代の、政治的・社会的動揺のなかから必然的に生じたマージナルなものへの思想的覚醒と厳しい自己批判的作業の萌芽を、こうした宣言文は示しているが、ここで表明されたヴィジョンがすでに過去のものになったとは言いがたい。むしろ、インディアンの口承文化も、カチーナ人形も、いまだかわらぬ喚起力とマージナルな神秘を保持したまま、私たちの前にある、といわねばならない。ファッションやデザイン、さらに身体加工の領域でのプリミティヴィズムやゴーン・プリミティヴ(未開人になる)の傾向は、ますますアクチュアルな意味を分泌しながら、社会の批判力の潜在的な「探知器」になろうとしている。カチーナの現代的顕現に対峙して、そこから新たな周縁の力を自らの内部に注入すべき新たな方法論を、わたしたちはいま激しく求められているにちがいない。

オクタビオ・パス、あるいは沈黙の修業

オクタビオ・パスの詩集『東斜面』*Ladera Este*（一九六九）は、私にとって特別の、ほとんど唯一無二のといってもいい書物である。数年前から、元旦の初日の出を拝みに海岸へと黎明のなかを歩く時、かならずコートのポケットに忍ばせるようになった。汀に立ち、新たな年の到来を告げる鮮烈な曙光が三浦半島の海山のあいだから漏れだす瞬間、本を胸の辺りにかかげてパスの詩を朗読する。これがいつからか私の習いとなったのである。

年頭の、少し芝居がかった、ささやかな儀式のようなものかもしれない。冷厳な空気を切り裂くようにして差し込む日の出の瞬間の感興に応じて、即興的に選び取った作品、たとえば「眼を閉じて」Con los ojos cerrados、あるいは「ウータカムンド」Utacamud。そんな作品の断片を声でなぞりながら、光の嬰児のようにして音を舌の上で転がすうちに、年初の太陽が私のめぐりを薔薇色に染めてゆく。いっけん平易な詩の言葉遣いのなかに、蘇った太陽と荒々しい海の存在感がそのまま流れ込み、詩的言語が簡潔な「物質」としてもつ、ある原初的で崇高な感覚が私を捉えはじめる。

眼を閉じて
内部から光りだす
きみは盲いた石だ

眼を閉じて
夜ごとにきみを彫る
きみはまっさらな石だ

わたしたちは無限にひろがってゆく
眼を閉じて
お互いを知り合ったからには(1)

（「眼を閉じて」）

朝日に眼を見開きながら「眼を閉じて……」と朗唱する機知が、矛盾律に支えられたパスの修辞学の本質を示しているようで心が浮き立つ。眼を閉じて見る元日の曙光とは、耳を閉じて聴く潮騒の音でもあり、かじかんで感触をなくした指先で触れる褐色の砂粒の優美さでもある。そのような矛盾のなかに潜むより本質的な真実が、詩の言葉として私のそばへと近づいてくる。暗く明るい歓喜。永遠かつ一瞬の恩寵。寡黙にして熱狂的な音楽……。パスの多用した逆説的な修辞学の領土にあふれるこうした概念や事物が、一年の始まりの無垢の空と海に、意味論の矛盾という表皮をはぎ取られて、みずみずしい真実の言葉として新たに書き込まれてゆくのだ。

さらに私の声は即興的にこんな詩の断片を『東斜面』のなかから拾いだす。

葉の数が多くて光り輝く
ニームはトネリコに似て
歌う樹だ(2)

（「ウータカムンド」）

ニーム nim とはヒンディー語でインドセンダンのこと。インド原産の常緑樹で、細長い枝に切れ込みのある葉が密生し、古来から虫下しの薬草として伝統医学アーユルヴェーダの重要なハーブの一つとなってきた聖樹である。葉をたくさんつけたその姿は、メキシコ中央高原に広く自生するフレスノ（トネリコ属）の木々の佇まいによく似ていて、パスのなかでインドと故国とを結びつける。ニームの葉や枝を煎じた黄褐色の茶のひどく苦い味もまた、メキシコ先住民アステカ族の薬草だったウアウソントリ（キヌア）のほろ苦い味をパスに連想させたかもしれない。ここでパスはニールギリの丘陵地帯に来て、辺りに住むドラヴィダ系少数民族トダ族の、トウモロコシの先のような円錐形をした不思議な寺院を眺めている。トダの痩せた男たちは一様に髭をはやし、はかりしれない神秘的な表情をして、揺れる旋律の聖歌をぶつぶつと唱えながら水牛の乳を搾っている。不可知の人々でありながら、その神秘の気配はパスにとって必ずしも未知のものではない。ニーム樹の歌う歌は、パスにとっての既知の宇宙を震わせながら響く、生命そのものの高鳴りのように感じられる。

そして新年の陽に光を浴びながら、私にもその歌のシャワーが降りかかる。石や木々。その内部に孕まれた声と感情の凝集体。簡潔な物質的リアリティの充満するなかで書きとめられた宇宙感覚の漲ることばに寄り添うように、私にもまた、インドからメキシコを経てこの汀へと運ばれた新年の曙光が、いま届けられたのだ。

＊

私がポケットに忍ばせる『東斜面』の版は、四〇年以上も前にメキシコで出たホアキン・モルティス社刊の初版本ではない。あるいは、一般によく流通している一九九八年にバルセロナのガラクシア・グーテンベルグから出た版でもない。私がいつも持ち歩くのは、アメリカで出た廉価なニュー・ディレクションズ版（一九九七）。作家・批評家エリオット・ワインバーガーの翻訳による、一一一ページの、小冊子とも呼べるほどコンパクトなペーパーバックである。英語のタイトルは集中の末尾に置かれた長編詩の題でもある『二つの庭の物語』*A Tale of Two Gardens* となっていて、副題に「インドからの詩」とある。

小さな本だが頁に余白はたっぷりある。英訳された詩の傍らに原文のスペイン語を細かく書き込んであるので、どちらの言葉でも朗読できるようになっている。だがときに、ワインバーガーの英語訳はパスの原詩がスペイン語であったことを忘れるほどの、パスの詩精神との相互浸透の気配が深く漂っていてすばらしい。本としての軽さ、簡便さも含め、ここにはパスのポエジーが凝縮されて息づいている。私が外出の際に、躊躇《ためら》いなくこの本を書棚から取りだしてポケットに収めるのも、そんな息づかいがたしかにここに感じとられるからであろう。しかもワインバーガーは、八世紀の中国詩人王維の研究でも名高く、近年は現代中国の傑出した詩人北島《ペイタオ》の詩集の翻訳にも精を出すなど、東洋の思想文学への造詣という点から見てもパスの精神的後継者であるともいえる（二〇一二年末には、パスの一七歳のときの詩から最後の詩までを含む浩瀚な『オクタビオ・パス詩集』の編訳者として、英語圏におけるパス詩集の決定版を刊行したばかりである）。私はおそらく、パスに由来する詩神の魂がワインバーガーのなかに流れ込む、その奇蹟のような霊的な伝播の過程にも、心動かされているのだろう。

さて、詩集『東斜面』は一九六二年から六八年まで駐インド大使をつとめたパスの、インドにおける詩作を集成したものである。サンスクリット、ヒンドゥー教、タントラ、チベット密教……。こうした深遠な哲学と宇宙論を、パスはこの地で、米州を含めたこの時代の西欧人の誰よりも深く吸収することからあらたな詩的言語を創造していった。しかもそこには、インドを西欧にとっての他者として異国趣味的に宣揚する意識はみじんもなかった。インド時代、パスの思索はインドというメキシコのいわば「対位法的なパートナー」を得て、一気に驚くべき多産へと開かれていった。仏教哲学やヒンドゥー社会のカースト制をめぐる刺激的な論考を含んだ『交流』（一九六七）。東西の身体宇宙論をめぐる思索的なエッセイ集『結合と分離』（一九六九）。そしてラジャスタンのヒンドゥー聖地だったガルタの廃墟への啓示的巡礼として書かれた驚異的な散文詩『大いなる文法学者の猿』（一九七二）。インド滞在時に書かれたこれらの収穫は、思想家オクタビオ・パスのいわば屋台骨を形成する、もっとも豊かで強靱な柱となった。そうした散文の成果と平行して、『東斜面』の傑作詩群は生まれていったのである。

すでに示唆したように、この詩集でパスは、東洋の神秘インドへの自身の傾倒を、彼の内部にすでに深い蓄積としてあった古代メキシコへの鮮明な理解と共感をつうじて、一種の鮮烈な既視感とも言うべき感触とともに提示した。このメキシコとインドの共振とでも呼ぶべき出来事を、パスは『東斜面』のなかでつぎつぎと叙事的に描きだしてゆく。たとえば「遠い隣人」と題された俳句のような三行詩はこうである。

昨日の夜　一本のトネリコが
もう少しでなにかを　わたしに
言おうとして――口をつぐんだ(3)

ここにもまたメキシコの褐色の荒野に逞しく自生するフレスノ（トネリコ）が登場する。いまパスの遊ぶインドの庭にも同じ樹があって、そのことだけですでに詩人の内面に親しい気配が立ち上がる。そのトネリコが、夜半、不意に彼になにごとかを語りかけようとしたのだ。だが言葉になる前に口をつぐんだ、そのトネリコの沈黙のなかにこそ、パスにとっての「遠い隣人」であるインドの、詩人に向けての強い語りかけの意思を彼は感じる。豊かな沈黙の言語を介して、インドはメキシコ人である彼に、共通の秘密を伝えようとしていた。『東斜面』において、パスは、インドからの沈黙を介したこの秘密の交信に、ひたすら聞き耳をたてようとしている。
「庭の合奏会」と題されたこんな詩もすばらしい。

雨が降った。
時は巨大な眼だ。
そのなかを　わたしたちは反射光のように歩いた。
音楽の河が
わたしの血のなかに侵入する。
わたしが「身体」と言えば、「風」と答え
わたしが「大地」と言えば、「どこに?」と応じる。

世界、その二重《ふたえ》の花弁が、ひらく——
来てしまったという悲嘆、
ここにいるという喜び。

わたしはさまよい歩く　自分自身の中心にいて。(4)

南インドの優美な弦楽器ヴィーナ。そして木をくりぬいた両面太鼓ムリダンガム。二つの伝統楽器を使った、雨後の庭でのささやかな演奏会。楽器の身体から音の河のような奔流が静かにあふれだし、パスに沈黙の対話をうながす。身体—風。大地—どこに？　この不思議なやりとりのなかに、言葉の概念を超えた、どこか肉感的で官能的な気配がたちあがる。インドとメキシコの不可思議な合体。神聖なる交合。ヒンディー語のなま暖かい「風《ハワー》」のなかに、メキシコの乾いた荒野を吹き過ぎるナワトル語の「風《エカトル》」が潜み、風と風が触れ合って神秘の渦巻きをかたちづくる。「来てしまったという悲嘆」。メキシコをはなれてインドへと流れてきたパスの哀しみは、「ここにいる喜び」へと瞬時に変容する。ノスタルジーは未来への憧れを逆に呼びだす。「自分自身の中心にいて」なおもさまようこと。いや、さまようこととは、むしろ自分自身の中心を至るところに発見することなのだ。パスはそのようにここで語っているように思われる。

口をつぐんだトネリコの樹下で、そして不可視の言葉で歌いあうヴィーナとムリダンガムの響きの傍らで、パスの沈黙の言語への探究がこうしてはじまったのである。

パスは、自らの詩精神の母胎であり続けた「アメリカス」という大陸における詩の実践が、一人の女性によってはじまったことを特別視していた。一七世紀のヌエバ・エスパーニャの尼僧ソル・フアナ・イネス・デ・ラ・クルスである。スペイン・バロックの伝統をいまだ引きずった植民地の宗教的・言語的因習や規律を突き破るようにほとばしり出たソル・フアナの自由で清新な詩精神は、アメリカ大陸全体に、いわば詩的言語を生みだす女性的な声の源泉となって広がった。その水脈から時を経て清冽な水が湧き出るように、アメリカスには、北から南を貫いて、驚くべき豊饒な女性詩人の系譜がある、とパスは考える。ソル・フアナにつづくその隠された系譜こそ、エミリー・ディキンソン、マリアン・ムーア、ガブリエラ・ミストラル、そしてエリザベス・ビショップである。

パスとエリザベス・ビショップとの深い友情と信頼の関係はよく知られている。二人の本格的な交友は、パスが一九七二年初頭に、ハーバード大学での講義を再開するためにマサチューセッツ州ケンブリッジに戻ったときにはじまる。ビショップはこのとき、パスおよび夫人マリー・ホセの人柄にすっかり魅了され、まもなくパスの作品からいくつかの詩を英訳して全米最古の大学文芸誌『ハーヴァード・アドヴォケイト』に寄稿した。それは単なる「翻訳」というような言語行為をはるかに超える、記述言語を異にする二人の詩人の親和力の宣言でもあり、二〇世紀において英語詩とスペイン語詩の精神が響き合い、呼び掛け合った、もっとも豊饒で刺激的な出来事でもあったといえるだろう。そのときにビショップによって媒介された作品の一つが、『東斜面』からとられた「水の鍵」La llave de agua である。ワインバーガー編訳の英語版『東斜面』にも、「水の鍵」にかんしてはこのビショップ訳が収録されている。ビショップ訳に依りながら全編を日本語に訳してみよう。

リシケーシュを過ぎても
ガンジスはいまだ緑色。
ガラスの水平線が
山並みのはざまで断ち切られる。
結晶体の上をわたしたちは歩く。
上も　下も
静寂の大いなる入り江。
青の宙空には
白い岩々、一群れの黒雲
きみは言った――
Le pays est plein de sources.（郷にはたくさんの源がある）
その夜　わたしはきみの胸に両手を浸した。(5)

ここでいう「きみ」は、ガンジスのたゆたう流れのようでもあり、しかしより直接的には、インドで出会い生涯の伴侶となったフランス人女性マリー・ホセのみずみずしい存在感のことである。ヒンドゥーの聖都リシケーシュは、ヒマラヤ山脈から流れだすガンジス川の峡谷が平原へと自らを解放する、そのまさに結び目にある町だった。山と水とで形づくられた壮大なパノラマに身を置いて、パスは地形や物質がもつ力強い沈黙、森羅万象の静寂のなかで閃く無音のことばにうち震える。身体を思いきり開いて、彼はガンジスの流れが運ぶその沈黙を飲みほそうとする。

そういえば、パスもおおいなる霊感を受けた宗教学者・思想家ミルチャ・エリアーデの『リスボン日記』にはこんな印象的な一節があった。エリアーデは、一九二八年から二年間ほどカルカッタでサンスクリット語とインド哲学を学んだが、彼によればインドでは、仏教の師は入門したての弟子にむかって、かならず食べ物を直接口に入れてやるのだという。それが、師の弟子へのもっとも深い愛情を示すしるしであり、弟子が仏教の修業においてはいまだ赤子のような存在であり食物を親からあたえてもらわねば何もできない子供であることを示す象徴的な身振りなのでもあった。そしてエリアーデ自身もまた、聖都リシケーシュで、彼の友人がいくつものハシバミの実(ヘーゼルナッツ)を彼の口に直接入れて食べさせてくれたことをよく憶えている。新たな土地での、みずみずしい教えと啓示。

パスもまた、このハシバミの実のようなものとして、彼の詩の女神の教えを、インドによって口のなかに直接あたえられたのである。体内に棲みついたその詩のハシバミは、黙して語らなかった。深い愛情と、庇護と、恩寵によって充満する果実は、それ自身として、すでに言語的な意味から解き放たれ、意味への執着を溶解させていたからである。パスとビショップは、このハシバミのような詩の果実をたがいに口に入れあった、精神の同志でもあった。

詩的言語における寡黙さ、沈黙の意味を説いたパスの刺戟的エッセイ「エリザベス・ビショップ、あるいは沈黙の力」は、ビショップの詩を論じながら、パス自身の沈黙の言語美学を語っていて示唆的な散文である。パスによれば、ビショップの詩においては、ものはそれ自身であることと自身とは異なった何物かであることのあいだを永遠に揺れつづける。その不確定性は、さまざまな比喩表現によって書きとめられるが、最後にはつねに一つの跳躍の瞬間がある。この、逆説を超えてゆくための跳躍によって、ものごとは自分自身であることから離れることなく別のなにかへと変容する。それが彼女の詩の（そしてパスの詩における）自由と想像力なのである。いわば、「遠い隣人」のようにして変容しながら出会う二者が、ここにもいる。

「新鮮」（＝fresh）「透明」（＝clear）「飲用に適した」（＝potable）といった形容詞はふつう水にたいして使われるが、この物理的かつ道徳的な形容詞はそのままビショップの詩にあてはまる、とパスはいう。ビショップの声は水のように暗く（＝dark）深い（＝deep）場所から湧きあがり、水のようにして二重の渇きを癒す。すなわち現実への渇きと、驚異への渇きである。それは水のたえざる変身能力を具現しつつ、清冽で寡黙な変容体となる。パスは書いている。

水音を聴き取るようにして、わたしたちはビショップの詩を聴き取る。石とガラスのはざまで音節がつぶやき、ことばが波打つ。そこにあるのは沈黙と透明さにみたされた巨大な領域である。(6)

孤児という不幸な出自と、レズビアンという聖痕によって引き裂かれた理性と情念の汀を渡り、アメリカスを南北に移動しながら、沈黙と境を接する極小の言葉によって書きつづけたひとりの稀有なる詩人エリザベス・ビショップ。彼女が傑作詩「漁師小屋で」において決然と描写したこんな意識の海の沈黙が、ビショップを論じるパスの前にも拓けていたのであろう。

Cold dark deep and absolutely clear...(7)
（冷たく、暗く、深く、そして無条件に透明……）

水が語るような詩。風が思考するような詩……。沈黙のなかに屹立する詩の完全性とは、水や風がもつような完全性であり、それは自然の偶有性の摂理にしたがう不規則な完成、不完全な完全性である。詩は、ちょうど猫か薔薇の花のようにして完成するのであり、けっして数学や論理学の定理のようにして完成するのではない。それは変容し、息を吐き、身体を震わせ、自らの分別によって泣き、自らの知性によって微笑む。詩とは語ることを知った言葉による行為である以上に、沈黙することを知った言葉による実践なのである。言葉と概念の氾濫のなかで溺れかけた現代人を、パスはビショップとともに「寡黙さの力」に依りながらあらたに挑発し、鼓舞しようとする。

*

パスが、やはりインド体験を媒介項にして沈潜していった人類学者クロード・レヴィ＝ストロースの著作を論じながら、こんなふうに書いていたことが思いだされる。

西洋はわれわれに、存在が意味のなかに溶解することを教え、東洋は、意味が存在でも非在でもないもの、沈黙以外のいかなる言語も名づけることのできない同一物のなかに溶解すると教える。そこでは、沈黙もわれわれにとってひとつの言語であるような仕方で、人間が作られている。(8)

インド＝東洋の哲学的な存在論を語りながらも、パスはおそらくメキシコ先住民の示す沈黙、すなわち現代世界の政治経済的な暴力に向けた寡黙な抵抗のことを、ここでも考えていたにちがいない。彼の沈黙の美学は、ひとつの大いなる抵抗、大いなる否定と表裏一体の、過激な思想運動でもあったのである。

この点で、『交流』*Corriente Alterna*（一九六七）のなかの一節「解放された者と解放者」は、西洋と東洋の哲学的な本質をめぐる問いを、人間の政治的社会的志向性として論じた、驚くほど明晰な直観によって支えられている。

西洋は創造的否定という概念を発明した。それは革命的な批判であり、否定することによって肯定するという二律背反でもあった。これにたいしてインドは否定をつうじた解放を発見し、これを森羅万象の名指されぬ母胎にすえた。この二つの対立するヴィジョンは結果として二つの異なった叡智、精神性の二つのモデルを生みだすことになった——すなわち、解放者（リベルタドール）と解放された者（リベラード）である。解放された者にとって、批判とは手放すこと、放擲することである。彼の目的は自己実現ではなく自己放棄なのである。一方解放者にとっては、批判とは創造のための行為となる。彼の目的は自己とふたたび一体化すること、すなわち世界との合一なのである。だが、インド人は否定を内的な方法論として実践するため、彼のめざすのは世界の救済ではなく自己内部における世界の破壊である。（……）解放された者は、批判を沈黙の修業のために行う。一方解放者は、批判によってみずからの言葉を理性の支配に委ねる。インド人は、言語がある水準に達すると意味は失われてゆくと考える。だが西欧人は、意味をなくしたものはすべて実体ももたないと結論づけたのである。(9)

西欧の外化された革命理念と、アジアの内面化した解脱の技法とを、みごとに直感的にとらえ、比較対照させて論じた文章である。そして、ここで沈黙の修業者として提示された「解放された者《リベラード》」という形象こそ、日常言語の臨界まで赴いて、その言語意識を切り裂きながら豊饒な「沈黙」へと参入していった詩人オクタビオ・パスの存在そのものでもあった。

新年の日の出に向かい、蘇った朝の光を全身に浴びた私は、茜色から青白く変容しかけた無垢の空に向って、パスのもっともビショップ的な寡黙さにつらぬかれた詩の一篇を最後に朗読してみる。「一月一日」Primero de enero と題され、パス最晩年の詩集『内なる樹』*Árbol adentro* に収録された佳篇である。

一年の扉が開く
未知に向って
ことばの扉が開け放たれるように。
昨夜きみはわたしにこう告げた
　　明日は
記号を編み出し
風景を描き　プランを練りましょう
日々と紙とでできた
二重のページの上に。
明日もういちど
この世界の実在を
発明し直すのです。

目覚めたときもう陽は高かった。
ふとした刹那
わたしはアステカ人になり
崖の上に身を伏せて
時の予期せぬ帰還を
待ち伏せしているように感じた
時が地平線の裂け目から戻ってくるのを。
（……）
きみはわたしの傍らで
まだ眠っていた。
元日はきみを発明したのに
きみはまだ　今日という日によって
自分が発明されたことを
受け入れてはいなかった。
いや　わたしが発明されたことも
きっとまだ認めなかっただろう。
きみはまだ別の日のなかにいた。
（……）
きみが目をひらいたら

ふたたび一緒に歩きはじめよう
時のなか　時が発明したものたちのなかを。
影のなかを歩みながら
時と時の連なりを証言しよう。
ふたりで今日という日の扉を開ける。
そして未知のなかに入ってゆくだろう。(10)

一九七七年、アメリカの雑誌のためにビショップが翻訳したこのパスの詩は、二人の詩人の親和力ともいうべき相互浸透をよく証明している。この時期、たびたびメキシコに滞在することでスペイン語世界との関係を強めていたビショップは、流れ去る時というものにたいする彼女自身の憧憬と畏れが、メキシコ古代の宇宙観から流れだして現代のメキシコ詩人のなかにも引き継がれたヴィジョンと交差することを直感的に理解していた。ソル・フアナからさらに二〇〇年も遡る、ナワトル語による最初のメキシコ詩人ともいうべきテスココ王ネサワルコヨトルの「時の不条理」をめぐる深遠な詩のはるかな谺《こだま》すら、ここには聴き取れるかも知れない。ビショップもまた、そのはるかに遠い隣人の声を、「アメリカス」の詩人としてたしかにここで聴いていたのである。

パスはビショップによるこの自作の翻訳がひどく気に入り、「スペイン語よりも英語のほうが優れた詩になっている」と彼女に伝えたという。(11)まるでビショップ自身の時への畏怖をそのまま英語詩へと置き換えたかのようなこの訳詩は、ビショップとパスというわずか三年の年齢差しかない魂の姉弟の、深い交わりの奇蹟を証言してもいるのであろう。寡黙さの力は、新年の扉の前で、ためらいがちに、しかし決然たる意思と希望を持って、二人にむけて未知の言葉を開け放とうとしていた。

元日の海の汀で、私はもう一度この「一月一日」をゆっくりと歌うように朗読してみる。心のなかの声で。「すべての文明とは時のヴィジョンそのものである」(『インドの薄明』)とパスは書いていた。時間の蘇りの感覚を海の沈黙の傍らで反芻しながら、私は、「沈黙の修業」をいまだつづけるこの詩人のことばのなかから生まれた一〇〇回目の新年の朝日を、時の幻影《ヴィジョン》であるかのように静かに眺めつづけていた。

社会科学をブラジル化する

（1）Roger Bastide, "A Poesia Afro-Brasileira", *Estudos Afro-Brasileiros*, São Paulo: Perspectiva, 1983, pp. 90-91.

（2）Jorge Amado, *Bahia de Todos os Santos: Guia das ruas e dos mistérios da cidade de Salvador*, Rio de Janeiro: Editorial Martins, 1967.

荒野のロマネスク

（1）Victor Segalen, *Essai sur l'exotisme*, Fata Morgana, 1978.

（2）Stephen A. Tyler, *The Unspeakable: Discourse, Dialogue, and Rhetoric in the Postmodern World*, The University of Wisconsin Press, 1987.

（3）James Clifford, *The Predicament of Culture: Twentieth-Century Ethnography, Literature, and Art*, Harvard University Press, 1988.

（4）認識と知覚のレヴェルの多くの語彙が、このヴィジュアリズムのバイアスによって影響されていることはすでにさまざまなかたちで指摘されてきた。「視点《ポイント・オヴ・ヴュー》」「観点《スタンドポイント》」「着想《アイディア》」（ギリシャ語のイデイン「見る」に由来）「概念《ノーション》」（ラチン語のノトゥス〔標識をつける〕）「抽象化《アブストラクション》」（ラテン語のトラクターレ〔溝をひく〕）

「想像する《ファンシー》」（ギリシャ語のファンタジア〔外見〕）といった例をあげだせばきりがない。日本語においても状況はあまりかわらない。英語におけるseeの用法と同じように、私たちは「……してみる」という言い方を何気なく使うが、これはすべての知覚や行動が視覚的メタファーによって帰結をみている最も見事な例だ。そしてこの「みる」という表現の用法によって、視覚がその他の感覚の上に君臨していることを示すつぎのような例がある。

私はただそれがどんな感じか ｛触って／味わって／嗅いで／聴いて｝ みたかった。

スティーヴン・タイラーはこれと同じ例を英語であげて、視覚の優位を別の感覚の優位で置き換えてみたときにどのような陳腐な表現が出来上がるかを指摘している。たとえば、この表現において「みる」（視覚）という動詞と「嗅ぐ」（嗅覚）という動詞を置き換えてみると、「私はただそれがどんな感じか見て嗅ぎたかった」といった全く意味をなさない文章ができあがる。英語の場合は「みる」の位置に他のどの感覚動詞を代入しても表現はナンセンスになるが、日本語の場合、「味わう」という動詞だけは、「みる」ほどではないにせよ、一定の知覚を代表することのできる言葉となっている点は興味深い。たとえば、「私はただそれがどんな感じか聴いて味わいたかった」という表現は奇妙だがある意味を伝えてくる（いっぽう英語のI just wanted to *taste* what it *sounded* like. は意味をなさない）。ただし、ロマンス語系言語の示す「味わう」saperという動詞と「知る」saperという動詞の同根性は、ラテン人やゴール人の持っていた味覚への特別の嗜好をあらわしており、これは多くの西欧語の語彙に影響を与えている。

（5）　Paul de Man, "The Rhetoric of Temporality", in C. Singleton(ed.), *Interpretation: Theory and Practice*, Johns Hopkins University Press, 1969.

（6）　アレゴリカル・エスノグラフィーの近年の萌芽は、いくつかのアクセントの置き方の違いを含みながらも、実践と理論の両面から精密化されてきている。ジェイムズ・クリフォードやヴィンセント・クラパンザーノは積極的に「アレゴリー」という表現をつかっているが、ジェイムズ・ブーンはこれを「パロディー」ないし「風刺」と言い換えて展開しているし、マイケル・タウシグのような人は「妖術」というより比喩的な表現によって、歴史のアレゴリーをつかまえようと試みている。詳しくは下記の文献を参照。James Clifford, "On Ethnographic Allegory", in J. Clifford & G. E. Marcus(eds.), *Writing Culture*, University of California Press, 1986. Vincent Crapanzano, *Tuhami: Portrait of a Moroccan*, University of Chicago Press, 1980. James Boon, "Folly, Bali, and Anthropology, or Satire across Cultures", in E. M. Bruner(ed.), *Text, Play, and Story: The Construction and Reconstruction of Self and Society*, The American Ethnological Society, 1984. Michael Taussig, "History as Sorcery", *Representations*, No. 7, Summer 1984.

（7）　Roland Barthes, *La chambre claire: Note sur la photographie*, Gallimard/ Le Seuil, 1980.（ロラン・バルト『明るい部屋』花輪光訳、みすず書房、一九八五、一四―一五頁）

（8）　同書、三〇頁。

（9）　Renato Rosaldo, "Ideology, Place, and People without Culture", *Cultural Anthropology*, Vol. 3 No. 1, February 1988.

直覚の人類学

（1）　José María Arguedas, *Formación de una Cultura Nacional Indoamericana*, México: Siglo XXI, 1975.

（2）　一九六九年一一月二八日、五八歳のアルゲダスは仕事場の大学の自室にてピストル自殺する。一九六六年四月に続く二度目の企てだった。死ぬ直前に完成させた長編小説『上の狐、下の狐』（一九七一）には、アルゲダスの生を彼の死を起点として遡行しながら解析してゆくためのすべての鍵が存在しているが、本稿ではテーマの関係上、この作品にはあえて触れないことにした。cf. J. M. Arguedas, *El Zorro de Arriba y el Zorro de Abajo*, Buenos Aires: Losada, 1971.

（3）　アルゲダスの生涯については濱田滋郎氏による要を得た解説がある。氏の次のエッセイを参照。「インディオの声――ホセ・マリア・アルゲーダスについて」『ユリイカ』一九七九年七月号。

（4）　*Yawar Fiesta*, Lima: Companías de Impresiones y Publicidad, 1941.

（5）"Puquio, una cultura en proceso de cambio", *Revista del Museo Nacional*, Tomo XXV, Lima, 1956.

（6）たとえば一九八三年の米国人類学会の年次集会では「文学形式としての民族誌」というテーマで一つのセッションが持たれた。そこでは、マリノフスキー、レヴィ＝ストロース、ミシェル・レリス、カルロス・カスタネダらの民族誌的作品のなかの隠された文学的位相についてさまざまな討論がなされた。この会議について触れつつ、Frederika Randall, "Why scholars become storytellers", *The New York Times Book Review*, Jan. 29, 1984. は「文学と人類学」をめぐる議論のありかを簡潔に要約している。

（7）"La novela y el problema de la expresión literaria en el Perú", *Mar del Sur*, 3 (9), 1950. 結局このエッセイは一九六八年、Editorial Universitaria（Santiago, Chile）刊の『ヤワル・フィエスタ』に初めて著者の承諾を得て収められた。現在の定本となっている一九七四年刊の Losada 版『ヤワル・フィエスタ』にも付録として収録されている。

（8）前註の Losada 版、*Yawar Fiesta*, Buenos Aires: Losada, 1974, p. 169.

（9）John Murra, "Andean Societies", *Annual Review of Anthropology*, 13, 1984, pp. 134-135.

（10）"Puquio, una cultura en proceso de cambio", *Formación*..., p. 46. 原著においては、引用文はケチュア語によってまず書かれ、次いでアルゲダスによるスペイン語訳が挿入されている。

（11）Charles Keil, *Tiv Song: The Sociology of Art in a Classless Society*, Chicago: University of Chicago Press, 1979, p. 5.

（12）*Primer Encuentro de Narradores Peruanos*, Casa de la Cultura del Perú p. 41.

（13）"Puquio...", p. 49.

（14）George E. Marcus, Michael M. J. Fischer, *Anthropology as Cultural Critique*, Chicago: University of Chicago Press, 1986.

（15）*Ibid.*, p. 22.

（16）*Ibid.*, pp. 22-23.

（17）近年の民族誌の成果を素材とし、ポスト構造主義の思想的潮流を批判的に活用しながら民族誌における「記述」の問題を多彩に変奏したスリリングな本として、James Clifford, George E. Marcus(eds.), *Writing Culture. The Poetics and Politics of Ethnography*, Berkeley: University of California Press, 1986. がある。

（18）Marcus and Fischer, *op. cit.*, 24.

(19)　J・M・マルコスはアルゲダスの作品に代表されるこの三つ目の文化潮流を「ネオインディヘニズム」と呼び、それを正しく前衛主義の系列に位置づけている。しかしここでは世界的な文化潮流におけるポスト・コンディション（リオタール）と連繋させるため、あえて「ポスト・インディヘニズム」と呼ぶことにしたい。cf. Juan Manuel Marcos, "La ternura pensativa de José María Arguedas", *Revista Iberoamericana*, 127, Abril-Junio 1984, pp. 445-457.

(20)　*Las Comunidades de España y del Perú*, Lima: Universidad Nacional Mayor de San Marcos, 1968, p. 5.

(21)　*Ibid*.

(22)　cf. John Murra, "José María Arguedas: Dos Imágenes", *Revista Iberoamericana*, 122, Enero-Marzo 1983, pp. 43-54.

(23)　"En defensa del folklore musical andino", *Señores e Indios: Acerca de la Cultura Quechua*, Buenos Aires: Calicanto, 1976, p. 233.

(24)　*Ibid*.

(25)　Gregory Bateson, *Naven*, Stanford: Stanford University Press, 1958(1936), p. 1.

(26)　E. Mildred Merino de Zela, "Cronología", en J. M. Arguedas, *Los Rios Profundos*, Caracas: Ayacucho, 1978, p. 352.

(27)　*Los Rios Profundos*, Buenos Aires: Losada, 1958.

(28)　William Rowe, "Mito, lenguaje e ideologia como estructuras literarias", Juan Larco(ed.), *Recopilacion de Textos sobre José María Arguedas*, La Habana: Casa de las Américas, 1976.

(29)　*Ibid*., p. 275.

(30)　Julio Ortega, *Texto, Comunicación y Cultura: Los Rios Profundos de José María Arguedas*, Lima: CEDEP, 1982, p. 52.

(31)　*"La literatura quechua en el Perú"*, *Mar del Sur*, 1(1), 1948, p. 50.

(32)　*Diamantes y Pedernales*, Lima: Juan Mejia Baca & P. L. Villanueva, 1954. p. 24.

(33)　Steven Feld, *Sound and Sentiment: Birds, Weeping, Poetics, and Song in Kaluli Expression*, Philadelphia: University of Pennsylvania Press, 1982. 特に pp. 163-216. 本書は、「感覚の人類学」とも呼ぶべき新しい分野を開拓する野心に満ちた刺戟的な民族誌である。

(34)　Hugo Zemp, "'Are' are classification of musical types and instruments", *Ethnomusicology*, 22(1), 1978. および "Aspects of ‘Are’ are musical theory,” *Ethnomusicology*, 23(1), 1979.

(35) *Canciones y Cuentos del Pueblo Quechua*, Lima: Huascarán, 1949, pp. 67-68.

(36) Martin Lienhard, *Cultura Popular Andina y Forma Novelesca*, Lima: Tarea/ Latinoamericana, 1981, pp. 59-60.

意識のダイアロジック

(1) Bruce-Novoa, “Chicanos in the Web of Spider Trickster”, in Richard de Mille (ed.), *The Don Juan Papers*, Santa Barbara: Ross-Erikson, 1980.

(2) Carlos Castaneda, *The Teaching of Don Juan*, Berkeley: University of California Press, 1968.（カルロス・カスタネダ『呪術師と私——ドン・ファンの教え』真崎義博訳、二見書房、九八頁。訳文は少し変えてある）

(3) 同書、九九—一〇〇頁。（訳文は少し変えてある）

(4) Alurista, *Floricanto en Aztlán*, Los Angeles: Chicano Studies Center, UCLA, 1971, p. dos.

(5) カスタネダ、前掲書、一三四頁。

(6) Carlos Castaneda, *The Power of Silence: Further Lessons of Don Juan*, New York: Simon & Schuster, 1987, pp. 131-132.

(7) José Gorostiza, *Muerte sin fin*, México: Imprenta Universitaria, 1952.

(8) Octavio Paz, “Muerte sin fin”, in *Las peras del olmo*, Barcelona: Seix Barral, 1982, p. 87.

(9) Carlos Castaneda, *The Power of Silence*, p. 130.

(10) *Ibid*., p. 131.

(11) このエスノグラフィーにおける対話性については、ジェイムズ・クリフォード、ヴィンセント・クラパンザーノ、ケヴィン・ドワイヤ、デニス・テッドロック、スティーヴン・タイラーらが近年それぞれの立場から刺激的な議論を繰り返してきた。管啓次郎「対話によるエスノグラフィーについて」（『コロンブスの犬』弘文堂、所収）は、そうした議論の要点を適確に整理しながら、民族誌的現実における自己と他者の生成の問題についてエキサイティングに論じている。

(12) Stephen A. Tyler, “Ethnography, Intertextuality, and the End of Description”, in *Unspeakable: Discourse, Dialogue, and*

the Rhetoric in the Postmodern World, Madison: The University of Wisconsin Press, 1987.

(13) I. M. Lewis, *The Anthropologist's Muse*, London: London School of Economics and Political Science, 1973.

詩としてのアメリカ

(1) ソーロー『森の生活　ウォールデン』神吉三郎訳、岩波文庫、三六七―三六八頁。以下、『ウォールデン』の引用は基本的に同訳書によるが、表現を変えたところもある。

(2) 同書、三六九頁。

(3) 同書、二〇六頁。

(4) Henry Thoreau, *Writings*. Manuscript Edition, VII, p. 253. 引用は以下より。Roy Harvey Pearce, *Savagism and Civilization: A Study of the Indian and the American Mind*, Berkeley: University of California Press, 1998[1953].

(5) cf. Frederick Turner, "Reflexivity as Evolution in Thoreau's *Walden*", in V. W. Turner & E. M. Bruner(eds.), *The Anthropology of Experience*, Urbana: University of Illinois Press, 1986, pp. 73-94.

(6) ソーロー、前掲書、二三三頁。

(7) 同書、一七七頁。

(8) 同書、二二七頁。

(9) Edward Abby, *The Monkey Wrench Gang*, New York: Avon Books, 1976.

(10) Edward Abby, "Down the River with Henry Thoreau", in *The Best of Edward Abby*, San Francisco: Sierra Club Books, p. 276.

(11) *Ibid*., p. 278.

(12) *Ibid*., p. 279.

(13) Gray Snyder, *The Old Ways*, San Francisco: City Lights Books, 1977, p. 57.

(14) Gray Snyder, *Earth House Hold*, New York: A New Directions Book, 1969, pp. 126-127.

(15) Gray Snyder, *Turtle Island*, New York: A New Directions Book, 1974.

(16) Gray Snyder, *Myths & Texts*, New York: A New Directions Book, 1978.
(17) Gray Snyder, *He Who Hunted Birds in His Father's Village: The Dimensions of A Haida Myth*, San Francisco: Grey Fox Press, 1979.
(18) Stanley Diamond, "Preface", *Dialectical Anthropology*, Vol. 11(1986), Nos. 2-4, p. 132.
(19) cf. Richard Handler, "The Dainty and The Hungry Man: Literature and Anthropology in the Work of Edward Sapir", in George W. Stocking, Jr.(ed.), *Observers Observed: Essays on Ethnographic Fieldwork*, Madison: The University of Wisconsin Press, pp. 208–231.
(20) *Ibid*., p. 214.
(21) Edward Sapir, *Dreams and Gibes*, Boston, 1917.
(22) Edward Sapir, "Zuni", *Dialectical Anthropology*, Vol. 11(1986), Nos. 2-4, p. 151.
(23) Ana Castillo, "In My Country", in *My Father Was a Toltec*, Novato: West End Press, 1988, pp. 74-75.
(24) Ana Castillo, "Esta Mano", *Ibid*., p. 72.
(25) Simon Ortiz, *From Sand Creek*, New York: Thunder's Mouth Press, 1981.

マリノフスキーの風景

(1) 邦訳『世界の名著59』中央公論社、一九六七。
(2) 邦訳『マリノフスキー日記』平凡社、一九八七。
(3) James Clifford, "On Ethnographic Authority", *Representations* 1 (2): 118-146, 1983.
(4) George E. Marcus & Dick Cushman, "Ethnographies as Texts", *Annual Review of Anthropology* 11: 25-69, 1982.
(5) Johannes Fabian, *Time and the Other*, New York: Columbia University Press, 1983.
(6) 邦訳、エドワード・W・サイード『オリエンタリズム』平凡社、一九八六。
(7) Mikhail M. Bakhtin, "Discourse in the Novel", in Michael Holquist(ed.), *The Dialogic Imagination*, Austin: University of Texas Press, 1981.

(8)　「対話」をモティーフとして書かれた近年の民族誌のうち特に刺戟的なものとして次の二書をあげておく。Vincent Crapanzano, *Tuhami: Portrait of a Moroccan*, Chicago: University of Chicago Press,1980. Kevin Dwyer, *Moroccan Dialogues*, Baltimore: Johns Hopkins University Press, 1982.

(9)　Roland Barthes, "The Death of the Author", in *Image-Music-Text*, London: Fontana/ Collins, 1977, p. 148.

(10)　B・マリノフスキー、J・デ・ラ・フエンテ『市の人類学』平凡社、一九八七。

(11)　ガルシア＝カンクリーニはアルゼンチン出身の社会学者＝人類学者で、現在メキシコで教鞭をとる。評判になった主著『資本主義下の民衆文化』（Néstor García Canclini, *Las Culturas Populares en el Capitalismo*, México: Nueva Imagen, 1982.）は、マルクス＝グラムシの文化ヘゲモニー論に拠りながら、メキシコの地方文化のような、資本主義経済に組み込まれて大きく変貌しつつある環境における祭りや民芸品をめぐる経済活動の「民衆性」を、実体ではなく一つの歴史的「関係性」としてとらえようとする姿勢に貫かれている。マリノフスキーによって詳細に描かれたオアハカ盆地の市場体系をこうした視点で解釈し直す可能性は、私たちに開かれていると考えられる。

(12)　Carlos Castaneda, *The Eagle's Gift*, New York: Simon & Schuster,1981, pp. 39-40.

映像人類学

(1)　cf. Ira Jacknis, "The Picturesque and the Scientific: Franz Boas's Plan for Anthropological Filmmaking", *Visual Anthropology* 1, No. l(1984): 42.

(2)　Fatimah Tobing Rony, *The Third Eye: Race, Cinema, and Ethnographic Spectacle*, Durham: Duke University Press, 1996: 101-102.

(3)　Donna Haraway, "Teddy Bear Patriarchy: Taxidermy in the Garden of Eden, New York City, 1908-1936", in *Primate Visions: Gender, Race, and Nature in the World of Modern Science*, New York: Routledge, 1989: 26-58.

(4)　Zora Neale Hurston, *Dust Tracks on a Rord: An Autobiography*, Champaign: University of Illinois Press, 1984［orig. 1942］: 175-176. 邦訳『路上の砂塵』常田景子訳、新宿書房、一九九六。

(5)　Elaine S. Charnov, "The Performative Visual Anthropology Films of Zora Neale Hurston", *Film Criticism*, 1998, 23 (1):

38-47.

（6） Deborah Gordon, "The Politics of Ethnographic Authority: Race and Writing in the Ethnography of Margaret Mead and Zora Neale Hurston", in Marc Manganaro(ed.), *Modernist Anthropology: From Fieldwork to Text*, Princeton: Princeton University Press, 1990: 146-162.

（7） トリン・T・ミンハ『月が赤く満ちる時』小林富久子訳、みすず書房、一九九六。

（8） Zora Neale Hurston, "The 'Pet' Negro System", in Alice Walker(ed.), *I Love Myself When I Am Laughing*..., New York: Feminist Press, 1979: 156.

（9） フランツ・ファノン『黒い皮膚・白い仮面』海老坂武・加藤晴久訳、みすず書房、一九九八、一六三頁。

（10） Zora Neale Hurston, *Mules and Men*, New York: Harper & Row, 1990〔orig. 1935〕, p. 3.

（11） cf. Victor Masayesva Jr., *Itam Hakim, Hopiit*(1985).

（12） cf. Lawrence Paul Yuxweluptun, "Inherent Rights, Vision Rights"(1992). ユクスウェルタンについては次を参照。Loretta Todd, "Aboriginal Narratives in Cyberspace", in Mary Ann Moser(ed.), *Immersed in Technology: Art and Virtual Environments*, Cambridge: The MIT Press, 1996: 179-194. また、伊藤俊治『電子美術論』（NTT出版、一九九九）にも簡潔な紹介がある。

（13） この挿話については次を参照。Teshome H. Gabriel, "Ruin and The Other: Towards a Language of Memory", in Hamid Naficy & Teshome H. Gabriel(eds.), *Otherness and The Media: The Ethnography of the Imagined and the Imaged*, Chur: Harwood Academic Publishers, 1993: 211-219.

詞華集の精神のもとに

（1） 山口昌男編・解説『未開と文明』〈現代人の思想15〉、平凡社、一九六九（新装版、二〇〇〇）。

（2） Blaise Cendrars, *L'Anthologie nègre*, Paris: Éditions de la Sirène, 1921.

（3） Léopold Sédar Senghor, *Anthologie de la nouvelle poésie nègre et malagache*, Paris: Preses Universitaires de France, 1948.

（4）「エイゼンシュタインの知的小宇宙」『山口昌男コレクション』今福龍太編、ちくま学芸文庫、二〇一三、五四八頁。
（5）山口昌男『本の神話学』岩波現代文庫、二〇一四、二四一頁。
（6）ヴァルター・ベンヤミン『パサージュ論』第二巻、今村仁司・三島憲一他訳、岩波現代文庫、二〇〇三、九—一〇頁、一部改訳。
（7）山口昌男『本の神話学』前掲書、二四七—二四八頁、改行省略。

ジプシーの精霊の声を聴きながら

（1）オクタビオ・パス『弓と竪琴』牛島信明訳、岩波文庫、二〇一一、三一四—三一五頁。
（2）山口昌男『歴史・祝祭・神話』岩波現代文庫、二〇一四、二四—二五頁、改行省略。
（3）山口昌男「歴史と身体的記憶」『山口昌男著作集2　始原』今福龍太編、筑摩書房、二〇〇二、二五六頁。
（4）フェデリコ・ガルシーア・ロルカ「ドゥエンデの理論とからくり」堀内研二訳、『フェデリコ・ガルシーア・ロルカ　1926-1931』牧神社、一九七四、三二一頁。
（5）山口昌男「失われた世界の復権」『山口昌男コレクション』今福龍太編、ちくま学芸文庫、二〇一三、一七六頁。
（6）Octavio Paz, "André Breton o la búsqueda del comienzo", *Obras completas, 2: Excursiones/ Incursiones*, México: Fondo de Cultura Económica, 1994, pp. 223-224.

自己風刺の描線

（1）山口昌男『踊る大地球』晶文社、一九九九、九頁。
（2）山口昌男「アルレッキーノ変幻」『山口昌男著作集3　道化』今福龍太編、筑摩書房、二〇〇三、三七六頁。
（3）山口昌男「道化の民俗学」『山口昌男著作集3　道化』前掲書、三〇〇頁。

彼はティンブクトゥに行った

（1）Leo Frobenius, "Paideuma", in Jerome & Diane Rothenberg(eds.), *Symposium of the Whole: A Range of Discourse Toward an Ethnopoetics*, Berkeley: University of California Press, 1983, pp. 36-37.

（2）Léopold Sédar Senghor, "The Lessons of Leo Frobenius", in Eike Haberland(ed.), *Leo Frobenius 1873-1973: An Anthology*, Wiesbaden: Franz Steiner Verlag, 1973, P. IX.

（3）山口昌男「人類学的認識の諸前提」『山口昌男コレクション』ちくま学芸文庫、二〇一三。

（4）山口昌男「アフリカの神話的世界」『山口昌男著作集4　アフリカ』今福龍太編、筑摩書房、二〇〇三、一五三―一五四頁。

（5）Pierre Verger, "Roger Bastide", in *Verger-Bastide: Dimensões de uma amizade*, Rio de Janeiro: Bertrand Brasil, 2002, p. 257.

（6）山口昌男「アフリカの知的可能性」『山口昌男著作集4　アフリカ』前掲書、二一六頁。

ゴルディウスの結び目を断ち切って

（1）本稿執筆後、『デザインの小さな哲学』（瀧本雅志訳、鹿島出版会、二〇〇九）が翻訳刊行され、二〇一七年現在、日本語訳されたフルッサーの著作は四冊を数える。ただし、すべてがドイツ語原著からの翻訳であるという事情は変わっておらず、ポルトガル語で書かれたより独創的な著作『歴史以後《ポス・イストリア》』『自然的《ナトゥラル》／精神《メンテ》』『悪魔の歴史』などはいまだに未訳である。

（2）Vilém Flusser, "Criteria - Crisis - Criticism", in *Writings*, Minneapolis: University of Minnesota Press, 2002, p. 42.

（3）山口昌男『文化と両義性』岩波現代文庫、二〇〇〇、二八八―二八九頁。

（4）Vilém Flusser, "Taking up Residence in Homelessness", in Flusser, *op. cit.*, p. 94.

（5）山口昌男、前掲書、二九〇―二九一頁。

デシナトゥール山口昌男

（1）川本三郎「ぼくの好きな先生」『山口昌男著作集3　道化』今福龍太編、筑摩書房、二〇〇三、栞。

（2）山口昌男『踊る大地球』晶文社、一九九九、一七頁。
（3）山口昌男「文化の中の知識人像」『山口昌男コレクション』今福龍太編、ちくま学芸文庫、二〇一三、八三頁。
（4）山口昌男「省略の空間」『のらくろはわれらの同時代人』立風書房、一九九〇、八〇―八一頁。文体を変更、以下同。
（5）山口の思想におけるカリカチュアの重要性については、以下を参照。今福龍太「自己風刺の描線」『山口昌男著作集3　道化』解説（本書収録）。
（6）山口昌男『本の神話学』岩波現代文庫、二〇一四、一七七―一七八頁。
（7）山口昌男「アンソールのカーニヴァル的世界」『道化的世界』筑摩書房、一九七五、一三五頁。
（8）フランク・エドボー「ジェームズ・アンソール」『アンソール展　仮面と幻想』兵庫県立美術館、一九八三。
（9）山口昌男「アンソールのカーニヴァル的世界」前掲書、一三五頁。
（10）山口昌男「ガルシア・ロルカにおける死と鎮魂」『歴史・祝祭・神話』岩波現代文庫、二〇一四、一七頁。
（11）*José Gutiérrez Solana (1886-1945)*, Madrid: Fundación Cultural MAPFRE VIDA, 1992, p. 7.

幻を見る人

（1）大泉実成・文、水木しげる・漫画『幸福になるメキシコ』祥伝社、一九九九。
（2）水木しげる『ねぼけ人生』ちくま文庫、一九九九、二二頁。
（3）レイ・ブラッドベリ「死者の日」『よろこびの機械』ハヤカワ文庫、一九七六、一四三頁。一部改訳、以下同。
（4）同書、一四四―一四五頁。
（5）大泉実成・文、水木しげる・漫画、前掲書、一一四頁。
（6）北川民次『メキシコの青春』光文社、一九五五、一四〇頁。
（7）Gloria Anzaldúa, *Borderlands/ La Frontera: The New Mestiza*, San Francisco: Aunt Lute, 1987, p. 47.
（8）北川民次、前掲書、九六頁。原文にインディアンとあるのをインディオに改めた。
（9）岡本太郎『美の呪力』新潮社、一九七一、九〇頁。

（10）竹田鎮三郎「制作ノート」『竹田鎮三郎版画総目録　1976-1986』竹田鎮三郎後援会、一九八六、五五頁。

（11）竹田鎮三郎「トナの謎」『竹田鎮三郎　メキシコに架けたアートの橋』川崎市岡本太郎美術館、二〇一五、九八頁。

（12）同書、九八―九九頁。

（13）竹田鎮三郎『竹田鎮三郎版画総目録　1976-1986』、五四頁。

（14）真木悠介『気流の鳴る音』筑摩書房、一九七七、一六二頁。改行省略。

（15）レイ・ブラッドベリ「つぎの番」『10月はたそがれの国』宇野利泰訳、創元ＳＦ文庫、一九六五、四四頁。

（16）同書、五七―五八頁。

非情のユートピアニズム

（1）Octavio Paz, “Crítica de la pirámide”, en *El laberinto de la soledad*, México: Fondo de Cultura Económica, 2004, pp. 317-318.

カチーナの顕現

（1）酒井忠康「第三の人間――ホルスト・アンテスとカチーナ人形展に寄せて」『アンテスとカチーナ人形』美術館連絡協議会、二〇〇四、七頁。

（2）山口昌男『道化の民俗学』新潮社、一九七五。引用は『山口昌男著作集3　道化』筑摩書房、二〇〇三、二五三頁。

（3）同書、二七七―二七八頁。

（4）アンドレ・ブルトン『シュルレアリスムと絵画』瀧口修造・巖谷國士監修、人文書院、一九九七、五〇頁。

（5）Michel Benamou, “Postface: In Praise Of Marginality”, *Alcheringa*, A first international symposium issue, 1976, pp. 133-134.

オクタビオ・パス、あるいは沈黙の修業

（1） Octavio Paz, “Con los ojos cerrados”, en *Obra Poética(1935-1988)*, Barcelona: Seix Barral, 1990, p. 458.

（2） Octavio Paz, “Utacamud”, *Ibid*., p. 412.

（3） Octavio Paz, “Prójimo lejano”, *Ibid*., p. 435.

（4） Octavio Paz, “Concierto en el jardín”, *Ibid*., p. 458.

（5） Octavio Paz, “Key of Water”, in *A Tale of Two Gardens*, New York: New Directions, 1997, pp. 82-83.

（6） Octavio Paz, “Elizabeth Bishop o el poder de la reticencia”, en *Excursiones/ Incursiones: Dominio Extranjero. Obras Completas II*, México: F. C. E., 1998, p. 314.

（7） Elizabeth Bishop, “At the Fishhouses”, in *Poems: North & South - A Cold Spring*, Boston: Houghton Mifflin, 1955, p. 73.

（8） Octavio Paz, *Claude Lévi-Strauss o el nuevo festín de Esopo*, México: Joaquin Mortiz, 1984[1967], p. 125.

（9） Octavio Paz, *Corriente Alterna*, México: Siglo Veintiuno, 1967, pp. 140-141.

（10） Octavio Paz, “Primero de enero/ January First”, in *A Draft of Shadows and Other Poems*, ed. by Eliot Weinberger with translations by Elizabeth Bishop and Mark Strand, New York: New Directions Book, 1979, pp. 158-161.

（11） Brett C. Millier, *Elizabeth Bishop: Life and the Memory of It*, Berkeley: University of California Press, 1993, p. 503.

社会科学をブラジル化する

雑誌『GS』の6号、「特集――トランスアメリカ／トランスアトランティック」（UPU、一九八七）に収録された人類学者ロジェ・バスティードの論考「黒人とインディオが出会う」（管啓次郎訳）にたいする附記として書かれた「社会科学をブラジル化する――ロジェ・バスティードのための覚え書き」が初稿。その後、管啓次郎、旦敬介、港千尋との共著『ブラジル宣言』（弘文堂、一九八八）に収録するにあたり大幅に加筆し、〈セルタン論〉と〈バイーア日誌〉のパートを加えてでき上がったのが本稿である。この一連の文章を書いた一九八七年秋、ちょうど私はメキシコ／アメリカ南西部での五年におよぶ滞在を終えて東京に戻ってきていた。その直前に旅したアフロブラジルの心臓部、バイーアでの濃厚な経験と啓示的な発見が、ここでは熱気とともに書きとめられている。若き精神の昂揚がもたらす、未熟ではあれ自由奔放なスタイルの試みの記録として、本書巻頭に再録した。私はいまでもここで宣言された「アフロブラジリアン・サイエンス」を、そして知の「セルタニスタ」の倫理を深いところで信じている。

荒野のロマネスク

第一批評集『荒野のロマネスク』（筑摩書房、一九九〇）の巻頭に書き下ろした表題作であり、私自身の民族誌家《エスノグラファー》としての方法論の宣言文といってもいいだろうか。いうまでもなく、人類学的認識における「客観性」神話の解体と、西欧的学問言語における（とりわけ視覚偏重の）主体構成の権力への批判が、ここでは議論の前提とされている。いわゆる人類学における「再帰論的＝反省論的」転回、すなわち「リフレクシヴ・ターン」といまでは呼ばれている新たな潮流の息吹のなかに当時の私がいたこともたしかであった。その後、アカデミックな人類学や哲学の理論的照準が認識論から存在論へと移りつつあるいま、ここで提起されている「オカルト科学」「寓意民族誌」「個別学」そして「ロマネスク」の可能性を探る道は、かえって未踏のままに残されているようにも思われる。「隠れて見えない」（オカルト）ものを思考し、記述する冒険は、秘儀的理論の探究とともに、それを語る文体、すなわち言語そのものオカルト的な秘法の探究にもかかっているのである。

直覚の人類学――ホセ・マリア・アルゲダス論

この論考の最初の草稿《ドラフト》は、一九八四年ごろ、テキサス大学での恩師の一人、ペルー出身の碩学フリオ・オルテガのラテンアメリカ文学セミナーにおけるレポートとしてスペイン語で書かれた。私のもっとも初期の論考の一つである。鋭敏な批評家にして繊細な詩人でもあったフリオ・オルテガのセミナーは私にとって知のオアシスだった。オルテガがふとした刹那に暗唱してくれるペルーの詩人セサル・バジェホの詩句、詩集『トリルセ』からの謎めいた断片は、いまでも私の脳裏で鳴りつづけている。アルゲダスの、人類学と文学のはざま、スペイン語とケチュア語のはざまに立った真摯な知的模索と葛藤は、時代と土地を越えて、当時の私にとって自分がいかに思考し行動するかについての、火急の、もっとも本質的な指針を示していた。『深い川』にあまねく浸透するインディオの音響言語に、私はメキシコ、プレペチャ族の村で浴びつづけた小鳥のようなつぶやき声の反響を聴いていたのだったろうか。その後日本語にし、改訂した本稿の初出は『へるめす』11号（一九八七年六月）であり、のち『荒野のロマネスク』に収録された。

意識のダイアロジック――カルロス・カスタネダ論

一九八〇年代前半の私のメキシコ経験における意識のトーンを深いところで律していたのが、カルロス・カスタネダによる「ドン・ファン」シリーズが与えてくれたインパクトだった。カスタネダの軌跡は、その著作の創造的でパロディックな性格とともに、脱－人類学、あるいは一種の「平行－人類学」を無謀にもめざしていた当時の私にとって、きわめて魅力的に映った。だがしばらく荒野の彷徨をつづけ、やがてドン・ファンの影をただ追い求めることの不毛さに気づいたとき、私の前に不意に現われたのがメキシコ系アメリカ人(チカーノ)の作家たちによる予想もしないカスタネダ＝ドン・ファン世界への接近だった。私にとってカスタネダの意味はマクロかつミクロの「政治学」の領域へと一気に転回した。スピリチュアリズムとマイノリティ運動が、このようなかたちで苛烈な接点を持ちうることに私は深く心動かされた。この論考は『荒野のロマネスク』のために書き下ろされた。

詩としてのアメリカ

ヘンリー・D・ソローからゲイリー・スナイダー、そしてエドワード・アビーへと至る、深い意味での詩的ナチュラリズムの精神の系譜に、私は長いあいだ惹かれてきた。「アメリカ」という、「国」ではなく「土地」にしばし住み処を定め、その土地を移動してきた自分自身の感覚的な了解として、彼らの思索のなかにもっとも豊かで厚みのある「アメリカ」がたしかに語られているように思ったからである。そのアメリカには、峡谷に魚が躍る早瀬が流れ、平原の草木がそよぎ、砂の海は風をはらんでたえず変容を重ね、人間はその傍らで慎ましい沈黙を風景に捧げていた。アメリカの詩も思想も、そのような地勢と人間の関係性からしか生まれ出なかったであろうという、奥深い確信がある。そのなかから、エドワード・サピア、スタンリー・ダイアモンド、デニス・テッドロック、そしてレナート・ロサルドらの〈人類学者＝詩人〉なる特異な人格が誕生した。そんな、土地に根ざした「詩人格」をもつ人類学者の存在こそ、アメリカの一つの希望である。初出は『へるめす』32号(一九九一年七月、小特集＝野性のディスクール)であり、のちに『野性のテクノロジー』(岩波書店、一九九五)に収録された。

マリノフスキーの風景

人類学界で当時論争の的となっていた『マリノフスキー日記』が、一九八七年に日本において翻訳刊行されたことをきっかけに執筆されたエッセイである。おなじ年、マリノフスキーとデ・ラ・フエンテ共著のメキシコ、オアハカの市場研究『市の人類学』も翻訳され、人類学の古典としてやや黴臭くも感じられていたマリノフスキーの未発掘の部分に、あらたな光が当たろうとしていたのである。「風景」という何気ないタイトルは、しかし、人類学者のフィールドでの写真が一枚発見されるだけで、その人物の仕事が開示する知の「風景」が一瞬のうちに変容しうるものであることを暗に語ろうとしたものである。この文章を書いてから二〇年もの後、私はふたたび『群島‐世界論』において、トロブリアンド諸島のマリノフスキーの世界に立ち還り、そこに「群島」というあらたな思想的「風景」を発見することになる。本稿の初出は雑誌『月間百科』一九八七年一二月号であり、のちに『感覚の天使たちへ』（平凡社、一九九〇）に収録された。

映像人類学──ある時間装置の未来

映像人類学は、いまや人類学の方法論として未曾有の興隆を見せているように思える。もはや「言語」を媒介にした表現ではなく、「映像」による人類学の実践こそが、このディシプリンに未知の可能性を開くかのようである。だが、映像人類学を、映像技術を言語の代替として用いた表現として受けとめる状況にとどまる限り、映像人類学の可能性の大半は見過ごされて終わるだろう。映像人類学とは、本稿でも論じたように不思議な「時間装置」である。写真や映像がある「時間」を固定化したとき、そこから未来へと流れ出る時間が生まれ、同時に映像へと還流する未来から過去への時間的視線が生じる。この時のはざまで、たえず映像は不断の審問を受けつづける。映像人類学は、そうした不可避の映像の宿命をひきうける、大きな覚悟とともに実践されるべき、すぐれて時間哲学的な行為でもあるのである。本稿は、論集『映像人類学の冒険』（せりか書房、一九九九）のために書かれ、その後『ここではない場所』（岩波書店、二〇〇一）に収録された。

偶有性を呼び出す手法、反転可能性としての……

先鋭的なテーマとスタイルで七〇年代以降現在まで思想界に長く活力を与え続けてきた雑誌『談』の編集長、佐藤真氏による長編インタヴューである。初出は『談』no. 87「特集＝偶有性……アルスの起源」（二〇一〇）。吉祥寺のとあるビルの七階、井の頭公園の緑を窓の下に望むいまはなき〈音のオアシス〉「サウンド・カフェ・ズミ」でヴィニシウスの歌を静かに流しながら、くつろいだ雰囲気で語られた内容をもとに、最低限の編集を施している。「偶有性」はいま思想的なテーマとしてもっとも刺激的で挑発的な主題になりつつある。自然科学から哲学、さらには芸術表現までを含むしろ広い領域において、「コンタンジャンス」は創造行為の根幹をにぎる秘密の領域としてますます魅力を増している。ここでは、私自身のブラジルと奄美とをつなぐ軌跡のなかで、このテーマといかに出遭い、それを私自身が、言葉とともに写真や即興的なパフォーマンスなどをつうじていかに実践しているかが、さまざまな実例によって語られている。偶有性の探究への情熱は、最終的には、人間の命に有限性があること、二度生きることはできないことの裏返しにある宿命的な情熱がもたらしているのだろう、というのが私の直感である。

詞華集の精神のもとに
ジプシーの精霊の声を聴きながら
自己風刺の描線
彼はティンブクトゥに行った
ゴルディウスの結び目を断ち切って

これら五篇は、筑摩書房より二〇〇二年から二〇〇三年にかけて、私の編集によって刊行された『山口昌男著作集』全五巻の巻末の解説として書かれた文章である。それぞれ『知』『始原』『道化』『アフリカ』『周縁』と題された著作集各巻に、この順番で収録された。山口昌男の著作集を単独で編集するという企画は、当時の筑摩書房の編集者、間宮幹彦氏の尽力によって実現した。私が一九九八年から、当時山口氏がおられた札幌大学文化学部に移り、氏ときわめて親密な交流を日々持つようになったことで、この編集作業には一つの精神的バックボーンが備わることにもなった。編集方針について氏に相談することは一切なかったが、全五巻で「山口人類学」の精髄をまとめるという作業は、自分自身の知的形成期の昂揚をあらたに見つめ直し、その手応えを未知の読者に伝える機会として、非常に刺激的で楽しいものとなった。解説の文章の端々にも、私自身のそうした押し隠した愉楽があるいは滲み出しているかもしれない。全巻刊行後、ある談笑の場で山口氏は私に、この解説の文章をまとめて一冊の本にするときには、今度は自分がその「解説」を書く、と戯けたように宣言された。山口昌男没後、その幻の「解説」をいつどのようにして冥府に取りに行くべきかと思案しつづけて、はや四年余がたった。

デシナトゥール山口昌男

山口昌男氏が二〇一三年三月に逝去された直後、雑誌『ユリイカ』二〇一三年六月号（「特集・山口昌男――道化・王権・敗者」）に寄稿した長篇追悼文である。いや、追悼文はすでに逝去の翌日に「讀売新聞」および共同通信の求めで二篇の文章を執筆していたので、ここではそうした通常の追懐的な意識を脇に置いて、私自身が山口の門を叩いた一九七八年以後、この稀有の道化的・遊戯的知性から学んだもっとも本質的なスタイルについてひたすら論じることに徹した。それはすなわち、自覚的な「知の演出法」とでもいうべき、イデアと形とのあいだを即興的に往還しつづけるダイナミックな思考法を山口の素描をつうじて明るみに出すことである。仮面を描きつづけて山口の最愛の画家の一人となったジェームズ・アンソールにたいして彼が使用した、「死」を「聖なる腐食」と言いかえる絶妙な修辞は、『アフリカの神話的世界』ではトリックスターであるエシュ神の「世界を溶解させ治癒の力を染み透らせる力」としても語られている、氏にとっての至高の存在倫理だった。私は山口昌男の死に際して、彼は「聖なる腐食」の世界に、羽をはばたかせて楽しげに飛び去っていったのだと思い、悲しみというよりは、不思議な平安と静かな昂揚とを感じていた。

幻を見る人

二〇一五年一一月末の水木しげる氏の逝去と、彼の生前におけるメキシコの精霊世界との深い関わりへの思いを受けて、『すばる』誌二〇一六年二月号に寄稿した文章である。メキシコというきわめて特異な、霊的かつ混淆的な文化宇宙に引き寄せられた「幻視者」たちに私はつねに大いなる関心を抱いてきた。そして、二〇世紀でいえばD・H・ローレンスやエイゼンシュタインにはじまり岡本太郎にまで続くこの系譜の末端に、水木しげるが連なっているという確信にはゆるぎないものがあった。ここでは、水木の痛快なメキシコ仮面探索珍道中に導かれながら、水木の先人である北川民次や竹田鎮三郎が幻視した世界のめくるめく妖気にまで遡っていこうとした。私が偏愛する作家ブラッドベリの描く「死者の日」の艶やかな仮面行列のさなかに、露店の汚れたテーブルに水木と向き合って座り、泥臭いメスカルでも傾けるという夢をいつか見たいものである。なお、本稿は二〇一七年一〇月に『ハーフ・ブリード』（河出書房新社）として刊行された、私自身の半‐自伝的な「混血性探究」の物語の一部としてはじめ書かれたが、ここではこの一篇を切り離して独立させ、本書に収録することとした。

非情のユートピアニズム

『現代思想』二〇一六年一月臨時増刊号「総特集――見田宗介＝真木悠介」に寄稿した論考である。真木悠介とは、社会学者＝見田宗介による反アカデミックな「平行自我」への挑戦に与えられた別名にほかならない。だが興味深いのは、その別名、その異人格のほうが本体をときに侵蝕し、本名を宙づりにし、輝ける異名《ヘテロニム》として未知の真理に近づいてゆくときの、誰も止めることのできない小気味いい疾走感である。真木の著書『気流の鳴る音』は私にとって、思考や感覚の水準を決して落とすことなく、「学問」のディシプリナリーな閉域から飛躍してゆく自由が誰にでも与えられているのだという確信をもたらしてくれる決定的な導きの書となった。私自身の知的イニシエーションとなるメキシコ行きより少し前のことである。そして、真木やカスタネダのヴィジョンに連なりつつ、メキシコの都会や荒野や湖のほとりで読みつづけた多くの書物の記憶が、三〇年後になって、ここで描いたような「非情」の世界の見えざるネットワークを私に開示したのである。本書に収録した、以前のカスタネダ論「意識のダイアロジック」にたいする、遠い谺として読むことも可能であろう。

カチーナの顕現

二〇〇五年夏に「神奈川県近代美術館 葉山」で開催された企画展示「現代ドイツの巨匠とホピ族の精霊たち――アンテスとカチーナ人形」に刺戟され、そこから受けた啓示をもとに書かれたエッセイである。ホルスト・アンテスのようなタイプの美術家は私にとってほとんど自己の分身のような存在に思える。現代社会において、神話を喚起することの重要性を深く意識しつつ、インディアンの造形表現のなかにある「見えないもの」の聖性を表面化させようとする知的な情熱は私をいたく刺戟し挑発する。ブルトンやエルンスト、クレーやノルデのような美術家が、みなカチーナに大きな霊感を受けていることの隠された意味は、いまだに真に解明尽くされているとはいえない。「カチーナ」ということばは、これからの「エスノポエティクス」思想を牽引する一つの特権的な符牒となるかもしれない。本稿は、「マージナリティ」のテーマで寄稿を依頼された『DRESSSTUDY』誌48号（二〇〇五、秋）に掲載された。

オクタビオ・パス、あるいは沈黙の修業

オクタビオ・パスについては、すでにいくつもの論考を書き、またかならずしもパスを論じた文章でないテクストのなかでもたびたび言及してきた。パスのエッセイや批評的散文は、二〇歳ぐらいからの私が他の誰よりも熱中し共感できるものとして、自分自身のなかにある知的な渇望を満たす最良の泉であった。その事情はいまでも変わらない。私は今でも折りに触れてパスを読みつづけ、この唯一無二の詩人の、繊細な言語意識と鋭利な歴史哲学とを結ぶ研ぎ澄まされた稜線をたどりながら遊歩することの快楽を味わいつづけている。パス本人と初めて会ったのは彼が一九八四年にオースティンの大学で講演をしたときで、すぐに打ち解けて親しく話すことができたが、そのとき彼は私が差し出した『曇り空』*Tiempo nublado* の扉に自署をしたため、その下にひとこと「跳躍!」leap! となぜか英語で書いてくれた。この、感嘆符つきの "leap!" はいまだに私のなかで謎を分泌しながらも、二つと無い存在論的な鼓舞のことばとして、血管のなかを滾るように流れている。毎年正月、浜辺の朗読の際に感知するのも、この血流の静かなさざめきである。本稿は、メキシコ時代の旧知であるパス研究者阿波弓夫氏に乞われ、氏がアドヴァイザーを務める雑誌『季刊 iichiko』No. 123, SUMMER 2014「特集――オクタビオ・パス生誕一〇〇年II」に、懐かしさを込めて寄せたものである。

あとがき

人類学とは、知られざる真理を「未知」という豊饒な謎のなかで守りながら、その真理の存在をひとおもいに直感するための知の技法である。情報を隠蔽するためではなく、知性の広がりと深みを維持するために不可欠の「秘密」の領域を、しずかに育みつづけようとする方法論である。謎や秘密の究明に躍起になるのではなく、謎や秘密の存在こそに思考の膂力が由来することを信じる学問である。

知性とはただ情報の摂取によって得られるものではない。何をどのように考えるのかという思考の複雑な道筋を真に踏破しようとするならば、安易に得られる情報とは、むしろ本質的に思考することを回避し、真摯な探求心を疎外する、不遜な道具であるといってもいいだろう。現代社会は、知ることにたいするそうした不遜で傲慢な態度を無意識にはらんでいるのである。

私たちは隠された叡智を探し求め、ついには叡智とは隠されてあるものだという真理を学び取る。さらにいえば、「隠すこと」のなかにこそ叡智の起源があることを直感する。情報を開示し、知識を透明化することだけを叫ぶ社会への真の批判は、ここから始まるだろう。

本書の鮮烈なカバー写真は、南アフリカ東部の町カムシュシュワの小学校の朝礼の光景である。朝の若く麗しい斜光が、子供たちの制服の襟を一様に蒼《あお》く染めている。過去の苦渋の記憶を宿した希望の蒼。長年のアパルトヘイト政策によって、南アフリカの黒人の子供たちに与えられるべき「知識」は権力者によって隠匿され、彼らは「知る」ことから隔離され、知から疎外された。この悪辣なシステムが終わって二〇余年がたち、蒙昧の闇から解放されたはずのあらたな学び手たちのまえには、いまだに閉ざされた「知」の壁が立ちはだかっている。教育が長い時間をかけた再生産のシステムであるかぎり、一度奪われた知識を次のジェネレーションの者たちが再獲得するためには、途方もない努力が必要となるのだろう。だが知の自由の再発見は、知の謎の再発見からはじめられなければならない。

透明化された知の陥穽に私たちの社会がおちいりかけているとき、「隠すことの叡智」はもういちど発見されねばならない。遮断し、隠蔽し、隔離する狡知ではなく、「隠されている」この真理の深みへと飛び込んでいこうとする倫理的で謙虚な知の復活である。

示唆的な写真をカバーに提供してくれた写真家渋谷敦志氏、デザイナーの西山孝司氏、そして本コレクション〈パルティータ〉の刊行を情熱をもって推進する編集者後藤亨真氏に感謝する。

著者識

著者について――

今福龍太（いまふくりゅうた）　文化人類学者・批評家。奄美自由大学主宰。主な著書に、『ミニマ・グラシア』（岩波書店、二〇〇八年）、『レヴィ＝ストロース　夜と音楽』（みすず書房、二〇一一年）、『書物変身譚』（新潮社、二〇一四年）、『ジェロニモたちの方舟』（岩波書店、二〇一五年）、『ヘンリー・ソロー　野生の学舎』（みすず書房、二〇一六年）、『クレオール主義（パルティータⅠ）』『群島‐世界論（パルティータⅡ）』『ボーダー・クロニクルズ（パルティータⅣ）』（いずれも水声社、二〇一七年）、『ハーフ・ブリード』（河出書房新社、二〇一七年）など。近刊予定に『ブラジル映画史講義』（現代企画室）、『原‐写真論』（赤々舎）などがある。

装幀――西山孝司
カバー写真――渋谷敦志
見返し作品――José Júlio de Calasans Neto
（Cortesia de D. Auta Rosa Calasans）

隠すことの叡智［パルティータⅢ］

二〇一七年一〇月二〇日第一版第一刷印刷　二〇一七年一〇月三〇日第一版第一刷発行

著者――今福龍太

発行者――鈴木宏

発行所――株式会社水声社

東京都文京区小石川二―七―五　郵便番号一一二―〇〇〇二

電話〇三―三八一八―六〇四〇　ＦＡＸ〇三―三八一八―二四三七

［**編集部**］横浜市港北区新吉田東一―七七―一七　郵便番号二二三―〇〇五八

電話〇四五―七一七―五三五六　ＦＡＸ〇四五―七一七―五三五七

郵便振替〇〇一八〇―四―六五四一〇〇

URL : http://www.suiseisha.net

印刷・製本――ディグ

ISBN978-4-8010-0253-1